Investir
dans les métaux précieux

Éditions Eyrolles
61, bd Saint-Germain
75240 Paris Cedex 05

www.editions-eyrolles.com

 Le Code de la propriété intellectuelle du 1er juillet 1992 interdit en effet expressément la photocopie à usage collectif sans autorisation des ayants droit. Or, cette pratique s'est généralisée, notamment dans les établissements d'enseignement, provoquant une baisse brutale des achats de livres, au point que la possibilité même pour les auteurs de créer des œuvres nouvelles et de les faire éditer correctement est aujourd'hui menacée.
En application de la loi du 11 mars 1957, il est interdit de reproduire intégralement ou partiellement le présent ouvrage, sur quelque support que ce soit, sans autorisation de l'éditeur ou du Centre français d'exploitation du droit de copie, 20, rue des Grands-Augustins, 75006 Paris.

© Groupe Eyrolles, 2014
ISBN : 978-2-212-55944-6

Yannick Colleu

Préface de Jean-François Faure

Investir dans les métaux précieux

Le guide pratique complet

EYROLLES

Table des matières

Remerciements 9

Préface 11

Introduction 13
Contexte 13
À qui s'adresse ce livre 15

Avertissement 19

Partie I. Pourquoi s'intéresser aux métaux précieux ? 21
Savez-vous réellement ce qu'est la monnaie ? 22
Le paradoxe de Triffin 24
   À quelle distance de cette limite sommes-nous aujourd'hui ? ... 30
   Pourquoi la Chine porte-t-elle un tel intérêt aux métaux précieux
   et à l'or en particulier ? 32
   Quelle solution reste-t-il ? 37
   Le premier de ces défis concerne l'énergie 37
   L'autre défi est démographique 38
   Endettement implicite, la dette cachée 40
   La solution sera monétaire 41
   L'or a-t-il encore un rôle monétaire ? 42
   Pourquoi les banques centrales conservent-elles leurs stocks d'or ? ... 44
   Revirement 48
   Le doute s'installe 50
   Conclusion : pourquoi l'or devrait-il s'apprécier ? 51

Partie II. Ce qu'il faut savoir avant 53
Les métaux précieux 53
Les lingots 55
   Comment fabrique-t-on un lingot ? 56
   Qui fabrique ces lingots ? 58

Quels sont les leaders sur ce marché ?	59
Quels lingots choisir ?	62
Conclusion	70
Les jetons	71
Les monnaies	75
Moyen de paiement et cours légal	75
Existe-t-il des monnaies sans valeur faciale ?	76
Une valeur faciale à géométrie variable	78
Des monnaies sous toutes les formes	79
Comment s'assurer qu'une pièce a cours légal ?	81
Qui fabrique ces monnaies ?	82
Monnaie démonétisée	88
Monnaie commémorative	89
Monnaie de collection	91
Monnaies d'investissement	93
La détention de métaux précieux	99
La circulation des capitaux	100
Liquidités	100
Métaux précieux	102
Transport de métaux précieux	103
Transferts interbancaires	104
Synthèse	105
Ouvrir un compte à l'étranger	105
Acheter à l'étranger	106
Acheter et importer	106
Acheter et stocker à l'étranger	107
Vendre à l'étranger	107
Vendre dans un pays de l'UE	108
Vendre dans un pays hors de l'UE	108
La menace de confiscation	108
La confiscation par l'État	108
Autres risques de confiscation	113
Conclusion	114
L'anonymat	115
Anonymat entre particuliers	115
Anonymat des transactions avec des professionnels	115
Fiscalité	119
Définitions fiscales	119
Acheter	128
Vendre	134
Taxation du patrimoine/ISF	144
Succession et donation	148

Partie III. Les métaux précieux en pratique — 149
Quelle part y consacrer ? — 149
Que faut-il acheter ? — 150
Or et argent : quelle allocation entre les deux métaux ? — 151
Sous quelle forme ? — 151
Quelles monnaies d'investissement choisir ? — 155
À quel prix ? — 157
Dès lors comment déterminer le bon prix ? — 157
La cotation de référence — 158
La prime — 158
Comment faire pour savoir si le prix est correct ou totalement exagéré ? — 161
Le prix des pièces de collection — 164
Les différentes solutions de stockage — 167
Stocker chez soi — 167
Louer un coffre — 168
Sous-traiter le stockage — 170
Déjouer les arnaques — 174
La contrefaçon au stade industriel — 174
Se protéger — 180
Les faux officiels — 181
Les lingots d'un autre temps — 184
Fiches descriptives — 185
Principales caractéristiques d'une pièce ou d'un jeton — 185
Monnaies à cours légal — 186
Monnaies d'investissement démonétisées — 219
Jetons d'investissement — 225
Lingots ouvrés — 234

Conclusion — 237

Annexes — 239
Statut des monnaies et jetons les plus courants — 239
Productions totales en tonnes — 243
Productions annuelles moyennes — 244

Glossaire des termes numismatiques — 247

Bibliographie réduite — 249

Index — 251

Remerciements

Intervenant régulièrement sur ce même thème pour les Publications Agora dans la lettre *L'Investisseur Or et Matières*, j'avais déjà abordé dans ce cadre plusieurs sujets repris ici. Je tiens à remercier Isabelle Mouilleseaux, directrice de la rédaction de la lettre *L'Investisseur Or et Matières*[1], de m'avoir autorisé à intégrer ici quelques extraits de mes interventions. Cette lettre sera pour moi le cadre idéal pour publier les inévitables mises à jour de cet ouvrage.

Une partie est bien évidemment consacrée à la fiscalité. Avec le soutien de Jean-François Faure, créateur d'*AuCOFFRE.com*[2], j'avais écrit un ouvrage complet sur ce thème en 2012. Alors qu'il a repris les droits détenus initialement par les éditions de L'Alambic, et sur ses conseils, j'ai intégré, tout en l'amendant en profondeur, une partie de cette source à l'ouvrage. Pour ses conseils toujours avisés je le remercie et applaudis par la même occasion la toute récente création d'*InvestDiamond.com*, qui vient compléter harmonieusement l'offre d'*AuCOFFRE.com* et prouver qu'en France il existe encore des entrepreneurs talentueux.

La réalisation de cet ouvrage n'aurait pas été possible sans l'apport de nombreux visuels, de conseils et d'informations par des professionnels directement impliqués dans les divers métiers touchant aux métaux précieux. Que ceux-ci soient sincèrement remerciés pour leur aide, leurs conseils, leur patience et leur gentillesse.

---

1. investisseur-or-matieres.com
2. www.AuCOFFRE.com

Préface

Yannick Colleu aurait pu faire comme tout le monde et écrire un livre pour donner son avis sur le phénomène Bitcoin. Le connaissant, je suis certain qu'il aurait même pu définir de manière très détaillée la fiscalité associée à l'usage de cette crypto-monnaie. Mais non, l'auteur est un vrai contrarien, il a préféré rédiger cet ouvrage d'anthologie au sujet des métaux précieux, qui sera sans nul doute une bible de référence dans ce domaine.

Pourquoi écrire au XXIe siècle un livre sur les métaux précieux vus dans une logique d'épargne ? Ne nous a-t-on pas dit que l'or était une relique barbare ? N'a-t-on pas tenté de l'enterrer mille fois, et encore plus depuis la phase baissière qu'il a traversée en 2013 ?

Je ne dis pas que tout est gravé dans le marbre, certaines choses comme la fiscalité évoluent très vite, mais l'avantage des conseils donnés par Yannick Colleu est qu'ils valent de l'or, qu'ils sont faciles à comprendre et qu'ils s'inscrivent dans la durée. Son but, réussi je pense, est de rédiger un ouvrage à l'image du sujet traité : immuable, intemporel, un livre de référence dans un contexte politique et économique extrêmement mouvant.

Aujourd'hui, nous rentrons dans une ère de rupture : rupture technologique avec la révolution des objets connectés, rupture comportementale avec l'explosion de l'usage des réseaux sociaux, rupture en forme de défiance des citoyens que nous sommes tous vis-à-vis des États, des institutions financières et des monnaies… Tout cela est la triste conséquence de la crise qui a débuté en 2007 et qui à mon avis n'est pas finie… Comment les métaux précieux s'inscrivent dans un tel contexte ?

Un sondage réalisé fin 2013 par l'IFOP auprès d'un millier de Français nous apporte un début de réponse. La crise de défiance des Français dans leurs banques et dans les produits d'épargne jugés « fiables et sûrs » est sans précédent. L'or reste un de leurs placements préférés, celui qui, parmi les livrets, comptes bancaires, assurances-vie, actions… a perdu le moins de crédit à leurs yeux. Aujourd'hui, les gens s'orientent naturellement vers des actifs tangibles, ils veulent se réapproprier leur épargne et avoir une compréhension claire de ce dans quoi ils placent les économies de leur famille.

Yannick a rédigé cet ouvrage sur le fait d'investir dans un actif tangible aussi sensé que l'or parce que l'or est synonyme de confiance et de durabilité.

Quoi qu'en pensent ses détracteurs les plus forcenés, l'or ramène les fous à la raison, l'or, doté du plus grand pouvoir libératoire, éteint les dettes, régule les monnaies… Et l'or, l'argent et le platine seront encore là même si l'électricité est coupée…

On ne peut pas tourner le dos à 6 000 ans d'Histoire comme ça. Si l'or est LA monnaie de référence depuis des millénaires, c'est parce qu'il remplit parfaitement les trois fonctions d'une monnaie, comme Yannick l'expliquera mieux que moi. Pour illustrer par exemple la capacité de l'or à conserver du pouvoir d'achat dans le temps, trouvez un bocal rempli de napoléons 20 francs en or et un autre rempli de billets de 500 francs Pascal de 1969 et faites la différence… L'or possède une valeur intrinsèque d'une grande stabilité, qui lui permet de stocker de la valeur.

Les Chinois ne s'y sont pas trompés. Si la demande en pièces d'or a explosé chez les particuliers en 2013, les Chinois se classent en tête de peloton (+ 38 % selon le World Gold Council).

Pour boucler la boucle sur le Bitcoin, des millions de Chinois continuent d'acheter massivement de l'or plutôt que des Bitcoins. Quand on sait qu'entre le moment où vous avez commencé la lecture de ce livre et le moment où vous le terminerez, le Bitcoin aura vu sa valeur varier à la hausse ou à la baisse de plusieurs dizaines de pourcents, alors je pense (exceptionnellement) que la voix du plus grand nombre est dans le cas présent celle de la raison.

Sécuriser son patrimoine avec une monnaie virtuelle ? N'y pensez même pas ! Les Chinois l'ont bien compris, tout comme ils savent que l'or physique est le meilleur filet anti-crise et que « l'or-papier » ne protège pas de la crise. Peu importe le cours de l'or coté en Bourse, celui-ci peut exploser, chuter sur une longue période, être manipulé… Il faut en avoir un minimum pour protéger son patrimoine et l'envisager comme une assurance, pas comme un actif spéculatif. Le meilleur moyen pour lisser les variations du cours de l'or est d'en acheter régulièrement, Yannick vous explique comment, avec ce sens du détail et de la précision qui lui est propre.

Jean-Francois FAURE
Président fondateur d'AuCOFFRE.com

Introduction

Contexte

En 2008 était publié un premier ouvrage sur l'investissement en or[1]. À l'époque, les ouvrages sur ce sujet étaient, c'est le moins que l'on puisse dire, rares. Depuis, le prix de l'or a progressé de plus de 60 % après avoir culminé en octobre 2012 à 140 %.

Est-il toujours opportun d'acheter des métaux précieux ? Les choses ne s'arrangent-elles pas ?

Quelques chiffres suffiraient pour répondre à ces questions.

De janvier 2008 à fin 2013, le produit intérieur brut de la France, indicateur de la production de richesse, a progressé de 5 %. Dans le même temps l'endettement français a augmenté de 84 %. Beaucoup plus significatif du fait de son poids économique, la production de richesse des États-Unis a progressé sur cette période de 26 % alors que l'endettement de la seule structure fédérale s'accroissait de 87 %. En alignant la structure de la dette américaine sur les normes de Maastricht, le poids de celle-ci représente désormais plus de 125 % du produit intérieur brut. S'endetter n'est pas une tare en soi. Mais une dette qui produit de moins en moins de richesse fait entrer les débiteurs dans une spirale dont l'issue est généralement dramatique.

Depuis 2008, les symptômes de la crise ont été traités non par des mesures visant à éliminer les racines du mal mais en alimentant encore un peu plus le mal. Tenter d'endiguer les flots de liquidités qui nous ont conduits de bulle financière en bulle financière en créant de nouvelles liquidités revient à jeter de l'essence sur un feu pour tenter de l'éteindre.

---

1. *Guide d'investissement sur le marché de l'or* (éd. Gualino).

Après une décennie de hausse et un plus haut historique le 1er octobre 2012 à 44 441 €/kg, le prix de l'or a corrigé de 38 % générant légitimement des interrogations sur l'opportunité de maintenir un investissement en métaux précieux chez nombre d'investisseurs. Certains commentateurs se sont empressés de chercher les causes de cette baisse. Pour les uns l'absence d'inflation l'explique, pour d'autres il s'agirait de la prise en compte par les investisseurs institutionnels du changement de stratégie affiché par la Réserve fédérale vis-à-vis des achats de dettes fédérales, pour d'autres encore la responsabilité serait à rechercher du côté des mesures de restriction d'importation d'or imposées par le gouvernement indien. Où se trouve la vérité ?

Dans les faits il est tout à fait exceptionnel qu'un actif financier puisse enchaîner sans aucune correction plus de dix années de hausse. La deuxième moitié de 2011 avait été le théâtre d'une accélération inhabituelle des prix qui fragilisait cette tendance déjà ancienne. Des gains rapides suscitent chez beaucoup d'investisseurs avisés des réflexes de prise de bénéfice. Ceci est normal et sain. Par ailleurs la fragilité des prix pendant cette période n'a pas échappé à certains. Comment expliquer – sinon par quelques volontés d'arrêter le jeu – cette avalanche de contrats de vente sur des niveaux techniques scrutés par tous ? Le vendredi 12 avril 2013, dès l'ouverture du CME, le marché à terme américain, ce sont 124,4 tonnes d'or (40 000 contrats de 100 onces mis sur le marché via Merrill Lynch) qui étaient déversées. L'opération n'ayant pas suffi à enfoncer le support des prix, elle était renouvelée via d'autres courtiers. En 35 minutes ce sont 311 tonnes d'or qui sont venues inonder le marché. Ces « attaques » survenaient quelques jours après les communiqués de la Société Générale (2 avril) et de Goldman Sachs (6 avril) ainsi qu'après la diffusion de rumeurs sur une hypothétique vente de l'or de Chypre, rapidement démentis par le gouverneur de la banque centrale chypriote. Le choix du jour, un vendredi, n'a pas été le fait du hasard. La rupture du support a conduit à l'exécution de nombreuses positions situées sous ce support et entraîné une avalanche d'exécutions voire de liquidations de portefeuilles par les courtiers alors que les marchés étaient fermés pour deux jours. Du grand art !

Plusieurs acteurs avaient un intérêt à casser cette hausse. Le chapitre qui suit aborde en détail la problématique du dollar. Le gouvernement américain tire une partie de sa puissance de l'hégémonie planétaire de sa monnaie. L'or ne doit pas devenir une alternative au dollar et doit, selon les États-Unis, retourner dans les limbes. D'autres acteurs avaient un intérêt dans cette baisse. Il s'agit tout simplement des banques qui avaient alors des positions fortement vendeuses tandis que les prix montaient. Plus le cours montait, plus leur position devenait intenable. Par ailleurs les différents stocks de métal détenus au sein du CME – stocks garantissant la réalité des contrats de vente ouverts – étaient en constante diminution[1] depuis des mois du fait de l'augmentation des demandes de livraisons physiques par les investisseurs. Cette situation pouvait conduire le CME à ne plus pouvoir honorer les livraisons. Les mobiles ne manquent donc pas.

La baisse a fait pousser de grands cris aux uns et aux autres, mais ceux-ci devraient peut-être se pencher sur le passé. Même si le passé ne se répète jamais, il permet néanmoins d'éclairer le présent. Après une hausse de 464 %, de 1975 à 1976 le prix de l'or baissait de 47,82 %. Cette baisse fut suivie d'une hausse de 718 %. Rien ne permet de faire une comparaison avec cette époque passée mais les raisons qui ont initié la hausse actuelle dans l'esprit des investisseurs n'ont pas disparu voire se sont renforcées comme le chapitre qui suit le détaillera.

Il est coutume d'avoir un avis sur l'origine de cette crise. Les uns vilipendent les banquiers, les autres les spéculateurs, mais peu s'intéressent aux racines mêmes du mal, à la cause originelle qui a poussé les banques dans cette course effrénée ; la même qui offre un terrain de jeu sans pareil aux spéculations les plus folles. Les discours sur la collusion entre les mondes politique et financier ou la dérive de la finance passée d'un rôle de facilitateur de production de richesse à la recherche de gain par la spéculation voire la fraude institutionnelle sont désormais avérés et parfaitement connus du lecteur. Aussi, pour argumenter sur l'opportunité que représentent les métaux précieux, le choix a été fait de limiter la démonstration à cette cause originelle : la monnaie. La crise actuelle est en effet la conséquence des choix qui ont été faits depuis le début du XXe siècle. Le développement du papier-monnaie, aidé par les désordres engendrés par les deux guerres mondiales, a ouvert la voie à une expérience monétaire inédite.

Cette expérience monétaire arrive à sa fin. Une nouvelle ère monétaire suivra. Personne ne sait véritablement de quoi elle sera faite mais il est certain que les métaux précieux seront un atout majeur pour faire passer son épargne d'une époque à une autre comme ils l'ont été à chaque rupture monétaire dans l'Histoire.

À QUI S'ADRESSE CE LIVRE

Ce livre s'adresse aux investisseurs, petits ou grands, qui s'interrogent aujourd'hui sur l'avenir de leur épargne et pressentent d'ores et déjà que les métaux précieux pourraient être le dernier recours pour protéger celle-ci.

---

1. Début 2013 : 11 millions d'onces ; 30 avril : 8 millions d'onces.

Pour les éclairer l'ouvrage est organisé en trois parties.

La première a pour objectif de donner au lecteur quelques clés de compréhension de l'origine de la crise actuelle. Sans compréhension de l'importance et de l'origine de la situation le lecteur aurait du mal à apprécier qu'il est aujourd'hui spectateur d'un bouleversement structurel profond à l'échelle mondiale. Souvent présentée comme une crise « comme une autre » née des excès de la finance, la situation que nous vivons prend en réalité ses racines bien au-delà du périmètre des banques. La crise bancaire a révélé des excès, voire des fraudes, mais elle n'est que la conséquence d'un désordre monétaire né à la disparition du système monétaire international bancal ayant sévi entre les deux guerres mondiales. À cette cause profonde, qui transformera inéluctablement la crise actuelle en crise monétaire, bouclant ainsi la boucle entre deux crises monétaires, s'ajoutent des facteurs démographique et géopolitique exceptionnels. Cette concomitance est un cocktail réellement explosif.

La deuxième partie de l'ouvrage a un objectif pédagogique.

La France, ce pays qui en 1970 détenait encore le cinquième de tout l'or thésaurisé sur la planète, a aujourd'hui oublié les vertus de ce métal pour une part et semble être resté figée dans des pratiques d'un autre temps pour la part qui en apprécie les qualités.

Le marché des métaux précieux en France est un marché archaïque et monopolistique qui n'a pas su faire sa promotion. Beaucoup de professionnels en sont restés à des pratiques héritées d'une époque désormais révolue, entretenant auprès des clients une fausse idée des possibilités offertes de nos jours. Il faudra attendre 2009-2010 pour découvrir des offres innovantes et s'ouvrir sur des pratiques depuis longtemps acquises au-delà de nos frontières.

Dans l'esprit du public, l'acheteur de métaux précieux se résume à ce vieil avare de Molière penché sur ses louis. La lobotomie monétaire réalisée en 1971 par la fin de la convertibilité des monnaies, aggravée par des mesures fiscales absurdes sur les métaux précieux, a créé des générations incultes quant aux vertus de la bonne monnaie.

Cette partie dresse donc un inventaire de « ce qu'il faut savoir avant » d'entreprendre une démarche d'épargne ou d'investissement en métaux précieux. La fiscalité y occupe volontairement une part importante car cet aspect commande très souvent les choix d'investissement dont il est préférable de connaître les avantages, les inconvénients et les contraintes avant de décider, plutôt que de les subir au moment de la vente.

INTRODUCTION

La troisième et dernière partie a un objectif pratique.

À l'occasion de conférences et de rencontres avec des lecteurs, l'auteur a été surpris par les questions qui lui ont été soumises. Ces questions, pour l'essentiel, portaient sur des aspects très pratiques : « *Comment faire… ? Comment choisir… ? Quels sont les avantages ou les inconvénients de tel ou tel type de placement ? Etc.* » Il n'existe pas réellement d'ouvrage abordant ces aspects très pratiques permettant d'aider les investisseurs à passer à l'acte. Les forums sont une source d'information mais malheureusement aussi trop souvent de désinformation. Il existe peu de forums francophones dignes de ce nom sur le sujet. Les mêmes travers d'archaïsme que ceux mentionnés plus haut y prospèrent.

Cet ouvrage ne prétend pas détenir la vérité en la matière mais permettra, du moins c'est le souhait de l'auteur, au lecteur d'y trouver des pistes pour approfondir ses connaissances et des réponses à ses questions essentielles. S'il n'obtient pas toutes les réponses qu'il souhaite, ou qu'il désire des précisions ou une actualisation concernant tel ou tel sujet abordé ici, le lecteur pourra solliciter l'auteur via le blog CaféBourse[1].

---

1. La procédure d'accès est décrite sur accescafebourse.wordpress.com.

Avertissement

L'ouvrage se restreint au périmètre des métaux précieux, or et argent, sous leur forme physique, détenus directement ou indirectement. Les métaux précieux proposés par le monde financier sous la forme de promesses ou d'obligations ne sont volontairement pas traités ici car leur nature même est incompatible avec la sécurité de contrepartie recherchée.

Chaque fois qu'il sera fait référence à l'unité de masse once troy, celle-ci sera notée en abrégé « oz » selon la coutume et contrairement à la recommandation de l'Union européenne qui recommande la notation « oz tr ».

Les informations qui sont fournies dans cet ouvrage par l'auteur ne constituent en rien une sollicitation à l'investissement.

Investir dans des produits financiers présente des risques. Il revient à chacun de se faire sa propre opinion quant à la pertinence d'un investissement, en tenant compte des mérites et des risques qui y sont associés, de sa propre stratégie d'investissement et de sa situation fiscale, patrimoniale et financière.

Les informations fournies dans cet ouvrage ont été rassemblées en toute bonne foi sur la base des connaissances, des recherches et des expériences de l'auteur.

Le lecteur s'engage à vérifier celles-ci lui-même avant de prendre toute décision d'investissement et ne saurait tenir l'auteur pour responsable des conséquences de celle-ci.

Partie I

Pourquoi s'intéresser aux métaux précieux ?

Qu'est-ce qui justifie d'investir aujourd'hui dans les métaux précieux ?

Avant d'écrire une seule ligne de ce chapitre, une longue liste des thèmes qui venaient soutenir le choix d'investir sur ce secteur avait été dressée. Dans un précédent ouvrage de l'auteur paru en 2008 cet incontournable sujet pour toute œuvre sur les métaux précieux avait été inévitablement abordé. Depuis la parution de ce livre, et surtout depuis que les effets de la crise sont venus inspirer nombre d'auteurs, les ouvrages se sont multipliés et reprennent à peu près tous les mêmes thèmes sur cette question.

Chacun y va de ses graphiques mettant en perspective telle masse monétaire et le prix de l'or ou tel autre métal ou matière première et le prix de l'or dans l'espoir d'expliquer où nous en sommes et pourquoi l'or sera le produit financier de demain.

Toutes ces démonstrations sont peut-être acceptables, il ne s'agit pas de les juger ici, mais aucune ne se penche sur le fond même du problème. Le plus souvent, les auteurs mettent en évidence ses symptômes mais à aucun moment son origine profonde et unique.

Le problème trouve ses racines dans la monnaie d'aujourd'hui, construite sur des bases malsaines, sur les cendres encore chaudes de la Première Guerre mondiale. Pour bien en cerner la malignité il faut au préalable assimiler la notion même de monnaie puis s'intéresser au cheminement qui nous a conduits au système monétaire actuel ou, pour être tout à fait correct sans dévoiler ce qui va suivre, le non-système monétaire actuel.

Enfin, une fois ces constats faits, il s'agit d'examiner dans quel contexte cette situation intervient. Nous verrons qu'elle tombe au plus mauvais moment de l'histoire de l'humanité, au croisement de deux routes : d'une part celle qui mène à l'épuisement des ressources fossiles, et, d'autre part, celle qui mène au plus grand challenge démographique terrestre combinant explosion démographique et vieillissement généralisé des populations.

SAVEZ-VOUS RÉELLEMENT CE QU'EST LA MONNAIE ?

> *« Il y a de bonnes raisons de croire que la nature de la monnaie n'est pas vraiment comprise. »*
> John Law, 1720.

La monnaie est souvent assimilée à ces pièces et ces billets que nous avons en poche. En fait la monnaie a existé bien avant que ces représentations matérielles[1] lui donnent corps. La monnaie est, à l'instar des étalons de mesure que sont le mètre ou le kilogramme, un concept virtuel de mesure de la valeur. Ce concept inventé bien avant les pièces elles-mêmes a été créé par l'Homme pour enregistrer les crédits et les dettes des uns envers les autres. **Une unité de monnaie « mesure » une dette.** La monnaie n'est donc rien de moins qu'une façon de comparer les choses entre elles, comme l'écrit l'anthropologue David Graeber[2] : *« Ce que nous appelons "monnaie" n'est pas une "chose", c'est une façon de comparer les choses mathématiquement entre elles, à la manière de proportions : de dire qu'un de X est équivalent à six de Y. »*

À une époque très lointaine il est apparu nécessaire d'enregistrer une dette pour acter cette situation entre deux partis. Des systèmes rudimentaires mais fiables, tels que le bâton de taille[3] par exemple, permettaient au créditeur et au débiteur de conserver chacun par-devers soi une trace de l'obligation ainsi créée de l'acheteur vis-à-vis du vendeur. Cette pratique était encore d'usage au début du XXe siècle en Europe. Le vendeur ayant en main une reconnaissance de dettes, rien ne l'empêchait dès lors de céder cette créance à un tiers en règlement d'une dette qu'il avait lui-même contractée. Pour que le système fonctionne il fallait simplement que l'étalon monétaire soit connu par les différents protagonistes.

---

1. Certaines civilisations ont utilisé des coquillages, d'autres des roches, etc.
2. David Graeber, *Debt: The First 5,000 Years*.
3. Bâton bardé d'entailles symbolisant la valeur de la dette et coupé en deux. Taille : morceau du bâton qui reste aux mains de l'acheteur ; l'autre morceau, conservé par le vendeur, porte le nom d'échantillon (définition CNRTL). En anglais le bâton est nommé *tally stick*, la taille se traduit par *stock holder* (actionnaire) et l'échantillon par *ticket stub* (talon de billet).

L'apparition des pièces semble héritée directement de ce principe. Les souverains, en apposant leur profil sur l'avers d'un disque de métal, marquaient par cette empreinte la reconnaissance d'une dette qu'ils s'engageaient à honorer à la présentation de celui-ci. La notoriété et la puissance du souverain suffisaient ensuite à faciliter l'acceptation généralisée de ce titre de dettes comme moyen de paiement entre créditeurs et débiteurs au sein de l'empire.

Dès lors, le lien qui se crée entre ce petit morceau de métal et la notion de valeur résulte d'un phénomène d'acceptation sociale. Selon David Graeber : *« La valeur de la monnaie n'est pas la mesure de la valeur d'un objet, mais la mesure de la confiance que l'on place dans les autres. […] Une pièce d'or est une promesse de payer quelque chose d'une valeur équivalente à une pièce d'or. Après tout, une pièce d'or n'est pas vraiment utile en soi. On l'accepte seulement parce que l'on suppose que d'autres personnes l'accepteront aussi. »*

Aujourd'hui, qu'ils soient d'or, d'argent, de platine, de cupronickel ou d'aluminium, voire de papier, le consensus social attribue à ces pièces et à ces billets la qualité de monnaie, confondant ces instruments de paiement avec le concept initial qu'ils représentent.

Pièces ou billets, ceux-ci doivent répondre à certains critères pour être « éligibles » à cette haute fonction de « représentants » de la monnaie.

Le premier vient d'être abordé : ces instruments doivent être universellement reconnus comme moyen de paiement. La confiance étant le facteur principal de ce transfert de valeur dans les instruments de paiement, la duplication de ceux-ci doit être dissuadée, soit en employant des métaux rares dont l'effort de production dépasserait la valeur véhiculée par la pièce, soit par des procédés techniques qui rendraient la duplication très peu rentable économiquement tout en restant dangereuse juridiquement.

Ils doivent être déclinables en unités de compte pour couvrir tout le spectre des valeurs possibles des choses de ce monde (du Carambar au caviar). Enfin ces pièces et billets doivent pouvoir être accumulés – épargnés, thésaurisés – sans altération de leur aspect avec le temps ou sous l'effet du frai[1].

Dans la partie pratique de l'ouvrage, toute référence au mot « monnaie » sera restreinte, volontairement et arbitrairement, aux moyens de paiement sous une forme métallique.

---

1. Usure (des monnaies) due au frottement (CNRTL).

Le paradoxe de Triffin

Robert Triffin était un brillant économiste belge diplômé de Harvard et spécialiste des questions monétaires. Enseignant à Yale, il fut conseiller du président Kennedy, du comité des présidents du système de la Réserve fédérale, du Fonds monétaire international et de l'ancêtre de l'Organisation de coopération et de développement économiques (OCDE).

Il est plus particulièrement connu pour avoir mis en évidence très tôt le paradoxe créé par l'introduction du dollar (et de la livre sterling à ses débuts) comme monnaie de réserve à côté de l'or dans le système de l'étalon de change-or[1].

L'assimilation de ce paradoxe est absolument essentielle à la compréhension des crises monétaires depuis la fin de la Première Guerre mondiale et apporte des réponses aux incessantes questions sur l'origine de la crise actuelle, plus fournies que celles qui relèvent des symptômes et non de la cause originelle de la crise. Il n'est pas nécessaire d'être un économiste bardé de diplômes pour comprendre que sans traitement de la cause originelle, la crise ne sera jamais réellement traitée et qu'elle perdurera donc sous une forme ou une autre.

Le paradoxe tel qu'il le présente dans son ouvrage de 1961, *L'Or et la crise du dollar*[2], est le suivant (les citations qui suivent sont extraites de cet ouvrage).

L'introduction d'une monnaie nationale (dite monnaie clé) à côté de l'or au statut de réserve internationale avait pour objectif de compenser « *des réserves d'or insuffisantes, par l'accumulation croissante de monnaies nationales en tant que réserves internationales* ». Dès lors, « *inévitablement, une telle accumulation est concentrée sur les monnaies les plus "sûres" des grands pays créditeurs et le résultat en est une importation non justifiée de capitaux. Les pays mêmes qui devraient prêter aux autres leur empruntent ainsi inconsciemment des capitaux à court terme* ».

« *Pour contribuer à l'expansion désirée de liquidité mondiale, ces mouvements* [de capitaux] *doivent stimuler des exportations supplémentaires de capitaux de la part des pays à monnaie clé ou une diminution de l'excédent de leur balance courante. Cependant, l'une ou l'autre de ces réactions ne peut que conduire à une détérioration progressive et permanente dans leurs réserves nettes jusqu'au moment où leurs monnaies n'apparaissent plus comme les plus "sûres" pour l'investissement des*

---

1. Le système monétaire de l'étalon de change-or succède à l'étalon-or en 1922 puis est réaffirmé en 1944 à Bretton Woods. Construit initialement autour de la convertibilité en or du dollar et de la livre sterling, il sera limité *de facto* à la seule convertibilité du dollar en 1944. En 1968, les États-Unis limiteront cette convertibilité pour la renier ensuite définitivement le 15 août 1971.
2. Traduit en 1962 aux Presses universitaires de France.

réserves des autres pays. Le ralentissement, l'arrêt ou le renversement de l'accumulation des monnaies clés comme réserves mondiales, ramène alors au premier plan le problème sous-jacent de la pénurie d'or et impose, en même temps, des réadaptations difficiles de la balance des paiements pour les pays placés au cœur du système. La déflation interne, la dévaluation de la monnaie ou les restrictions commerciales et cambiaires seront les principaux choix qui leur seront offerts ; ces procédés auront de plus tendance à gagner le reste du monde et risquent plus tard d'être aggravés par des mouvements spéculatifs de capitaux, culminant dans une panique financière du genre de celle de 1931, ou à une rechute dans le bilatéralisme. »

En d'autres termes, le statut de monnaie de réserve, même à côté de l'or, conduit le pays émetteur de cette monnaie à entretenir des déficits de sa balance des paiements pour être en mesure d'alimenter la croissance des autres pays en monnaie internationale. Jacques Rueff, dans un entretien avec Fred Hirsch[1] sur le rôle et la règle de l'or, utilise cette formule pour illustrer la situation d'alors : « *… si mon tailleur s'engageait à me prêter les sommes que je lui aurais remises en paiement, le jour même de leur versement, je n'hésiterais pas à lui commander plus de costumes, et ma propre balance des paiements serait en déficit.* »

Le paradoxe naît du fait que cette situation, initialement désirée par les acteurs économiques, conduit progressivement à une perte de confiance en l'émetteur de la monnaie de réserve par ces mêmes acteurs.

Par ailleurs, et contrairement à l'or, dont le stock est tangible et limité, et dont les flux imposent une « *discipline* [qui] *repose sur la réalité des faits et sur des besoins objectifs*[2] », le système monétaire bâti sur une monnaie clé (que ce soit le système d'étalon de change-or ou le système de libre-échange qui lui a succédé) dépend entièrement pour sa régulation de la volonté politique. Les femmes et les hommes, y compris politiques, étant au final des êtres de chair et de sang, rien n'est plus aisé pour un gouvernement que de céder aux tentations de la planche à billets pour résoudre ses difficultés et ne pas avoir ainsi à pâtir des humeurs de son électorat.

Au lendemain de la Seconde Guerre mondiale les accords de Bretton Woods offrirent à toutes les monnaies à convertibilité externe le statut de monnaie de réserve. Néanmoins, au sortir de la guerre, la domination de l'économie américaine sur le reste du monde laissait peu de place aux monnaies convertibles qui auraient pu prétendre concurrencer le dollar (escudo portugais et franc suisse).

---

1. Jacques Rueff, *Le Péché monétaire de l'Occident*, Plon, 1971.
2. *Ibid.*

Une monnaie américaine convertible en or[1] et une encaisse métallique couvrant largement les émissions de dollars créèrent alors toutes les conditions de la confiance.

À partir de 1958, la défiance s'installa progressivement parmi les investisseurs. L'année 1961 marque la première prise de conscience formelle d'un président[2] américain du danger que représente le déséquilibre de la balance des paiements. En 1967, l'encaisse or des États-Unis a fondu de près de la moitié en 10 ans[3]. Malgré des mises en garde multiples, le déséquilibre de la balance des paiements américaine ne devait pas évoluer favorablement. Robert Triffin écrivait alors : *« Seule une insouciance incroyable de notre part* [nota : les États-Unis] *pourrait nous amener au point où l'affaiblissement de la situation de nos réserves pourrait finalement entraîner des conversions massives* [en or] *des balances en dollars détenues par des pays étrangers et nous forcer à suspendre ou à modifier la couverture légale en or du système de Réserve fédérale. »*

Ce cri d'alarme était repris par le président de Gaulle dans sa célèbre conférence de presse du 4 février 1965 au cours de laquelle il notait que cette situation *« entraîne les Américains à s'endetter et à s'endetter gratuitement vis-à-vis de l'étranger car ce qu'ils lui doivent, ils le lui payent tout au moins en partie avec des dollars qu'il ne tient qu'à eux d'émettre et non pas avec de l'or qui a une valeur réelle, qu'on ne possède que pour l'avoir gagné, et qu'on ne peut transférer à d'autres sans risque et sans sacrifice »*.

Il proposait qu'*« étant donné les conséquences que pourrait avoir une crise qui surviendrait dans un pareil domaine, nous pensons qu'il faut prendre à temps les moyens de l'éviter. Nous estimons nécessaire que les échanges internationaux soient établis comme c'était le cas avant les grands malheurs du monde, sur une base monétaire indiscutable et qui ne porte la marque d'aucun pays, en particulier »*.

Constatant l'absence d'évolution positive, le président français décida de sortir la France de l'étalon de change-or[4] et ordonna le rapatriement de l'or détenu à New York, issu de la conversion des réserves françaises de dollars[5].

---

1. Le dollar n'était convertible que pour les non-résidents.
2. « Special Message to the Congress on Gold and the Balance of Payments Deficit » par le président Kennedy, le 6 février 1961.
3. 1957 : 22,9 milliards de dollars, 1961 : 17,5 milliards et 1967 : 12 milliards.
4. 11 février 1965.
5. Après la conversion de 650 millions de dollars en 1964, 977 millions sont convertis en 1965. De 1959 à 1966 : 4,5 milliards de dollars sont convertis représentant 4 000 t d'or (René Sédillot, *Histoire du franc*).

Les crises se succédèrent alors. Les solutions apportées, *Pool de l'or* et *Club des dix*, ne rassuraient pas les investisseurs qui cherchaient à acheter de l'or plutôt que du dollar, y compris lors de crises n'impliquant pas directement cette monnaie.

En 1968, la gravité de la situation devait alors conduire à une redéfinition des accords de Bretton Woods pour permettre au gouvernement américain d'utiliser un subterfuge, la création de monnaie *ex nihilo*, au sein du Fonds monétaire international. Cette nouvelle monnaie, les DTS[1], ou Droits de tirage spéciaux, sorte de monnaie de Monopoly, permit alors aux États-Unis à partir de 1969 de racheter les dollars détenus hors de leur territoire (les eurodollars) sans avoir à sortir une once d'or.

Dans le même temps, le gouvernement américain supprima la convertibilité externe du dollar. Seules les banques centrales étrangères pourraient désormais échanger leurs dollars contre de l'or. Dans les faits il s'agit d'un défaut de paiement de la part des États-Unis. L'exception accordée aux banques centrales n'était qu'une mascarade destinée à laisser croire aux marchés financiers qu'il n'en était rien. Néanmoins, par un accord tacite passé avec les banques centrales étrangères, ces dernières s'engagèrent à ne pas demander la convertibilité.

Après une courte période de stabilité, le dollar subit de nouveau les conséquences des déséquilibres de la balance des paiements américaine. Les États-Unis étaient arrivés à un point où le taux de couverture des dollars émis inquiétait les créditeurs. Plusieurs pays dont la Suisse et l'Allemagne demandèrent la conversion de leurs avoirs dollars en or physique suivant l'exemple français de 1965.

Les pires craintes qu'exprimait Robert Triffin dans son ouvrage de 1961 allaient se concrétiser en 1971 : « … *Il est trop chimérique d'imaginer que les Filles de la Révolution Américaine exigeraient alors un embargo sur les ventes et les envois d'or à l'étranger, et que la menace d'un événement de cette sorte puisse précipiter la conversion en or des balances dollar existantes et forcer les autorités à recourir à des mesures si draconiennes et si désastreuses, sans considérer combien ces mesures auraient été inutiles dans un contexte plus calme. Un embargo sur l'or – même temporaire – entraînerait presque inévitablement une dévaluation* de facto *du dollar par rapport à l'or. D'autres monnaies se trouveraient probablement entraînées dans le processus, étant donné que toute prévision d'une dépréciation du dollar par rapport à l'or serait presque certainement accompagnée par une prévision de dépréciation similaire d'autres monnaies, et accélérerait des transformations légales et illégales en or ou en actifs réels à l'étranger plus encore qu'aux États-Unis.*

---

1. DTS, « du néant habillé en monnaie » selon J. Rueff dans *Le Péché monétaire de l'Occident*.

*Je ne veux pas faire croire que de tels événements dramatiques sont le moins du monde probables. Il est au contraire **absolument impensable** qu'ils se produisent*[1]. »

Comme l'avait pressenti Jacques Rueff en 1965 dans son entretien avec Hirsch, le 15 août 1971, les États-Unis, par la voix du président Nixon, imposaient un embargo total sur les livraisons d'or américain en échange de dollars : « *Ce dont je suis sûr, c'est que si nous restons dans le régime où nous sommes actuellement il arrivera un jour où les moyens de paiement externes des États-Unis seront épuisés. Ceci impliquera, qu'ils le veuillent ou non, quels que soient les engagements qu'ils auront contractés à l'égard du Fonds monétaire international ou du GATT, qu'ils devront établir un embargo sur l'or, décider des restrictions aux transactions impliquant paiements extérieurs, telles celles qu'ils étudient actuellement, sur les voyages à l'étranger et, par là, porter une atteinte profonde aux relations internationales.* »

En prenant cette décision[2], impensable pour Robert Triffin et inévitable pour Jacques Rueff, le président Nixon actait formellement aux yeux du monde le défaut de paiement des États-Unis d'Amérique.

Bien évidemment les arguments qu'il avança devant ses concitoyens étaient ceux de la défense des intérêts américains contre les méchants spéculateurs. C'est le même discours naïf et lâche que tiennent aujourd'hui nos dirigeants politiques.

À partir de cette date se mit en place un système non régulé multilatéral d'échanges. La décision américaine ouvrit une ère de guerre commerciale et d'anarchie monétaire. En 1976 les accords de la Jamaïque actèrent la mise en place d'un « non-système » monétaire international basé sur des changes flottants.

Depuis cette époque le dollar a renforcé son statut de monnaie de réserve et effacé toute tentative de le supplanter dans cette position. L'introduction de l'euro en 1999, louée à sa naissance par les officiels américains, est dans la réalité appréciée par ceux-là mêmes comme une concurrence nouvelle, à l'instar de l'or, et donc, une menace pour la survie du dollar. Les tares du « non-système » monétaire sont connues mais les solutions le plus souvent proposées ne sont que des adaptations préservant le *statu quo* hégémonique et dangereux du dollar.

---

1. Robert Triffin, *L'Or et la crise du dollar*, 1961.
2. L'alternative consistant à dévaluer le dollar par rapport à l'or était politiquement inadmissible pour les États-Unis, comme le précise Robert Triffin. Cette solution aurait profité aux deux principaux producteurs d'or, l'URSS communiste et l'Afrique du Sud raciste.

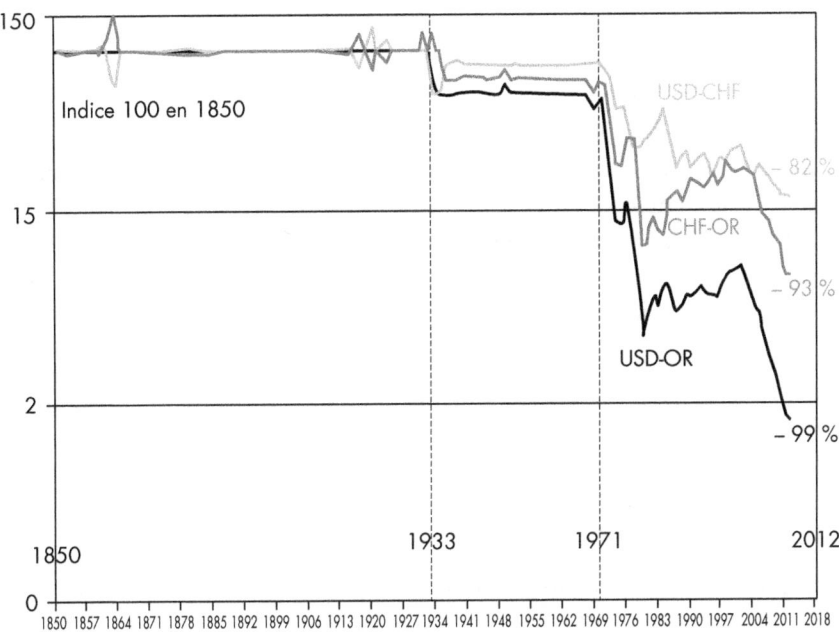

Évolutions des parités dollar-franc suisse, dollar-or et franc suisse-or depuis 1850

Source : auteur.

Ce désordre monétaire, qui veut véritablement le remettre en cause ? Dans une situation de crise extrême comme aujourd'hui, la dévaluation compétitive entre monnaies ou guerre des monnaies est une arme politique puissante. Elle permet de gagner des parts de marché sur ses concurrents et offre l'opportunité de ne pas avoir à se justifier aux yeux de ses électeurs. Personne, et surtout pas les États-Unis, n'a d'intérêt dans la mise en place d'un système monétaire où la « main de l'homme » n'aurait pas son mot à dire. Il faudra donc attendre que ces derniers soient dans une situation d'extrême difficulté et qu'en même temps la Chine ait atteint une force économique suffisante pour que soit examinée la construction d'un ordre monétaire stable sur les cendres du néant monétaire actuel.

Il y a une différence fondamentale entre un système monétaire construit sur l'étalon-or et un système monétaire utilisant d'une façon ou d'une autre une devise comme étalon. Dans le premier, le règlement des déséquilibres se fait par un transfert de propriété d'un stock de métaux précieux. Ce transfert efface définitivement la dette d'un État débiteur vis-à-vis de ses créanciers. *A contrario*, dans un système monétaire dit d'étalon de change-or ou dans un système monétaire comme celui d'aujourd'hui construit autour d'une ou plusieurs devises comme étalon de réserve, lorsque des déséquilibres interviennent, ils se concrétisent par une accumulation de devises dans le pays créditeur, c'est-à-dire par une accumulation de dettes. Ces devises retournent ensuite dans le pays qui les a émises pour être converties en produits financiers offrant un rendement[1]. De cette façon, et tant que les pays créanciers restent confiants dans l'avenir de la devise étalon, ceux-ci financent en retour le déséquilibre qui lui-même, au prochain cycle, produira les devises qui reviendront financer le cycle suivant.

Jusqu'au jour où les créanciers, craignant un emballement de ces cycles, estiment que le système a atteint sa limite et retirent leur confiance à ces produits financiers et à la devise étalon[2].

À quelle distance de cette limite sommes-nous aujourd'hui ?

Cette question est en effet importante. Pendant de nombreuses années les optimistes ont répondu inlassablement aux observations de Rueff et de Triffin que les États-Unis étant à la fois maîtres de leur monnaie et puissance planétaire, rien ne viendrait jamais affaiblir le lien de confiance entre eux et leurs créanciers. Jusqu'à présent ils ont eu raison. Néanmoins, plusieurs indices révèlent que les choses sont en train de changer.

Avant de les passer en revue, réalisons une rapide synthèse de la situation de l'endettement américain. Cet endettement est la partie visible de l'iceberg. Pour être tout à fait complet il faudrait aussi parler des engagements futurs, ou endettement implicite[3], c'est-à-dire les dépenses futures non budgétées. Cet endettement implicite sera abordé un peu plus loin, mais dans l'immédiat parlons de la dette explicite.

La dernière fois que la dette américaine a reculé, c'était en 1957. Depuis elle n'a cessé de croître. Aujourd'hui elle s'emballe à un rythme inquiétant. Rapporté au PIB, l'endettement fédéral dépasse aujourd'hui 100 % et s'approche à grands pas du niveau historique de 118 % atteint à la fin de la Seconde Guerre mondiale.

---

1. Via la banque fédérale de New York et le réseau Federal Reserve's Funds Transfer System (Fedwire©).
2. John Law n'avait pas construit quelque chose de très différent. Son système reposait sur, d'une part, une banque autorisée à émettre de la monnaie papier et de l'autre une entreprise émettant des actions souscrites avec le papier monnaie émis. Les nouvelles émissions d'actions et les paiement des dividendes conduisaient à de nouvelles émissions de monnaie.
3. Par opposition à la dette ayant un nominal libellé, ou dette explicite.

Pour le seul gouvernement fédéral[1], la dette est aujourd'hui d'environ 17 000 milliards de dollars et croît au rythme annuel moyen d'environ 1 300 milliards depuis 2008[2]. 71 % de ce montant, soit environ 12 000 milliards, sont détenus par le public. Le reste est placé auprès des différents fonds de retraite américains dont les liquidités disponibles financent ainsi directement le Trésor, ce qui soulève une autre question, qui ne sera pas traitée ici, sur le financement futur de ces systèmes de retraite en cas, tout à fait probable, de krach obligataire.

Environ 47 % de ces 12 000 milliards sont dans des mains étrangères, principalement chinoises et japonaises[3], soit environ 5 700 milliards de dollars, dont 71 % détenus par des banques centrales et des grandes institutions financières internationales, soit 4 000 milliards de dollars.

Un tiers des 6 300 milliards de la part domestique de la dette publique fédérale, soit environ 2 100 milliards, est détenu par le système de la Réserve fédérale (FED), qui détient par ailleurs aussi 1 450 milliards de dettes liées à des refinancements hypothécaires.

	Milliards de dollars
Dette fédérale	17 000
Dont détenue par le public	12 000
Part de la dette publique détenue par la FED	2 100
Part de la dette publique détenue hors USA	5 700
Part de la dette publique détenue par des banques centrales	4 000

Premier indice, certains créanciers américains semblent avoir atteint un seuil de saturation. La Chine par exemple : après avoir culminé en 2011 à 1 300 milliards de dollars d'obligations américaines de long terme, le portefeuille chinois a reflué pour la première fois[4]. De la même façon, la Russie a réduit son portefeuille qui avait atteint un plus haut en 2012 à 158 milliards de dollars.

---

1. Cet endettement ne tient pas compte de celui des États, des collectivités locales, des systèmes sociaux et de retraite, et des entreprises nationalisées (Freddie, Fanny, etc.) ou à participation majoritaire de l'État américain.
2. Avant 2008, au rythme annuel moyen de 500 milliards de dollars.
3. Source : Major foreign holders of treasury securities, www.treasury.gov.
4. « *Ce n'est plus dans l'intérêt de la Chine d'accumuler des réserves de change en monnaies étrangères* », déclarait le 20 novembre 2013 Yi Gang, sous-gouverneur de la Banque centrale de Chine, au forum Economists 50.

Ce recul, ou du moins cette stagnation du portefeuille obligataire chinois, est concomitant avec ce qui semble être une vaste opération d'expansion des réserves d'or chinoises. La Chine ne fait pas un secret de ses angoisses vis-à-vis du dollar. Par le canal des experts économiques ou de la presse chinoise aux ordres, le gouvernement a plusieurs fois exprimé son mécontentement sur la politique monétaire américaine et sur le danger qu'elle fait courir au monde entier. Pékin ne cache pas non plus son intérêt pour l'or et, bien que les chiffres officiels soient difficiles à obtenir pour le confirmer, plusieurs informations permettent d'arriver à la conclusion que les réserves chinoises d'or s'accroissent d'année en année de façon importante. Ainsi, depuis le début de la consolidation du prix de l'or, les importations de métal jaune via Hong Kong ont bondi. Plusieurs observateurs[1] de longue date dans le marché des métaux précieux notent que, pour 2013, environ 2 600 tonnes d'or ont transité par Hong Kong, soit plus que la production annuelle mondiale des mines[2]. Toujours selon ces sources, corroborées par les chiffres d'importation et d'exportation de différents pays, la Chine, profitant des bas prix, aurait acquis en huit mois de 2013 sur le marché de Londres (LBMA[3]) l'essentiel des 1 016,3 tonnes[4] transférées de Londres à Zurich pour être ensuite acheminées vers l'Extrême-Orient après inspection et transformation en Suisse. Enfin, le Shanghai Gold Exchange (SGE), marché à terme chinois pendant du CME/Comex américain, devrait livrer en 2013 plus de 2 100 tonnes d'or physique, soit *a minima* 85 % de plus qu'en 2012.

Pourquoi la Chine porte-t-elle un tel intérêt aux métaux précieux et à l'or en particulier ?

Pour répondre à cette question, il faut d'abord répondre à une autre question : quel actif financier sans contrepartie, reconnu mondialement et en volume suffisant, existe-t-il sur la planète ?

Toute la réponse tient dans ce graphique[5] gracieusement fourni par la société Incrementum AG.

---

1. David Franklin de Sprott Asset Management.
2. 2 260 tonnes hors production chinoise.
3. London Bullion Market Association : marché de gré à gré de Londres pour l'or et l'argent.
4. Contre 85,1 tonnes pour toute l'année 2012.
5. Tiré du rapport d'Incrementum AG : « In Gold we Trust 2013 » du 27 juin 2013.

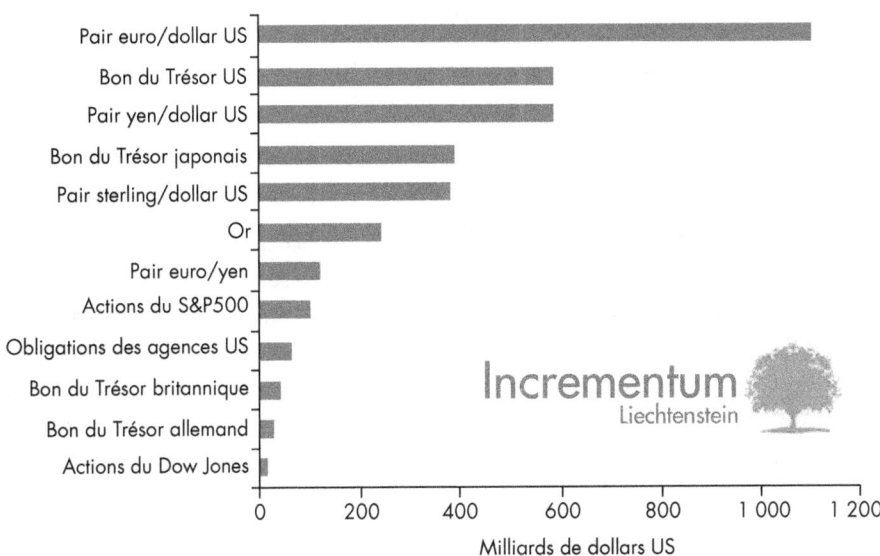

Volumes journaliers échangés pour les principaux produits financiers en milliards de dollars
Source : Ronald Stoeferle, Incrementum AG.

Ce graphique met en perspective les volumes moyens échangés, en milliards de dollars, pour les différents actifs financiers disponibles sur la planète. Hormis les transactions réalisées sur l'or et les actions du S&P 500 (celles du Dow Jones sont en fait incluses), actifs tangibles ou du moins représentant des actifs tangibles, toutes les autres sont des transactions sur de la dette. Les bons du Trésor américain (US Treasuries), japonais (JGB), allemand (German bunds), britannique (UK gilts) ou encore les obligations des agences de refinancement hypothécaires américaines (Fannie Mae et Freddie Mac) sont de la dette à l'état pur. Quant aux autres actifs financiers, il s'agit de négociations de parités entre devises traitées sur le marché des changes ou Forex (pair euro-dollar, pair yen-dollar, pair sterling-dollar et pair euro-yen). Ces devises renvoient à la dette des États émetteurs.

Les créanciers saturés de dette américaine (y compris la dette des autres pays industrialisés) ont donc peu d'alternatives pour la transformation de leurs dollars. Le seul marché ayant une dimension acceptable en termes de volume est donc l'or. Or qui présente un avantage indéniable par rapport à tous les autres produits financiers : il n'y a pas de contrepartie à la détention d'or. La transformation des dollars – ou des euros, ou des yens, etc. – en or physique éteint, pour celui qui le détient, toute angoisse sur la fiabilité de la contrepartie. C'est pour cette raison que la Chine transforme une partie de ses créances en or.

De plus, en accumulant des réserves de métal, la Chine prépare la crédibilité de la prochaine convertibilité internationale de sa monnaie.

Cette défiance croissante vis-à-vis du dollar se concrétise également dans la multiplication des accords bilatéraux excluant l'usage du dollar pour les règlements du solde des balances commerciales.

La Chine a ainsi mis en place avec l'Argentine, le Brésil, le Japon, la Russie, l'Inde, etc. (soit à cette heure 25 pays), des accords d'échanges commerciaux privilégiant l'utilisation du yuan pour un montant global équivalant à 358 milliards de dollars. Parmi ceux-ci : en 2009 des accords avec la Biélorussie, la Malaisie, la Corée du Sud, l'Indonésie, pour l'équivalent de 100 milliards de dollars de swap[1], et avec l'Argentine pour l'équivalent d'environ 10 milliards de dollars. En 2011, Chine et Corée du Sud s'entendent sur un swap entre leurs monnaies équivalant à 57 milliards de dollars.

L'année 2013 semble marquer une accélération de la mise en place de ces accords bilatéraux, signe des inquiétudes croissantes de la Chine vis-à-vis de son débiteur principal et de sa volonté d'accélérer la reconnaissance du yuan comme une alternative. Outre la reconduction de son swap de 10 milliards de dollars avec l'Argentine, la Chine signait avec le Brésil la mise en place d'un swap dans leur devise respective à hauteur de l'équivalent de 30 milliards de dollars. La même opération était réalisée avec l'Indonésie pour un montant de 32 milliards de dollars. En octobre de la même année, l'Union européenne et la Chine signaient un accord similaire pour 45 milliards d'euros. Tout à fait récemment[2], le sous-gouverneur de la Banque centrale sud-africaine annonçait une diversification vers la monnaie chinoise pour s'affranchir d'un éventuel impact sur les réserves sud-africaines en dollars qui représentent 60 % du portefeuille.

Les autres pays ne sont pas en reste. Le Japon multiplie également les accords de swap, en 2011 avec la Corée du Sud pour 70 milliards de dollars et récemment avec l'Inde pour 50 milliards. Enfin, en octobre 2013, et pour la première fois dans l'histoire de la monnaie chinoise, un pays souverain, en l'occurrence la province canadienne de Colombie-Britannique[3], a émis des bons du Trésor libellés en renminbi.

La multiplication de ces accords a pour conséquence d'introduire au niveau mondial une concurrence directe au dollar, jusqu'alors unique devise pour le

---
1. Contrat d'échange de flux financiers entre deux parties.
2. Daniel Mminele, à l'occasion de la Standard Bank African Central Bank Reserves Management Conference le 5 novembre 2013.
3. 409,41 millions de C$ à 1 an rémunérés à 2,25 %.

règlement des échanges commerciaux. Une moindre demande en dollars est une source d'affaiblissement de la devise américaine et soulève la question du soutien à terme de la dette américaine par le recyclage des dollars. Qui viendra recycler les dollars en obligations américaines ? Dit autrement, qui financera désormais les déficits américains ?

La réponse à cette nouvelle question tient encore une fois sur un simple graphique.

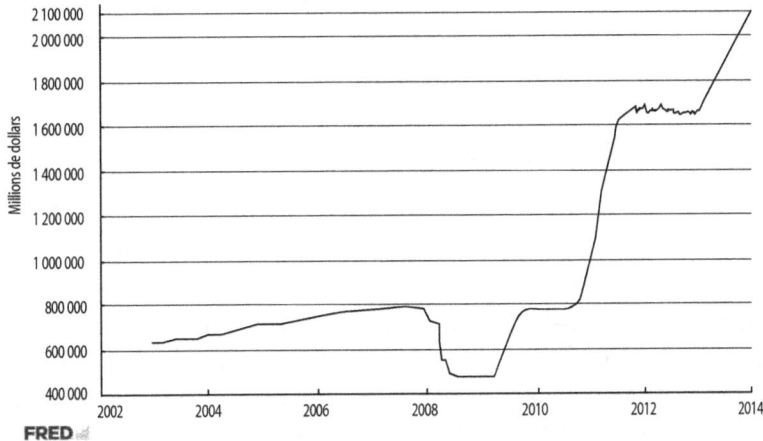

Bons du Trésor détenus par la FED (toutes maturités confondues)
Source : FED de Saint Louis.

Qui n'a pas entendu parler de QE, ou *Quantitative Easing*, a vécu ces dernières années sur une autre planète ! En bon français, QE signifie simplement que les bons du Trésor émis par le gouvernement américain pour financer ses déficits sont, pour une partie, directement achetés par le système de la Réserve fédérale en échange de liquidités fraîchement créées. C'est ce qu'il est coutume d'appeler « la planche à billets » : la banque crée, *ex nihilo*, de la monnaie en face de la dette présentée par l'État.

Ce graphique résume à lui seul l'étendue de ces interventions : alors que la Réserve fédérale détenait au plus 800 milliards de dollars en bons du Trésor avant le déclenchement de la crise actuelle, elle en détient désormais 2 100 milliards. L'objectif que s'est donné la Réserve fédérale est simple : intervenir sur le marché de la dette fédérale pour maintenir à tout prix les taux à leur plancher actuel. En effet, les créanciers étant de plus en plus réticents à absorber cette dette, sans cette intervention de la banque centrale les taux de financement de l'énorme dette publique américaine exploseraient conduisant à un accroissement du déficit budgétaire, lequel, étant déjà en moyenne à des niveaux stratosphériques depuis 2009 (moyenne de 1 200 milliards par an depuis cinq ans), ferait entrer le budget fédéral dans une spirale explosive. Les prévisions les plus optimistes formulées par la Maison-Blanche projettent un déficit budgétaire ramené à 500 milliards de dollars en 2018, une charge de la dette s'accroissant de 50 % à cet horizon (420 Md$ en 2013 à rapprocher des 2 700 Md$ de revenus fédéraux) pour une dette culminant à près de 22 000 milliards de dollars[1]. Que deviendraient ces perspectives chiffrées si les taux d'intérêt s'orientaient soudainement à la hausse et déjouaient ainsi ces perspectives budgétaires déjà peu réjouissantes ?

Le piège est, semble-t-il, en train de se refermer sur les États-Unis et le dollar. Les scénarios possibles pour en sortir semblent mener aux mêmes conséquences.

- Scénario 1 : la Réserve fédérale cesse d'acheter des bons du Trésor – sans même évoquer la possibilité d'alléger –, dès lors, les taux d'intérêt s'envolent et conduisent à un creusement des déficits[2].

- Scénario 2 : les États-Unis s'engagent dans une réduction drastique de leurs dépenses – en particulier par une réduction de leur budget militaire qui approche de ce qu'il était en 1945 –, la déflation qui s'ensuivrait aurait des conséquences non seulement pour le pays mais pour la planète économique et sociale.

- Scénario 3 : la dernière solution serait qu'une formidable croissance vienne effacer les déficits. À ce jour, ceci relève de la méthode Coué. Celle-ci, complétée de quelques manipulations dignes d'un grand prestidigitateur (QE, modification des règles de valorisation des actifs[3], statistiques hédonisées[4], etc.), a permis jusqu'à présent de ne donner qu'une apparence de crois-

---

1. Tous ces chiffres pourront être actualisés par le lecteur en se rendant sur le site : http://www.whitehouse.gov/omb/budget/Historicals/.
2. Une « expérience » de sortie a été tentée par la FED en mai 2013. La BRI la commente ainsi dans son rapport trimestriel de septembre 2013 : « *Les annonces de la Réserve fédérale américaine, en mai, laissant prévoir un abandon progressif de l'assouplissement quantitatif, ont eu des répercussions sur les marchés financiers mondiaux. Elles ont, en effet, déclenché une envolée des rendements des obligations de référence qui s'est propagée à l'ensemble des catégories d'actifs et des régions du monde, amenant les observateurs à parler d'une "vague de liquidation". Pendant cet épisode, les marchés d'actions, dans les économies avancées comme émergentes, ont accusé des pertes abruptes et considérables. De plus, dans les économies émergentes, le désengagement des investisseurs a provoqué une forte dépréciation de plusieurs monnaies. Ce vent de liquidation s'est calmé, début juillet, lorsque la Réserve fédérale, la BCE et la Banque d'Angleterre ont réaffirmé aux marchés que la politique monétaire demeurerait accommodante jusqu'à ce que la reprise soit bien ancrée.* »
3. Entrer dans Google : « Fallait-il vraiment assouplir les règles comptables ? »
4. Entrer dans Google : « Census "faked" 2012 election jobs report ».

sance en jouant sur la myopie des marchés financiers. Par ailleurs, ainsi que Robert Triffin l'a démontré, la disparition des déficits américains conduirait à un assèchement des disponibilités en monnaie de réserve au niveau mondial.

Quelle solution reste-t-il ?

Sincèrement il serait prétentieux d'apporter ici une réponse à cette question. Il semble simplement que le point de non-retour, marquant le moment au-delà duquel les espoirs de s'en sortir sans souffrance majeure s'évanouissent, ait été franchi avec la crise actuelle. Les pires angoisses de Robert Triffin se sont réalisées et s'il était encore de ce monde celles-ci seraient sans aucun doute sans commune mesure avec ce qu'elles étaient de son vivant.

Non seulement le paradoxe de Triffin nous a menés dans une impasse et a provoqué une explosion de dettes, mais deux autres défis se présentent. La concomitance de ces défis rend la situation absolument exceptionnelle dans l'histoire de l'humanité.

Le premier de ces défis concerne l'énergie

Le XXe siècle a été profondément marqué par la découverte et l'immense potentialité du pétrole. Pour l'auteur la prise de conscience du problème lié à la production de pétrole est née en découvrant les premiers papiers du regretté Matthews Simmons, auteur du livre *Twilight in the Desert : The Coming Saudi Oil Shock and the World Economy*[1], publié en 2005. Il est désormais considéré comme un ouvrage de référence mais il faut se souvenir des noms d'oiseau qui ont plu sur ce pauvre Simmons à l'époque de sa parution. En fait Simmons avait fait dès 2000 une chose très simple que même les « experts » de l'Agence internationale pour l'énergie (AIE), sise à Paris, n'avaient pas trouvé le temps de faire. Il avait tout simplement cumulé les courbes de production des différents sites de production, et en particulier des sites saoudiens, pour comprendre comment la résultante de ces courbes évoluait. C'est-à-dire comment la production mondiale évoluait, en quelque sorte. Sachant que, comme l'avait démontré le géophysicien King Hubert, la production d'un gisement faiblit en fonction de la baisse de pression résultant de l'extraction : en termes simples, plus on pompe, plus la pression baisse et plus le débit diminue. Cette situation peut être plus ou moins ralentie par des techniques consistant à injecter de l'eau

---

1. *Crépuscule dans le désert. La future crise pétrolière saoudienne et l'économie mondiale*, Wiley, 2005.

ou du gaz dans le réservoir de pétrole, mais à terme l'intervention humaine est impuissante à enrayer cette baisse. Plus le temps passe, plus le pourcentage d'eau extraite augmente jusqu'à représenter plus de 80 % du liquide remonté à la surface. Pour se rassurer, certains vous diront que ces gisements qui s'épuisent sont remplacés par d'autres. Malheureusement pour eux, ce n'est vrai qu'en partie et la modeste, et éphémère, production d'huile et de gaz de schiste n'y changera pas grand-chose. Aujourd'hui, *grosso modo*, nous consommons trois fois plus de pétrole qu'il en est découvert et la croissance des pays en plein développement (BRICS) amplifie cet écart d'année en année.

Cette situation a été prise en compte par les États-Unis dès 1980[1], conduisant ainsi à une politique d'encerclement des ressources pétrolières mondiales, qui s'est transmise de président en président quelle que soit l'étiquette politique. La cohérence et la continuité de ces actions politiques et militaires sur une échelle de temps aussi longue sont impressionnantes. L'accès au pétrole est un enjeu majeur et non négociable pour les États-Unis. La première « entreprise » mondiale consommatrice de pétrole n'est rien de moins que la Défense américaine. Après l'échec du contournement de l'Iran par la mise en place d'un pipeline en Afghanistan[2], le prochain objectif est très clairement de soumettre l'Iran, là où s'approvisionnent la Chine et l'Inde. Le pétrole peut donc rapidement devenir un sujet explosif !

L'autre défi est démographique

Plus personne ne peut désormais ignorer que la population de notre planète croît. Mais le vrai sujet d'inquiétude n'est pas réellement là, même si celui-ci est loin d'être négligeable. Le vrai problème se situe dans l'évolution généralisée, qui a déjà commencé, de la pyramide des âges.

Tous les pays, absolument tous, y compris les pays en développement, vont dans les prochaines années voir croître de façon importante et irréversible la proportion de leur population d'inactifs par rapport à celle d'actifs. En trente ans, le nombre de personnes âgées de plus de 60 ans a doublé et devrait plus que doubler d'ici 2050, dépassant ainsi le nombre d'enfants (0 à 14 ans). À l'horizon 2030, en France, le pourcentage de plus de 60 ans devrait passer, selon l'INSEE[3], de 15 % en 1975 à 30 %, celui des moins de 20 ans rétrogradant de

---

1. Rapport Gibbons / Nehring : 11/1980 – NTIS order # PB81-145252.
2. Décision remontant à 1998 – Voir minutes du Congrès du 12/2/98 (Réf. 48-119CC-1998).
3. Projections de population à l'horizon 2060, INSEE 2010. Extrait : « *En 2060, une personne sur trois aura ainsi plus de 60 ans. Jusqu'en 2035, la proportion de personnes âgées de 60 ans ou plus progressera fortement, quelles que soient les hypothèses retenues...* »

33 % à 23 %. Le pourcentage européen des 60 ans et plus, qui est actuellement de 22 % de la population, devrait s'élever à 35 % en 2050. Les plus de 65 ans qui représentent aujourd'hui 16 % de cette population des plus de 60 ans, passant à 27 %. Enfin, statistique effrayante, en 2050 au Japon et en Corée du Sud, une personne sur deux aura plus de 55 ans.

Le graphique qui suit met en perspective par continent l'évolution du ratio dit de dépendance. Ce ratio n'est rien de moins que le pourcentage de 65 ans par rapport à la population active de 15 à 64 ans. Ce graphique se lit ainsi : aujourd'hui (2009 sur le graphique), 100 actifs européens produisent pour 24 retraités, en 2050, 100 actifs devront produire pour soutenir 47 retraités… Soit le double !

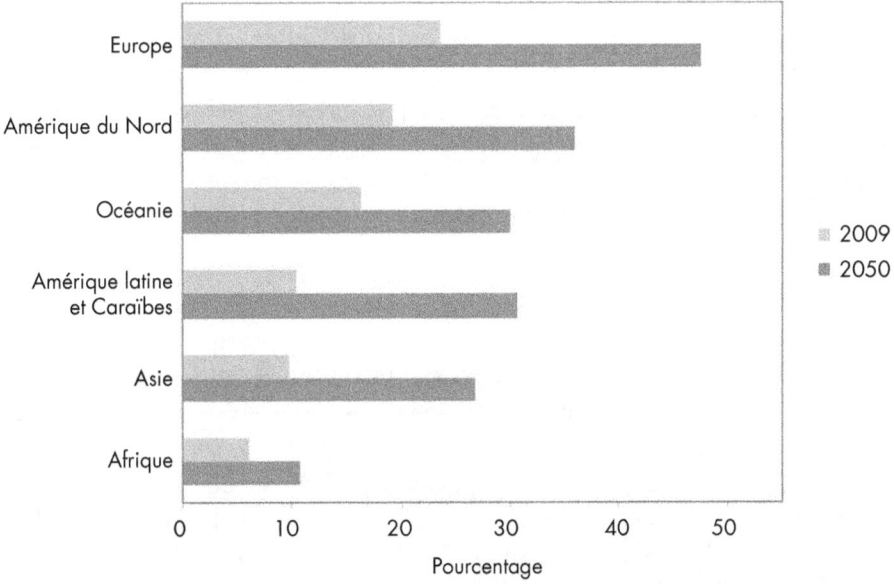

Évolution des ratios de dépendance entre 2009 et 2050
Source : World Population Ageing 2009 (ESA/P/WP/212 – Décembre 2009 – ONU).

Cette évolution profonde de la démographie mondiale a des conséquences importantes sur les revenus des retraités et des actifs mais aussi sur les dépenses de santé et la prise en charge des personnes dépendantes. L'impact sur la croissance est absolument colossal et dépasse dans une certaine mesure les angoisses écologiques sur lesquelles les médias se focalisent essentiellement.

Dans des pays comme la France les revenus des personnes âgées sont constitués à plus de 80 % de transferts publics complétés de moins de 10 % de revenus du travail et d'environ 10 % de revenus tirés du patrimoine. À l'autre bout de l'échelle, le Hollandais retraité reçoit moins de 50 % de ses revenus de l'État néerlandais et les complète par 45 % de revenus tirés de son patrimoine.

Endettement implicite, la dette cachée

Un pétrole plus cher, des actifs qui doivent travailler pour soutenir de plus en plus d'inactifs de plus en plus âgés et qui coûtent de plus en plus cher à la société ; certaines personnes, adeptes de la théorie de la génération spontanée de la richesse, vous diront que tout ceci n'est pas très grave et qu'il ne s'agit que d'une histoire de gros sous.

La situation de la monnaie de réserve mondiale, le dollar, de même que la situation financière de la première puissance mondiale, vous a été dépeinte plus haut. En rapprochant cette rupture démographique, et ses conséquences, de cette situation financière décrite plus haut, il est difficile pour une personne objective d'envisager une issue sereine. Cette issue sera d'autant moins sereine que tout n'a pas été dit sur l'endettement.

En effet, la situation d'endettement généralisée dans lequel tous les États industrialisés se trouvent aujourd'hui n'est que le sommet d'un immense iceberg vers lequel notre *Titanic* se dirige à toute vapeur. La partie immergée de l'iceberg fait peur. Celle-ci est constituée de tous les engagements futurs des pays industrialisés. Ces engagements (ou dettes implicites) ne paraissent pas dans le montant actuel des dettes souveraines. Il s'agit du cumul actualisé des prestations futures que les États se sont engagés à verser à leur population, prestations souvent accordées par clientélisme et sans aucune réflexion sur la soutenabilité de l'effort ; le plus bel exemple étant l'âge de la retraite en France ramené à 60 ans en 1981 alors qu'un rapport de 1979 tirait la sonnette d'alarme sur la viabilité du système en l'état.

Contrairement à l'endettement explicite qui prend une forme apparente et bien définie, les engagements futurs ont un contour plus flou même si certains éléments restent aisément calculables. Exemple : un fonctionnaire recruté représente pour le budget de fonctionnement de l'État une charge récurrente qui s'étale bien au-delà de l'année de son pot de départ à la retraite. Dans le cas des fonctionnaires français cette charge future n'est absolument pas budgétée[1].

---

1. Cour des comptes, rapport public 2012 : estimation à plus de 800 milliards d'euros à fin 2010 pour les engagements au titre des retraites des fonctionnaires de l'État et de La Poste, ainsi que des agents des régimes spéciaux.

L'État français ne cotise à aucune caisse, c'est le budget de fonctionnement qui fait office de caisse de retraite.

Les États-Unis, comme tous les pays, ne seront pas épargnés par le phénomène de vieillissement généralisé des populations. En 2009, les rapports sur les systèmes de santé et de retraite américains estimaient le montant actualisé de ces engagements non budgétés à 107 000 milliards de dollars. Soit près de 7 fois le montant de l'endettement total fédéral ou 10 fois la part de cette dette détenue par le public. C'est l'exacte proportion entre les parties émergée et invisible d'un iceberg. Selon l'économiste Jagadeesh Gokhale[1] cette situation est équivalente à un déficit annuel de croissance du PIB jusqu'à l'horizon 2051 d'environ 6,5 % pour les États-Unis et de 8,3 % pour la moyenne des pays européens (9,2 % pour l'Allemagne et 9,7 % pour la France et l'Italie). En termes clairs : pour ne rien changer aux systèmes de santé et de retraite en France il faudrait trouver, dès aujourd'hui, un supplément de croissance annuelle de l'ordre de 9,7 % jusqu'en 2051. Mission impossible !

La solution sera monétaire

Un pétrole plus cher veut dire une production plus chère et des prix à la consommation plus élevés attisés en outre par une demande forte des nouveaux pays industrialisés. Dans le même temps un vieillissement généralisé veut dire que la croissance sera contrainte, comme le Japon l'a déjà découvert. Les effets combinés du vieillissement et de la dette implicite vont faire reposer le financement de notre avenir sur deux piliers : d'une part les actifs qui seront de plus en plus sollicités et les retraités qui seront ponctionnés un peu plus. Tout ceci constituera un frein considérable à la croissance d'autant qu'il est peu probable que les prix à la consommation restent raisonnables. Les pays où la pression fiscale est d'ores et déjà élevée auront de moins en moins de marges de manœuvre pour faire payer les actifs et les retraités. Tous les stratagèmes auront déjà été utilisés pour ponctionner ici et là les contribuables, les salariés et les entreprises. C'est le cas de la très grande majorité des pays européens.

Encore une fois, la seule solution qui s'offrira sera monétaire. En jouant sur le pouvoir d'achat de la monnaie, volontairement ou involontairement, les gouvernements allégeront le fardeau de ces montagnes de dettes. Seule une remise à zéro du compteur de la dette permettra de sortir de cette spirale infernale. Cette issue est d'autant plus probable que vieillissement et dette implicite sont des facteurs plutôt déflationnistes que les gouvernements tenteront de

---

1. « Measuring the Unfunded Obligations of European Countries » (janvier 2009).

contrer à n'importe quel prix en utilisant l'arme monétaire comme ils le font déjà aujourd'hui avec brio. Ajoutez à cela les démarches individuelles entreprises dans beaucoup de pays, d'Asie ou de l'ancien bloc soviétique, pour la constitution de bas de laine en prévision des vieux jours, là où il n'existe aucun système de retraite ou quasiment rien, et vous avez tous les éléments d'une hausse durable des métaux précieux.

L'or a-t-il encore un rôle monétaire ?

Le rôle principal des réserves d'or détenues dans les coffres des banques centrales était d'apporter la crédibilité d'un actif sans contrepartie à la monnaie nationale en instituant une possibilité de conversion du papier-monnaie en or physique. Ce thème a été largement abordé précédemment à l'évocation du paradoxe de Triffin.

Le défaut de paiement américain du 15 août 1971 qui a conduit à l'abandon de l'étalon de change-or est souvent interprété comme ayant mis un point final au rôle monétaire de l'or en même temps qu'à la convertibilité.

Mais qu'entend-on par rôle monétaire ? S'il s'agit de l'assimiler au seul usage de pièces en or comme moyen de paiement, il est certain que le rôle monétaire de l'or a disparu bien avant 1971. *Grosso modo* l'entrée en guerre en 1914 a sonné le glas de l'or en tant que monnaie circulante.

De la même façon, la convertibilité en or des monnaies ne demeure plus qu'un souvenir depuis le 17 mars 1968, date qui a marqué les prémices de la fin de la réelle convertibilité externe du dollar[1].

Enfin le coup de grâce est donné au rôle monétaire de l'or par les États-Unis en 1973. Depuis cette date, et pour la première fois de son histoire, le dollar n'a plus aucune définition en or. Toutes les monnaies sont obligées de suivre. Washington pousse son avantage au maximum en exigeant que les statuts mêmes du Fonds monétaire international soient expurgés de toute référence à l'or. L'ombre de la guerre froide aidant, aucun des alliés des États-Unis ne s'oppose à voter cette réforme.

Dès lors, le métal jaune n'a plus aucune place dans la sphère monétaire. Le dollar triomphe comme seul étalon.

---

1. L'accord de Washington du 17 mars 1968 arrête le dédoublement du marché de l'or en un marché monétaire à l'usage exclusif des banques centrales (un accord tacite est passé entre les USA et leurs partenaires, ces derniers acceptant de ne pas demander la convertibilité de leurs dollars) et un marché non monétaire pour lequel la convertibilité est close.

Pour la petite histoire, un seul pays conservait encore jusqu'à récemment un mécanisme légal de convertibilité et de définition de sa monnaie vis-à-vis de l'or. La Suisse est en effet le dernier pays à avoir, du moins légalement, maintenu un lien étroit entre sa monnaie et l'or même si dans les faits ce lien devenait de plus en plus symbolique.

La Confédération suisse n'a abrogé que très récemment sa loi sur la monnaie assurant la convertibilité du franc suisse.

Le franc suisse était jusqu'au 31 décembre 1999 convertible au prix de 4 595 FS par kilogramme d'or. Soumise par votation aux Suisses à l'initiative de l'administration fédérale en avril 1999, cette convertibilité a été enterrée après 149 années d'existence quasi ininterrompue. Des 2 590 tonnes d'or qui assuraient, sous la garde de la Banque nationale suisse (BNS), la couverture à 40 % de la monnaie nationale, 1 550 tonnes ont été vendues à un prix moyen de 15 604 FS le kilogramme[1]. Ironie de l'histoire, aujourd'hui les Suisses se préparent à organiser une votation pour un retour en arrière partiel et le rapatriement des stocks suisses d'or détenus à l'étranger (20 % à Londres et 10 % au Canada).

La monnaie suisse a été victime de la guerre des monnaies engendrée par les conséquences de la faillite américaine de 1971. Dans un environnement de monnaies adossées à des montagnes de dettes, le franc suisse a pâti de son succès. Monnaie refuge depuis 1971, car légitimée par un stock métallique réel, elle s'est appréciée de telle façon que l'économie suisse étouffait progressivement. Une monnaie surévaluée est un handicap majeur pour les entreprises exportatrices.

Dans ce contexte le franc suisse a été rapidement surévalué et la Suisse a dû progressivement abandonner la défense de la parité-or de sa monnaie. Fixée à 0,2176 gramme d'or pour un franc suisse à la fin de l'étalon de change-or, cette parité s'est progressivement dégradée. Elle est aujourd'hui divisée par 10. Vinrent ensuite la crise en Europe et la faiblesse de l'euro. Pour éviter un renchérissement de sa monnaie par rapport à celle de son premier partenaire commercial[2], la Suisse s'est résolue à accrocher[3] le franc suisse à l'euro en 2011, ce qui l'a conduite à engranger des montagnes d'euros dans ses réserves[4]. La vertueuse Suisse n'a donc pas échappé aux conséquences inhérentes à l'usage de monnaies nationales en tant que réserves.

---

1. Cours moyen de l'or en 2012 : 49 000 FS/kg. Cours actuel : environ 38 500 FS/kg.
2. L'Union européenne est le premier partenaire commercial de la Suisse, représentant 80 % de ses importations et 57 % de ses exportations.
3. Au pair de 1,20 FS pour 1 €.
4. Le bilan de la BNS est passé de 176 milliards de FS fin 2009, à plus de 500 milliards de FS en 2013.

Le chaos qu'entrevoyait Robert Triffin dans l'éventualité, devenue réalité, d'un défaut de paiement américain suivi d'une sortie de l'étalon-or a conduit à une compétition entre les monnaies. Chacun y allant de sa dévaluation, officielle ou pas (via les taux de change flottants), pour tenter de rendre ses exportations plus compétitives que celles de ses concurrents.

Au sens strict, l'or a donc effectivement perdu ce statut monétaire. Néanmoins, comme le démontrera le chapitre suivant, le prestige de l'or restait intact à la fin des années 1960 et faisait toujours de l'ombre au dollar. Il n'y avait pas de place pour deux étalons. À défaut d'avoir un rôle monétaire, l'or gardera un rôle important comme instrument de manipulations monétaires et politiques.

Pourquoi les banques centrales conservent-elles leurs stocks d'or ?

En effet, en incluant le Fonds monétaire international et la Banque des règlements internationaux (BRI), elles en détiennent environ 32 000 tonnes à ce jour et en acquièrent de plus en plus depuis 2008. Si l'or n'était plus véritablement qu'une simple matière première, le lecteur serait en droit de se demander pourquoi les banques centrales continuent ainsi à le conserver jalousement dans leurs coffres.

La raison en est très simple et va permettre de dévoiler le nouveau rôle que l'or a joué, et joue désormais, dans la sphère monétaire : celui d'un instrument de crédit permettant de peser sur les marchés à des fins monétaires pour asseoir le dollar dans son rôle d'étalon monétaire unique et à des fins politiques dans le contexte de la guerre froide.

De 1960 à 1968, dollar et or étaient en confrontation directe. La France, partisane d'un retour de l'or comme seul étalon, menait l'opposition au dollar. Ce dernier fut sauvé *in extremis* lorsqu'en mai 1968 la France entra dans un chaos politique et économique dont le franc ne se remettrait pas, laissant ainsi le champ libre en 1971 à l'étalon-dollar.

Peu de temps après la décision du président Nixon, le prix de l'or s'envolait. Le lingot d'un kilo à Paris passait de 7 440 F (moyenne d'août 1971) à un prix moyen de 10 427 F en août 1972, puis culminait ensuite par deux fois, en juin 1981 à 94 880 F, et en septembre 1983 à 107 105 F. Dans le même temps, au lendemain de Noël 1979, l'URSS envahissait l'Afghanistan.

Les pays bénéficiaires de cette flambée du prix de l'or étaient bien évidemment ceux qui en produisaient. Deux d'entre eux en produisaient abondamment : l'Afrique du Sud, premier producteur avec 56 % de la production mondiale et l'URSS, deuxième producteur d'or avec 21 %. Ces deux pays faisaient partie, pour des raisons différentes, de l'« axe du mal » pour les États-Unis et utilisaient les ventes d'or, et de pétrole pour l'URSS, afin d'obtenir les devises étrangères dont ils avaient besoin pour financer leurs importations. Dans ces conditions il n'était pas souhaitable que le prix de l'or continue à soutenir ces régimes politiques honnis. Le prix de l'or s'envolant, il fallait donc trouver d'une part une parade pour limiter les profits réalisés par l'URSS et l'Afrique du Sud, et surtout d'autre part protéger le dollar des tentations de lui préférer le métal.

C'est donc peu après la décision de Richard Nixon que s'est développée progressivement une approche nouvelle de l'utilisation des stocks d'or des banques centrales. Ces stocks, jusqu'à ce que l'étalon de change-or disparaisse, étaient quasi « intouchables », car assurant la crédibilité de la monnaie et faisant partie du mécanisme de convertibilité, ils devaient rester disponibles, ce qui n'était plus une obligation désormais. L'or devenait donc pour les banques centrales une charge mais, du moins pour les pays occidentaux, il n'était pas question de s'en défaire.

L'idée, et cela ne surprendra personne, naîtra aux États-Unis. Elle repose sur l'utilisation des stocks d'or, d'abord américains, et plus tard occidentaux, pour peser à la baisse sur le prix du marché[1]. L'intention et les mécanismes ont été niés pendant très longtemps par tous, banquiers centraux et ministres des Finances, jurant la main sur le cœur qu'ils n'intervenaient pas. Néanmoins l'obstination de certains investigateurs et quelques langues déliées[2] ou indiscrétions[3] ont permis d'en obtenir confirmation et de mettre au jour le mode de fonctionnement dans ses grandes lignes.

Après les mesures d'interdiction de détention de l'or en 1933 aux États-Unis, Roosevelt mettait en place en 1934, financé par les plus-values obtenues de la réquisition de l'or des Américains, un organisme chargé d'intervenir sur les

---

1. Mémorandum déclassifié de la CIA du 4 décembre 1968 (Réf. E/IMA:TOEnders:MLMilne) et mémo déclassifié de 1974 de Sidney Weintraub (secrétaire adjoint aux Affaires étrangères) à Paul Volcker (secrétaire adjoint au Trésor) accessible ici : history.state.gov/historicaldocuments/frus1969-76v31/d61.
2. Exemple : en 2011, le vice-gouverneur de la Banque de Belgique, Françoise Masai, dévoilait que 41 % de l'or belge, soit 216 tonnes, étaient loués à des banques commerciales pour un rendement de 0,3 %.
3. Plusieurs comptes rendus du Federal Open Market Committee mal expurgés ont laissé filtrer ces informations.

marchés pour soutenir le dollar, l'Exchange Stabilization Fund[1] ou ESF (Fonds de stabilisation des changes). Cet organisme dépend directement du secrétaire au Trésor qui prend ses ordres et ne rend compte qu'au président. Les fonctions strictement opérationnelles (interventions sur les marchés) de l'ESF sont assurées par le bureau de négociation (*trading desk*) de la Réserve fédérale de New York. Le fonds pèse aujourd'hui 104 milliards de dollars.

D'abord limité au soutien du dollar, son champ d'intervention est élargi en 1976 à des interventions sur tous les marchés dont celui de l'or[2]. Il semble que ce soit à partir de cette date que s'est véritablement développé un mécanisme connu désormais sous le nom de *gold leasing*, ou location d'or.

La location d'or permet aux banques centrales de prêter leur stock d'or à des banques accréditées, baptisées *bullion banks*, qui interviendront elles-mêmes sur le marché ou sous-loueront ces stocks à d'autres banques ou institutions financières. Ces locations en chaîne soulèvent plusieurs questions. La première est celle de la capacité à dénouer en sens inverse ces opérations. La seconde tient à l'existence réelle des stocks initiaux. À force de louer en cascade ces mêmes lingots, qui les détient ? Le loueur initial est-il réellement en mesure de récupérer son bien ? et auprès de qui ?

Dans ce processus les banques centrales se sont attribué le pouvoir de conserver le stock loué dans leurs actifs[3] (règle définie par elles au sein du FMI). L'or est loué, mais toujours valorisé dans leur bilan. Les réserves restent donc intactes sur le papier bien qu'une partie du stock soit louée. Ce qui a permis pendant longtemps de masquer ce « trafic ».

Ces opérations de location sont souvent présentées comme une obligation pour ces banques centrales afin de couvrir les charges inhérentes au stockage d'or ; en réalité les gains à en attendre ne représentent qu'une goutte d'eau, mais ce discours permet de cacher la véritable finalité du montage.

L'objectif véritable initial était très simple et double : faire baisser le prix de l'or pour, d'une part, empêcher que le métal ne soit en mesure de représenter une

---

1. La stratégie générale de l'ESF est élaborée depuis 1988 par un groupe de travail restreint, le Working Group on Financial Markets, aussi surnommé Plunge Protection Team (PPT).
2. 31 USC § 5302 (b) - Stabilizing exchange rates and arrangements : « The Secretary, with the approval of the President, may deal in gold, foreign exchange, and other instruments of credit and securities the Secretary considers necessary. »
3. IMF committee on balance of payments statistics, Reserve Assets Technical Expert Group (RESTEG), août 2006.

alternative[1] pouvant conduire à terme à détourner les flux financiers du soutien au dollar, et d'autre part, pour limiter les gains qu'en tireraient URSS et Afrique du Sud. Pour cela il convient de peser sur les marchés, ce qui conduit les esprits à s'imprégner d'une nouvelle maxime : « *L'or est un investissement à risque.* »

Notre époque est véritablement unique. Dans toute l'histoire de l'humanité l'or a été continuellement représenté comme la sécurité et la stabilité, et voilà qu'aujourd'hui tout est soudainement changé. Témoignant devant le Congrès américain le 18 décembre 1912, John Pierpont Morgan, fondateur de JP Morgan & Co, à la question que lui posait un représentant sur ce qui fait l'essence de la banque a eu cette réponse sans appel : « *Money is gold, and nothing else*[2]. »

Pour arriver à leurs fins les banques centrales ont donc combiné depuis la fin des années 1970 force de frappe démultipliée de l'ESF et ventes de métal jaune[3] (via la location). Tout le monde a voulu se joindre à la fête ! Tous les pays ayant des stocks significatifs d'or ont cherché à entrer dans ce nouveau jeu, à la fois pour servir la cause du dollar et pour engranger des revenus. La Suisse bien sûr, mais aussi l'Allemagne, la Belgique, le Venezuela, le Mexique, la Suède, l'Autriche, le Danemark, la Finlande, la Pologne, etc. Cette liste est loin d'être exhaustive, elle ne couvre que les pays passés sous les feux des projecteurs de la presse ou des chercheurs. Il en existe bien d'autres très certainement.

Ainsi, usant et abusant de ces mécanismes en chaîne de location, les banques centrales, principalement américaine et britannique, ont pu calmer le prix de l'or pendant vingt ans et concourir à asphyxier financièrement les ennemis de l'Amérique.

---

1. Extrait du mémo de la CIA de 1968 : « Notre stratégie est la suivante : isoler le marché officiel du marché privé de l'or en obtenant un engagement des banques centrales qu'elles n'achèteront ni ne vendront d'or sauf entre elles ; pousser l'Afrique du Sud à vendre sa production d'or sur le marché privé, pour ainsi faire baisser les prix » et extrait du mémorandum d'Arthur F. Burns du 3 juin 1975 au président du conseil des gouverneurs de la Réserve fédérale : « Le communiqué du Comité intérimaire du FMI de janvier 1975, un document reconnu sur le plan international, stipulait que la liberté pour les autorités monétaires nationales de conclure des transactions sur l'or devrait "garantir que le rôle de l'or dans le système monétaire international diminue petit à petit". J'ai conclu un accord secret par écrit avec la Bundesbank – approuvé par M. Schmidt – précisant que l'Allemagne n'achètera pas d'or, ni sur le marché ni d'un autre gouvernement, à un prix supérieur au prix officiel de 42,22 $ l'once. Somme toute, je suis convaincu que la meilleure position que nous puissions de loin adopter en ce moment est de résister à des arrangements laissant d'amples pouvoirs aux banques centrales et aux gouvernements pour acheter de l'or à un prix lié au marché. Cette position requiert également un soutien solide dans notre propre pays au sein des communautés financières et académiques sensibles à ces questions.» (Traduction Charleston Voice.)
2. « La monnaie c'est l'or, et rien d'autre. »
3. Allan Greenspan (devant le Committee on Banking and Financial Services le 27/07/1998) : « Les contreparties privées ne peuvent pas restreindre l'offre d'or, […], alors que les banques centrales se tiennent prêts à en louer en quantité croissante si le prix augmentait. »

Revirement

Les esprits, jusqu'alors focalisés sur une unique logique de suppression du prix de l'or et de total soutien au dollar, allaient bientôt évoluer du tout au tout.

Les choses allaient en effet se dégrader avec l'annonce de la vente de la moitié des réserves britanniques en 1999 par Gordon Brown. En créant un véritable délit d'initié sur les ventes de l'or anglais, le Premier ministre britannique offrait à tous les courtiers en métaux précieux une occasion unique de profit à la baisse, en enfonçant encore un peu plus le prix de l'or. Même avec un minimum d'esprit critique il est difficile d'avaler que ceci ait été le fait d'une simple bourde. En effet, 1999 c'est aussi l'année de naissance de l'euro.

La Banque centrale européenne et l'Allemagne, très attachée à la réussite du successeur du mark, ont rapidement compris que la manœuvre britannique avait très probablement des objectifs inavoués et inavouables vis-à-vis de la toute nouvelle monnaie unique. Le stock d'or de l'Union européenne (BCE plus pays de la zone euro) est le plus important stock existant, devant celui des États-Unis. L'histoire ayant enseigné aux Allemands tous les bénéfices de la conservation d'un actif sans contrepartie pour crédibiliser sa monnaie, l'or de la Bundesbank reste pour ceux-ci un actif stratégique. Les banques centrales européennes qui détiennent de gros stocks d'or n'ont aucun intérêt à laisser se déprécier ces stocks. Cette affirmation pourrait d'ailleurs être retournée en forme de question vers les auteurs de ces attaques sur le prix de l'or : faut-il être inconscient pour favoriser la dépréciation de ses propres avoirs[1] ou faut-il simplement y voir la preuve que les États-Unis n'en ont plus véritablement ?

Toujours est-il que la réaction ne s'est pas fait attendre : l'Allemagne rapatriait les deux tiers de ses dépôts d'or de Londres[2] à Francfort l'année suivante.

Dans le même temps, et à l'occasion d'une réunion au FMI, onze pays européens et la Banque centrale européenne signaient l'engagement à respecter une discipline commune pour les ventes futures d'or. Cet engagement signé en

---

1. Hervé Hannoun (Banque de France - juin 2000) : « Les banques centrales doivent être conscientes que leurs dépôts peuvent favoriser le financement de ventes d'or à des fins spéculatives. [...] Par conséquent, notre politique en matière de prêts d'or peut s'exprimer ainsi : un propriétaire responsable doit avoir une approche de gestion responsable. Cela signifie que la Banque de France doit, et c'est ce qu'elle fait, réaliser un compromis entre ses propres intérêts (à savoir l'amélioration de la rentabilité de ses actifs) et l'impact sur le marché. » William R. White (Fourth Annual BIS Conference – 27-29 juin 2005) : « Les objectifs intermédiaires de la coopération entre banques centrales sont [...] l'octroi de crédits internationaux et des interventions conjointes pour influer sur les prix des actifs (en particulier ceux de l'or et des devises) à chaque fois que cela pourrait être jugé utile. »
2. 1440 tonnes rapatriées en 2000 et 2001 selon le rapport de la Cour des comptes allemande.

2000, sous le nom de Central Bank Gold Agreement (CBGA), a été renouvelé en 2004 et 2009. Il limite le volume annuel des ventes cumulées des membres de l'accord pour éviter une volatilité exagérée des prix et réaffirme l'or comme un élément important des réserves monétaires[1] des banques signataires.

Ces décisions montrent qu'une véritable opposition à la politique américaine de suppression systématique du prix de l'or est née. Malgré des années d'efforts pour rayer l'or de la carte monétaire, 1999 marque donc un revirement important et atteste de la considération que lui portent les banquiers centraux de la zone euro, confirmée par cette récente déclaration[2] de Mario Draghi : « … *je n'ai jamais pensé qu'il était judicieux de vendre l'or parce que pour les banques centrales c'est une réserve de sécurité, et c'est ainsi que le pays* [l'Italie] *le voit. Dans le cas des pays hors zone dollar, l'or protège la valeur de leurs réserves contre les fluctuations du dollar. Il existe donc plusieurs raisons, comme la diversification du risque, etc. C'est pourquoi, selon moi, les banques centrales qui s'étaient mises à vendre de l'or il y a quelques années ont, pour une part substantielle, arrêté. L'expérience également de quelques banques centrales qui ont liquidé leurs réserves d'or il y a environ dix ans n'a pas vraiment été une réussite, d'un point de vue strictement financier.* »

L'entrée en lice de l'euro dans le cercle (jusqu'alors limité au dollar) des monnaies de réserve a entraîné une prise de conscience des Européens, et en particulier de ceux de la zone euro, de la nécessité de construire la crédibilité de cette nouvelle monnaie. Les réserves d'or de la BCE et surtout des pays membres sont un facteur essentiel du succès de cet objectif. En juin 2000, le premier sous-gouverneur de la Banque de France, Hervé Hannoun, l'exprimait clairement dans une allocution[3] : « *L'euro a le potentiel de devenir une monnaie de réserve alternative au dollar américain.* »

La crise commencée en 2008 et le retour de nouvelles angoisses sur la monnaie américaine ont été les déclencheurs dans l'esprit des banquiers centraux, pas seulement européens. Plusieurs pays annonçaient dès 2008 qu'ils gelaient désormais toute vente de métal. Ce mouvement s'est généralisé rapidement. Depuis 2009 les banques centrales sont devenues acheteuses d'or, comme le montre cet historique du World Gold Council.

---

1. « L'or reste un élément important des réserves monétaires mondiales. »
2. Conférence à la Kennedy School of Government de Harvard le 9 octobre 2013.
3. Financial Times Gold Conference - 26 juin 2000.

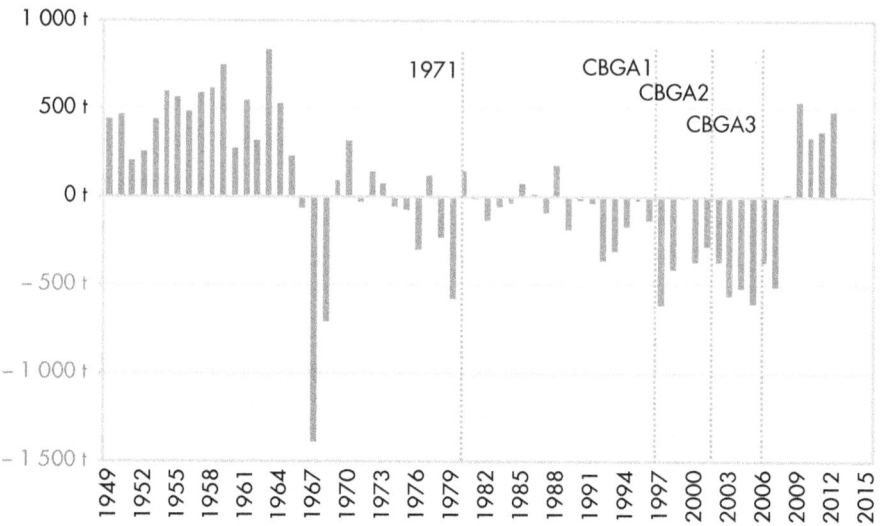

Historique des transactions annuelles cumulées de l'ensemble des banques centrales (dont celles signataires du CBGA)

Sources : World Gold Council et Auteur.

Le doute s'installe

Les années 1990 et suivantes ont vu l'explosion de produits dérivés de toutes sortes. Toutes les matières premières, y compris l'or et l'argent, sont désormais négociables avec des effets de levier hallucinants. Une multitude de fonds proposent leurs services en faisant valoir la présence de stocks physiques en contrepartie des obligations, parts ou certificats détenus par les investisseurs. Dans la réalité les choses ne sont pas aussi roses. Les pratiques de ventes d'or sur les marchés à terme alimentées à partir de l'or loué par les banques centrales, et très certainement aussi à partir des stocks de certains fonds ou ETF, ont créé un déséquilibre énorme entre l'or physique, à l'origine de toutes ces ventes ou locations en cascade, et les engagements-papier reposant sur cet or physique. Selon plusieurs experts financiers le ratio entre papier et physique serait de l'ordre de 100[1].

Des voix s'élèvent aujourd'hui pour mettre en doute, à tort ou à raison, la réalité des réserves d'or de certains pays, d'une part, et, d'autre part, pour pointer

---

[1]. Très exactement « plus de 92 » selon l'étude « Report of the Working Group to Study the Issues Related to Gold Imports and Gold Loans by NBFCs » de la Reserve Bank of India (janvier 2013, page 58).

du doigt le risque[1] pris par les investisseurs engagés dans des fonds prétendant détenir de l'or physique. Le mot manipulation vient immédiatement à l'esprit. Il est vrai que les éléments troublants ne manquent pas : par exemple, au premier semestre 2013, deux banques néerlandaises faisaient défaut sur les obligations libellées en or de leurs clients et annonçaient ne plus être en mesure de délivrer d'or physique, apportant un certain crédit au risque pointé plus haut. Des interrogations aussi : pourquoi les deux gardiens des plus gros fonds, ou ETF, d'or et d'argent physiques, respectivement les banques HSBC et JP Morgan, deux *bullion banks* accréditées auprès de la LBMA et du CME, de New York, sont-ils aussi les plus gros vendeurs à terme de ces métaux sur les marchés ? Comment expliquer la lenteur et le manque de moyens de la CFTC, gendarme des marchés à terme américains saisi sur des malversations présumées sur les marchés à terme de l'or et de l'argent ? Pourquoi faudra-t-il sept années pour rapatrier 300 tonnes d'or allemand de New York à Francfort ?

À tort ou raison, le doute s'installe dans l'esprit des investisseurs et de certains gouvernements : le Venezuela rapatrie ses dépôts de Londres et de New York. À cette occasion, le public découvre au Mexique, en Allemagne, aux Pays-Bas, en Autriche, en Suisse, en Finlande, en Suède, etc., que l'or national est hébergé à Londres ou à New York (et une partie à Paris pour l'Allemagne). Poussés par leur public, les gouvernements réorganisent la répartition de leurs stocks en favorisant le rapatriement.

Est-ce lié à la suspicion née de ces événements ? Mais la situation profite aux places asiatiques, Hong Kong, Shanghai et Singapour, où le business de l'affinage et du stockage de métaux précieux se développe de façon spectaculaire. Le gouvernement de Singapour affiche son ambition de faire de la ville-pays[2] une place incontournable de la négociation des métaux précieux en confrontation directe avec la place de Londres.

Conclusion : pourquoi l'or devrait-il s'apprécier ?

Si vous vous intéressez à l'or, vous n'avez pas pu passer à côté de ces débats sur les performances de ce métal selon le type de crise, inflation, déflation, etc. Un conseil, oubliez tous ces débats et retenez cette seule phrase du premier

---

[1]. Catherine Austin Fitts et Carolyn Betts, « GLD and SLV: Disclosure in the Precious Metals Puzzle Palace ».
[2]. La Singapore Bullion Market Association compte 28 adhérents, dont des banques, des affineurs, des entreprises de sécurité, des établissements monétaires et un bureau d'essais.

sous-gouverneur de la Banque de France déjà cité : « *Contrairement à la plupart des autres actifs financiers, le prix de l'or monte lorsque les choses vont mal.* »

Dans les situations de troubles monétaires l'homme retourne naturellement vers cette bouée. Ce qui fait monter le prix de l'or, c'est d'abord la baisse de confiance dans les lendemains de la monnaie.

Dans les chapitres précédents vous avez découvert comment, depuis les années 1960, les États-Unis ont dépensé une énergie considérable pour tenter de marginaliser l'or au profit de leur monnaie-dette puis n'ont pu l'éliminer totalement pour en calmer la hausse.

Le paradoxe de Triffin triomphe. Les pires angoisses de cet économiste se sont réalisées. La viabilité du non-système monétaire actuel est intenable à la fois parce que le flottement des monnaies les unes par rapport aux autres est utilisé pour pallier les déséquilibres sans jamais s'attaquer aux racines de ceux-ci et parce que les distorsions des changes monétaires par le lien entre dollar et yuan d'une part et l'introduction, d'autre part, d'une monnaie unique, l'euro, dans des pays présentant une grande disparité d'un point de vue économique, viennent amplifier le chaos.

Le lecteur pourrait reprocher à cet ouvrage de ne pas avoir couvert tous les aspects justifiant d'investir aujourd'hui dans les métaux précieux. Il aurait sans doute raison. Mais ceux-ci justifieraient à eux seuls un ouvrage. Le lecteur désireux d'approfondir le sujet se tournera vers l'ouvrage incontournable de Ronald Stoeferle d'Incrementum AG, *In Gold we Trust – 2014*[1], accessible gratuitement sur Internet. Cet ouvrage extrêmement documenté, en anglais, couvre tous les symptômes de ce chaos monétaire et leur rapport avec l'or.

Ce développement s'en est tenu volontairement à l'origine même du chaos d'aujourd'hui, le dollar et d'une façon plus générale la conception de la monnaie actuelle, en l'élargissant à deux grands défis qui viendront amplifier les effets de cette cause originelle, la rareté accrue des produits fossiles, voire des matières premières d'une façon générale, dont l'or, et le vieillissement généralisé de la population mondiale.

---

1. www.incrementum.li

Partie II

Ce qu'il faut savoir avant

Warren Buffet, investisseur mondialement connu, a coutume de dire : « *N'investissez pas dans une entreprise que vous ne comprenez pa*s. » Cette devise s'applique non seulement au marché des actions mais à tous les actifs financiers, y compris les métaux précieux.

Vous découvrirez ici que les métaux précieux sont un monde à part dans la galaxie des produits financiers. Beaucoup de ces derniers relèvent d'une finance dématérialisée où le produit n'est le plus souvent connu des négociateurs et des courtiers que par sa seule composante prix.

Il en va autrement pour les métaux précieux physiques pour lesquels chaque forme a ses particularités. L'investisseur doit donc apprendre à les reconnaître et à en apprécier les avantages et les contraintes. C'est l'objectif de cette deuxième partie.

Les métaux précieux

Métaux précieux, *quésaco* ?

Des métaux précieux, il en existe sous différentes formes. Laquelle ou lesquelles choisir ? D'une façon générale dans le monde financier on différencie les métaux précieux physiques des métaux précieux dits papier.

Ces derniers ne sont pas réellement des métaux précieux que vous détiendriez mais des promesses qui vous sont faites de vous en donner, si vous les réclamiez. Il ne s'agit pas ici d'évoquer des produits dérivés, tels que certificats, turbos ou warrants, qui n'ont qu'un très lointain rapport avec les métaux précieux. Ces produits ne constituent pas, même de loin, une promesse de détenir à un moment ou un autre un produit physique. Ce sont des produits essentiellement spéculatifs et particulièrement rémunérateurs pour les banques. Les métaux précieux dits papier s'apparentent en définitive à des obligations. L'investisseur qui acquiert un de ces papiers n'acquiert pas le produit sous-jacent mais devient créditeur vis-à-vis de l'émetteur pour la quantité de métal mentionnée dans la notice descriptive du produit financier en question.

Ces métaux précieux papier peuvent être globalement regroupés en deux grandes catégories.

D'une part les produits de banque qui ne font l'objet d'aucune cotation ouverte, et d'autre part les produits cotés sur les places de marché.

Si vous vous êtes déjà présenté au guichet d'une banque pour acheter quelques pièces d'or, votre banquier vous a certainement proposé d'en assurer la garde en échange d'un certificat de dépôt plutôt que de repartir avec vos pièces en poche. Dans les faits ce certificat de dépôt est ce qu'on appelle un produit de banque. La banque inscrira dans ses livres qu'elle vous est redevable de ces pièces et en échange vous délivrera une « obligation » marquant que vous êtes désormais créditeur de votre banquier. Cette démarche est équivalente à celle que nous pratiquons tous lorsque nous déposons nos euros sur un compte bancaire. Ces euros sont anonymes et la banque devient débitrice du déposant, s'engageant à lui remettre des euros – pas exactement les mêmes billets que ceux déposés quelques jours avant – le jour où il les lui demanda. Cette obligation n'est pas un titre de propriété mais un simple engagement du débiteur, que ce dernier peut éventuellement ne pas honorer dans des situations exceptionnelles. Dans celles-ci, au mieux vous recevrez l'équivalent en euros de vos pièces, au pire vous serez floué « à la chypriote ».

En résumé, chaque fois que l'expression métaux précieux sera évoquée il s'agira ici de produits physiques et non de promesses d'en obtenir.

La famille des métaux précieux est une grande famille, néanmoins, en tant qu'investisseurs et pour l'objectif de constitution d'une épargne que nous nous sommes fixé, nous nous limiterons à l'or et à l'argent. Les autres métaux précieux, palladium, platine et autres métaux dits du groupe platine (MGP[1]), sont certes précieux mais l'usage important qu'il en est fait dans l'industrie les rend plus sensibles aux cycles économiques que l'or et même que l'argent (par ailleurs l'administration fiscale française ne reconnaît pas le palladium et les MGP en tant que métaux précieux au sens fiscal[2]). L'or et l'argent ont, de

---

1. Wikipédia : « ruthénium 44Ru, rhodium 45Rh, palladium 46Pd, osmium 76Os, iridium 77Ir, platine 78Pt, et, selon les sources, rhénium 75Re. »
2. L'homonymie entre ces différentes notions est la source principale d'incompréhension par beaucoup de personnes, y compris professionnelles, sur les subtilités fiscales applicables. L'association des mots « métaux » et « précieux » n'a pas la même définition selon qu'il s'agit de chimie ou de fiscalité.

tout temps, constitué les briques de base des politiques monétaires quel que soit le continent. Même si notre époque cherche à s'en libérer au profit d'une monnaie adossée à du vent, la conscience collective reste marquée par le lien historique de ces deux métaux avec la valeur réelle des choses. Ce n'est d'ailleurs pas sans raison que les banques centrales détiennent encore aujourd'hui près de 32 000 tonnes d'or et se renforcent depuis 2008.

Les métaux précieux peuvent se présenter physiquement sous plusieurs formes allant des formes natives ou industrielles (pépites, poudre, copeaux, feuille, etc.) à des formes ouvrées (pièces de monnaie, jetons, médailles, bijoux, bibelots) en passant par des formes semi-ouvrées (lingots, barres). Ces différentes formes, ainsi que les différentes catégories au sein de celles-ci, auront des traitements fiscaux différents (du moins en France). Ce sujet de la fiscalité sera abordé en détail un peu plus loin. La fiscalité est en effet un critère important, voire parfois déterminant, pour le choix du produit sur lequel investir.

Trois types de produits réalisés à base de métaux précieux s'adressent plus particulièrement aux investisseurs : les lingots, les monnaies et les jetons.

Les lingots

Faut-il parler de barres ou de lingots ? Les Anglo-Saxons emploient indifféremment les termes *bar, ingot* ou *bullion* pour désigner ces blocs métalliques d'or ou d'argent. Traditionnellement les professionnels français utilisent le mot « barre » pour désigner les plus gros de ces blocs et le mot « lingot » pour les plus petits sans que pour autant une limite de poids soit clairement établie entre les deux catégories.

Par convention le mot « lingot » sera utilisé ici pour désigner les produits d'une pureté aboutie, quel que soit leur poids, et « barre » pour parler du bloc de matière première impur de faible titre utilisé pour réaliser ces produits affinés.

Dans la mémoire collective et l'iconographie occidentales le lingot est souvent présenté sous la seule forme d'un hexaèdre jaune flamboyant formé de deux bases rectangulaires parallèles et de quatre faces latérales trapézoïdales. De nos jours il en est tout autrement !

Le cabinet Grendon International Research répertorie en effet 55 catégories différentes de lingots d'or, ceux-ci se différenciant par leur forme (parallélépipède rectangle, hexaèdre, ovale, en forme de bateau, de doughnut, de collier, en feuille, etc.), par l'unité de poids utilisée (once troy, gramme, baht, tael[1], tola[2], chi, mesghal), par leur teneur en métal noble (de 960‰ à 999,99‰), ou bien encore par leur décoration. Seules 46 de ces catégories sont considérées comme véritablement éligibles à l'investissement.

Comment fabrique-t-on un lingot ?

La matière première utilisée pour entreprendre la fabrication des lingots vient soit de la production des mines, soit des entreprises de recyclage de métaux. Elle se présente sous la forme de lourdes barres aux formes grossières et peu affinées (mélange d'argent, de MGP et d'or de 400‰ à 900‰) que les Anglo-Saxons baptisent *doré bar*, soit « barre dorée » en français, ou « doré » tout court. Ces dorés passent ensuite par différentes étapes de purification mettant en œuvre des processus de séparation chimique des métaux et des procédés pyrométallurgique ou électrolytique permettant d'obtenir des lingots de bonne pureté.

Lingot UMICORE (5 kg argent coulé)

Source photo : ©Umicore.

---

1. À Hong Kong et Singapour : 1 tael = 37,80 g, au Vietnam 37,50 g.
2. Les lingots de 10 tolas sont très usités en Inde, au Moyen-Orient et à Singapour. 1 tola = 11,7 g.

Les lingots définitifs sont ensuite fabriqués selon deux techniques industrielles différentes : par coulée[1] et par frappe[2].

Le processus le plus ancien consiste soit à porter le métal jusqu'à la fusion et à le couler dans un moule, soit, après avoir déposé sous forme de granulés le poids de métal voulu dans le moule, à les faire fondre dans ce moule. La première méthode est employée pour produire des lingots de taille importante. Néanmoins elle offre peu de précision sur le poids du produit final. Ceci explique les variations importantes de poids des lingots standards de 400 onces. Avec ce processus de fabrication on obtient un produit brut d'apparence peu esthétique.

L'autre procédé, le matriçage ou frappe, fait appel à des techniques métallurgiques désormais classiques telles que coulée en continu et laminage. Les lingots coulés bruts sont amenés progressivement à l'épaisseur souhaitée par laminage puis emboutis à l'aide d'une presse pour obtenir des flans[3] vierges et de la taille demandée. Après nettoyage et polissage, les flans sont ensuite frappés entre deux coins pour y apposer les inscriptions et les marques souhaitées. Cette technique a été mise en œuvre pour la première fois en 1952 par le fondeur-affineur suisse Argor. Elle permet d'obtenir des lingots d'un poids précis et très faible ainsi qu'une finition proche de celle d'une œuvre d'art.

Lingot Heraeus (250 g argent frappé)

Source photo : ©Heraeus.

---

1. *Cast bar* en anglais.
2. *Minted ingot* ou *minted bar* en anglais.
3. Définition CNRTL : Disque de métal destiné à la frappe d'une monnaie, d'une médaille, etc.

Qui fabrique ces lingots ?

Au niveau mondial environ 110 fabricants, offrant des lingots dits de « bonne livraison » et réalisés selon ces deux techniques de fabrication, sont recensés.

Les informations de « bonne livraison » fournissent pour chaque place de marché les spécifications auxquelles doivent répondre les lingots d'or ou d'argent pour y être acceptés à la négociation. Les règles[1] définies par la LBMA, le plus grand marché de gré à gré au monde de métaux précieux, font office de normes de référence dans la profession. Celles-ci débordent du cadre des simples spécifications physiques habituelles des lingots (forme et dimensions à respecter, depuis 2008, et liste des informations à insculper sur les lingots) pour couvrir les procédures de conservation et de transport dans le but d'assurer le maintien des métaux dans un environnement agréé et contrôlé. Toute infraction à ces règles mettrait en cause l'intégrité des barres et nécessiterait une nouvelle procédure coûteuse de vérification de leur qualité.

Ces spécifications sont disponibles sur les sites Internet des différentes places de négociation en métaux précieux :

- London Bullion Market Association de Londres ou LBMA ;
- Dubaï Multi Commodities Centre ou DMCC ;
- Tokyo Commodity Exchange ou TOCOM ;
- CME, Group de New York ou COMEX ;
- Multi Commodity Exchange of India de Mumbai ou MCX ;
- Istanbul Gold Exchange ou IGE ;
- Shanghai Gold Exchange ou SGE ;
- Shanghai Futures Exchange ou ShFE ;
- Singapore Bullion Market Association ou SBMA ;
- Chinese Gold & Silver Exchange de Hong Kong ou CGSE ;
- BM & FBovespa de São Paulo ou BM & F.

Les fondeurs-affineurs agréés par la LBMA ont généralement la faveur des investisseurs. Vous trouverez sur le site Internet de la LBMA la liste complète[2]

---

1. The Good Delivery Rules for Gold and Silver Bars : Specifications for Good Delivery Bars and Application Procedures for Listing.
2. Aller à : http://www.lbma.org.uk puis menu : Home > Good Delivery > Good Delivery Lists.

des professionnels agréés pour l'or et pour l'argent. Cinq d'entre eux[1] assurent un rôle de référents pour l'admission de nouveaux membres et le contrôle de la qualité des barres produites.

Quels sont les leaders sur ce marché ?

Avant de basculer dans le XXIe siècle, la France ne comptait déjà plus un seul fondeur-affineur agréé par la LBMA. De surcroît, plus aucune des entreprises françaises présentes dans la liste des fondeurs-affineurs ou essayeurs anciennement agréés par la LBMA n'a survécu. Le célèbre Comptoir Lyon, Alemand, Louyot (CLAL), qui au fil des ans avait absorbé en son sein nombre de ses concurrents[2], a aujourd'hui totalement disparu. Passée dans le giron du groupe financier Fimalac, l'activité métaux précieux a ensuite été reprise en joint-venture avec le fondeur américain Engelhard pour créer le groupe Cookson-CLAL (1994) qui lui-même vient d'être racheté par le fondeur-affineur allemand Heimerle + Meule (2013). Dans le même temps Engelhard cédait la branche française de l'activité métaux précieux au suisse Metalor en 2002.

La France a été pendant de nombreuses années, et jusqu'à peu, un pays où les métaux précieux tenaient une place importante tant dans l'esprit des Français qu'au plan industriel. Le désintérêt actuel des Français pour ces métaux et l'absence d'entreprises françaises d'envergure dans ce domaine ne peuvent qu'interpeller le lecteur. Aujourd'hui, la Chambre syndicale des fondeurs, affineurs et négociants en métaux précieux (SYFANMP) regroupe en son sein les entreprises[3] opérant encore sur ce secteur d'activité, mais aucun poids lourd industriel n'y siège désormais. *A priori*, la Société d'affinage et apprêts de métaux précieux (SAAMP) est aujourd'hui, avec un chiffre d'affaires de l'ordre de 46 millions d'euros, la seule entreprise industrielle d'envergure sur ce secteur avec la société toulousaine Praxair MRC, filiale du géant gazier américain Praxair. SAAMP affine une dizaine de tonnes d'or chaque année provenant en grande partie de Guyane. Sa production est principalement écoulée vers les orfèvres français (80 à 95 %) pour la fabrication de bijoux. SAAMP produit néanmoins de petits lingots frappés destinés aux investisseurs et épargnants.

---

1. PAMP, Argor-Heraeus, Metalor Tech., Rand Refinery, Tanaka Kikinzoku Kogyo.
2. Marret, Bonnin, Lebel et Guieu, par exemple.
3. Anamet, Les Successeurs de Claude Boudet & Roger Dussaix Essayeurs, CGO, Cookson (depuis 2013 dans le giron de Heimerle+Meule), CPoR Devises, Anciens Établissements Berger, SAAMP, SIMP, etc.

Lingot d'or 100 g SAAMP

Source photo : ©SAAMP.

La Suisse et l'Allemagne ont su en revanche garder ce savoir-faire et les emplois qui s'y rattachent. Ces deux pays dominent la planète industrielle des métaux précieux. La Suisse héberge le leader incontesté du domaine, le fondeur-affineur-fabricant Valcambi SA. À elle seule cette entreprise affine environ 2 000 tonnes de métaux précieux par an et fabrique de l'ordre de 3,2 tonnes de lingots et de pièces en or par jour, et 3,7 tonnes de lingots d'argent par jour (chiffres donnés par Valcambi pour 2011). Valcambi est détenue à 100 % par European Gold Refineries Holding SA (EGR), structure elle-même détenue à 60,6 % par Newmont Mining Corporation, numéro 2 mondial des producteurs d'or derrière Barrick Gold.

Le tableau qui suit rassemble les principaux acteurs de ce secteur industriel.

Fondeur/affineur	Pays	Prod. Or (tonnes/an)	Observations
Argor-Heraeus	Suisse	400	Détenu par Heraeus, Commerzbank, la Monnaie autrichienne (Münze Österreich) et la direction.
Heimerle + Meule	RFA		Filiale de Heraeus Edelmetall GmbH.
Heraeus Edelmetall GmbH	RFA	450	Filiale de Heraeus Group.
Johnson Matthey[1]	GB	250	Filiale du groupe Johnson Matthey Plc. Le traitement des métaux précieux (or et argent essentiellement) est réalisé par une filiale américaine située dans l'Utah.

…/…

…/…

Fondeur/affineur	Pays	Prod. Or (tonnes/an)	Observations
Metalor Technologies SA	Suisse	650	Détenu majoritairement par Astorg Partners (fonds d'investissement français).
PAMP	Suisse	450	Filiale de MKS Finance SA (NL).
Perth Mint	Australie	300	Détenu par Gold Corporation, elle-même détenue par le gouvernement d'Australie-Occidentale.
Rand Refinery	RAS	600	Détenu par AngloGold Ashanti (48 %), Gold Fields (35 %), DRDGold et Harmony Gold.
Tanaka Kikinzoku Kogyo K.K.	Japon	540	Actionnariat familial.
Umicore SA	Belgique	100 (argent : 2400)	Les métaux précieux sont traités par Umicore Precious Metals Management, la filiale allemande du groupe Umicore. Umicore détient aussi 98 % du fondeur/affineur allemand Allgemeine.
Valcambi SA	Suisse	2 000	Détenu à 60,6 % par Newmont et à 39,4 % par des fonds d'investissement via EGR.

1. Johnson Matthey Gold & Silver Refining Inc.

Le lecteur s'étonnera de ne pas trouver dans cette énumération de fabricants de lingots des noms de banques ou d'établissements dont il est courant de voir les noms frappés sur des lingots. En fait ceux-ci ne produisent aucune once d'or mais font réaliser par les fabricants mentionnés plus haut des lingots qu'ils commercialisent à leur nom. À titre d'illustration, ce tableau rassemble quelques marques commerciales bien connues et les fabricants à l'origine de la fabrication des produits proposés à la vente.

Marque commerciale	Fabricant
APMEX	Sunshine Mint
Commerzbank	Argor-Heraeus SA
CPoR	PAMP
Crédit Suisse	Valcambi
Kitco	Monnaie royale canadienne
UBS	Argor-Heraeus SA

Quels lingots choisir ?

Les lingots sont destinés à la fabrication de bijoux ou à l'industrie mais aussi à l'investissement ou à l'épargne.

Néanmoins il faut faire ici une distinction entre les lingots utilisés sur les places financières mondiales où l'or et l'argent sous cette forme sont l'objet de cotations et ceux achetés par les particuliers auprès de commerçants en métaux précieux. Il n'existe pas réellement de terme pour les différencier, aussi, les appellations suivantes vous sont proposées :

- **les lingots d'investissement**, définis pour être négociés sur les différents marchés à terme et de gré à gré dans le monde. Selon le lieu de la négociation (Londres ou Bombay par exemple) ils ont une forme ou un poids différents ;
- **les lingots d'épargne** destinés au public.

Lingots d'investissement

Les lingots d'investissement sont généralement (mais pas exclusivement) réalisés en coulée. Ce sont le plus souvent des lingots de poids important et approximatif, mais depuis quelques années l'évolution des techniques de production a permis de réaliser de petits lingots en coulée avec une précision de poids acceptable.

Barre Valcambi de « bonne livraison » de 400 oz

Source photo : ©Valcambi.

Pour l'or, le lingot dit de Banque centrale pèse 400 oz[1] et contient au moins 995‰ d'or fin (en fait, entre 350 et 430 oz, soit de 11 à 13 kg). C'est le lingot d'or de référence pour les échanges entre institutions financières affiliées à la LBMA (haut : 255 × 81 mm, bas : 236 × 57 mm, épaisseur : 37 mm).

Lingot d'or de 1 kg

Source photo : Wikipédia.

Celui qui était autrefois négocié à la Bourse de Paris (jusqu'en 2004) fait environ 1 kg et est généralement d'un aspect « brut de fonderie ». Le lingot de 1 kg est le lingot le plus fréquemment utilisé sur les différents marchés à terme. D'une façon générale les lingots utilisés sur ces marchés varient en poids selon les places et les types de contrats. Par exemple, s'agissant du contrat de référence, le lingot fait 100 oz à 995‰ d'or pur à New York, et 3 kg à 999,5‰ à Shanghai.

Pour l'argent, la référence sur les marchés de gré à gré et à terme est le lingot LBMA de 1 000 oz d'une pureté de 999‰ (en fait, entre 900 et 1 050 oz, soit de 28 à 32,6 kg[2] ; haut : 328 × 139 mm, bas : 293 × 103 mm, épaisseur : 85 mm).

---

1. Oz : notation pour l'once troy, soit 31,103 g utilisé pour les métaux précieux. Ne pas confondre avec une autre once, l'avoirdupois, qui fait 28,35 g. 400 oz correspond donc à 12,4 kg.
2. Le poids de ce lingot dépassant le poids maximal admis par la poste canadienne pour les envois courants, la Monnaie royale canadienne (MRC) a créé un lingot adapté de 850 oz à 999,5‰.

1 000 oz Silver Bar

Source photo : ©Unit 5 – Wikimedia.

Comme pour l'or, le poids des lingots d'argent de référence varie selon les places financières.

Le tableau qui suit résume les poids des lingots d'or et d'argent acceptés sur les principaux marchés financiers.

Bourse	Lingots OR acceptés	Lingots ARGENT acceptés	Pureté lingots OR (‰)
LBMA	400 oz	1 000 oz	995
COMEX	100 oz et 1 000 g	1 000 oz	995
BM & F	250 et 1 000 g	–	999
DMCC	100 à 1 000 g	Au moins 1 kg ou sac de billes d'argent de 20 à 25 kg	995
IGE	400 oz et 1 000 g	1 000 oz	995
TOCOM	1 000 g	30 kg	999,9
SGE	1 000 et 3 000 g 100 et 50 g	–	999,5 999,9
ShFE	3 000 g 1 000 g	15 et 30 kg	999,5 et 999,9 999,9
CGSE	5 tael 1 000 g 400 oz	30 kg	990 999,9 995
MCX	1 000 g 100 g 8 g	30 kg	995

Ces lingots sont majoritairement proposés pour être acquis par des institutions financières, de gros investisseurs ou des professionnels des métaux précieux (fabricants de bijoux, ateliers d'émission, etc.). Ils portent des éléments obligatoires d'identification insculpés : numéro de série, marque « commerciale » du fondeur, poinçon d'essai du fondeur ou de l'essayeur, titre de pureté et année de fabrication (le poids ne doit pas figurer sur les lingots LBMA et la mention du poids est optionnelle pour l'argent), mais sont très rarement accompagnés de certificat d'essai.

Si le gramme et l'once troy sont les unités de mesure les plus connues dans les pays occidentaux, ceci ne constitue pas une norme universelle.

Lingots d'épargne

Il s'agit généralement des lingots de petite et de moyenne taille réalisés par coulée ou selon une technique de frappe à partir de flans se présentant sous l'apparence de bandes métalliques obtenues par une coulée en continu puis laminage.

Ils sont commercialisés sous des formes et des poids très variés (de 500 à 0,3 g[1] ou de 100 à 1 oz pour l'or, et de 15 kg à 1 g ou de 500 oz à 1 oz pour l'argent). Cette diversité contraste avec l'offre traditionnelle de l'Hexagone centrée sur l'incontournable lingot de 1 kg. Il aura fallu en effet attendre novembre 2010 pour que les épargnants français verrouillés par un monopole historique découvrent l'existence de ces petits formats, présentés sans scrupule en 2010 comme une innovation.

Ces lingots sont généralement porteurs des mêmes informations que celles mentionnées plus haut. Elles sont ici soit insculpées, soit en relief selon le mode de fabrication ; les lingots d'argent portant rarement un numéro de série. Il est d'usage courant que ces lingots soient accompagnés d'un certificat[2] attestant des caractéristiques de poids, de pureté et d'origine (certificat d'essai[3]). Néanmoins, ce document ne présume en rien de l'intégrité du produit, sauf si le vendeur peut apporter la preuve de mesures particulières de conservation (à l'instar des spécifications de conservation LBMA par exemple ou par un emballage particulier).

---

1. À partir de 1 g : généralement sous plastique rigide.
2. Ces certificats ont été introduits en 1948 dans le cadre des échanges organisés de la Bourse de Paris. Leur validité initiale d'un an a été ensuite étendue à 3 ans en 1949.
3. Analyse permettant de contrôler la nature d'une roche, d'un minerai, etc.

Du fait de la large déclinaison de poids proposés, ces lingots sont parfaitement adaptés aux besoins des petits investisseurs et des épargnants. Les lingots les plus populaires sont ceux de 100 g et de 10 oz pour l'or, et de 100 oz pour l'argent.

Lingots historiques et de collection

Un lingot d'or reste un lingot d'or quand bien même son fabricant aurait disparu ou cessé son activité. Les fondeurs et affineurs, comme toutes les activités industrielles n'échappent pas aux restructurations, aux rachats voire aux faillites. Il existe de ce fait une longue liste de lingots orphelins de leur créateur. Certains sont devenus des objets recherchés et collectionnés[1].

Ainsi, une partie des lingots qui étaient admis à la cotation à la Bourse de Paris, depuis sa réouverture en 1948 jusqu'à sa fermeture définitive en septembre 2004, restent dans les mains des investisseurs et des épargnants qui les ont acquis, soit directement, soit indirectement par legs, don ou héritage.

Plus aucun fondeur, à l'origine de ces lingots de 1 kg, n'existe à ce jour, du moins en tant que fondeur. Le site de la LBMA recense ceux qui étaient naguère agréés à Londres.

France :

Fondeurs de lingots d'or :

- *Caplain Saint-André Précieux,*
- *Compagnie des Métaux Précieux,*
- *Comptoir Lyon-Alemand et Marret, Bonnin, Lebel et Guieu réunis,*
- *Comptoir Lyon-Alemand Louyot,*
- *Engelhard S.A.,*
- *Engelhard-CLAL S.A.S.,*
- *Les Anciens Établissements Léon Martin,*
- *Marret, Bonnin, Lebel et Guieu.*

Fondeurs de lingots d'argent :

- *Engelhard-CLAL S.A.S.,*
- *Comptoir Lyon-Alemand Louyot.*

---

1. J. Archie Kidd, *Indexed Guide Book of Silver Art Bars* (6ᵉ édition, Nancy Yee).

Belgique :

Fondeurs de lingots d'or :

- *Métallurgie Hoboken-Overpelt SA/NV,*
- *SA Johnson Matthey et Pauwels,*
- *SA Johnson Matthey NV,*
- *Société Générale Métallurgique de Hoboken,*
- *Umicore SA, Business Unit Precious Metals.*

Fondeurs de lingots d'argent :

- *Johnson Matthey SA/NV,*
- *Umicore SA, Business Unit Precious Metals.*

Lingots ouvrés

Depuis quelques années les fabricants rivalisent d'imagination et d'ingéniosité pour réaliser des lingots d'épargne ou d'investissement avec une finition particulièrement soignée.

Certaines réalisations font de ces objets de véritables œuvres d'art. Le lingot d'une once dont le design a été commandé par CPoR à Jean-Paul Gaultier fin 2011 en est un magnifique exemple. Il a été réalisé par le fondeur-affineur-fabricant suisse PAMP[1]. Cette entreprise industrielle a lancé cette « mode » il y a plusieurs années. Elle produit des lingots d'épargne d'une grande qualité artistique et d'une grande finesse. PAMP assure près de 50 % de la production mondiale de petits lingots d'or (jusqu'à 100 g).

La collection la plus célèbre chez PAMP est celle des lingots « Lady Fortuna »[2] en or[3] et en argent[4], créée en 1979. Le catalogue de cette entreprise comprend d'autres réalisations, toutes plus raffinées les unes que les autres : Liberty, Rosa, Calendrier lunaire, etc., qui ajoutent un charme certain à la démarche d'investissement.

---

1. Acronyme de Produits Artistiques de Métaux Précieux, filiale de la holding financière néerlandaise MKS BV.
2. « Déesse de la prospérité », connue aussi sous le nom « Golden Dream ».
3. Lingots déclinés dans tous les poids possibles : de 0,3 g à 1 kg, de 1 à 5 tolas, de 10 oz à 1/4 oz, etc.
4. Déclinés selon une large variété de poids : 1 kg à 1 g, 10 oz à 1/2 oz.

Lady Fortuna – 10 oz argent

Source photo : ©PAMP.

Lingots « tablette »

Les CombiBars™ sont une création récente (2011) du récupérateur, fondeur et distributeur de métaux précieux allemand Edelmetall-Service GmbH & Co. KG ou E.S.G.[1] La production a été confiée à deux affineurs : Heimerle + Meule en Allemagne, pour des lingots de 100 g, et Valcambi en Suisse pour des lingots de 50 g. Les procédés de fabrication étant différents, les productions ont un aspect légèrement différent. Seuls les CombiBars™ de Valcambi sont agréés « *LBMA Good Delivery* ».

CombiBar™ 50 × 1 g

Source photo : ©Valcambi.

---

[1]. www.combibar.com.

Cette invention vient pallier la contrainte principale que présente le lingot. En effet, acquérir un lingot représente un investissement d'un montant souvent élevé et qui dépasse éventuellement les besoins limités de liquidités le jour voulu. Les inventeurs du CombiBar™ ont donc créé un lingot d'or à 999,9‰, sécable, comme les carrés d'une tablette de chocolat. Chaque « carré de chocolat » pèse 1 g d'or (1 g pour le platine et le palladium, 1 ou 10 g dans le cas des CombiBars™ d'argent).

Lingots Kinebar®

Les Kinebars® sont des lingots dont une face porte un Kinegram® d'identification rendant la falsification de ces lingots extrêmement difficile. Ce procédé consiste à appliquer sur une face du lingot une image en deux dimensions générée par ordinateur. L'image est *« composée de manière invisible de petites zones élémentaires de microprofils qui diffractent la lumière directe. Ces zones sont utilisées pour composer des lignes et des éléments graphiques. L'image globale du Kinegram® est générée en faisant varier les angles de diffraction et les intensités de diffraction »*. Lorsque la surface est éclairée, elle renvoie l'image en deux dimensions des éléments graphiques accompagnée de reflets de couleur selon l'angle d'incidence de l'éclairage.

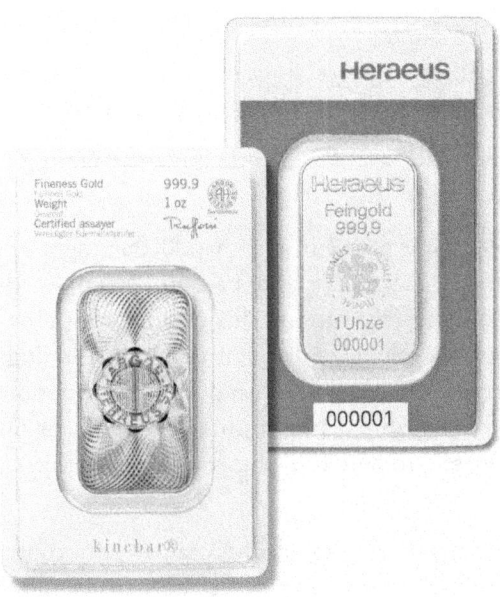

Lingot Kinebar®

Source photo : ©Heraeus.

Le fondeur Argor-Heraeus SA est à l'origine de cette innovation jusqu'alors limitée à lutter contre la contrefaçon des billets de banque. Argor-Heraeus produit des Kinebar® pour UBS, Raiffeisen Bank, les caisses d'épargne allemandes (Sparkasse), la Monnaie autrichienne (Münze Österreich) et sa maison mère Heraeus Holding GmbH (ces Kinebars® portent la marque d'Argor-Heraeus SA mais sont commercialisés sous le nom d'Heraeus en Allemagne).

Lingots Datamatrix

Selon Wikipédia, « *le code Datamatrix est une symbologie code-barres bidimensionnelle à haute densité, permettant de représenter une quantité importante d'informations sur une surface réduite, jusqu'à 2 335 caractères alphanumériques ou 3 116 caractères numériques, sur environ 1 cm²* ». Avec l'explosion de la contrefaçon de lingots les fabricants sont tous à la recherche de marquage pouvant résister à la copie.

Le fondeur-affineur Metalor a retenu en 2011 le code Datamatrix (norme du domaine public) pour le marquage de ses produits. Ce code reprend les caractéristiques traditionnelles insculpées sur le lingot, auxquelles peuvent s'ajouter des informations diverses sur l'origine du produit.

Conclusion

À la lecture de ces quelques pages, force est de constater que les lingots sont un univers à eux seuls. Ils sont diversifiés en poids, en forme et en finition.

À ce stade résumons les avantages et les inconvénients du lingot pour un investisseur.

La prime (différence entre valeur marchande du lingot et valeur du métal contenu) d'un lingot par rapport au prix du métal est directement liée à l'absorption des coûts de fabrication. Plus un lingot est gros, plus son prix est proche de la valeur de l'or ou de l'argent contenu. Les lingots jusqu'à 500 g affichent généralement peu de prime. En deçà, et en fonction des fondeurs, les lingots présentent une prime d'autant plus forte que leur poids diminue. Les lingots « sophistiqués » présentent le plus souvent des primes importantes voire excessives.

Un gros lingot représente un capital important. Cette capacité de concentration de valeur est un atout majeur pour les investisseurs les plus fortunés. En revanche, plus le lingot est gros, moins il sera facile de trouver un acquéreur.

Par ailleurs, la vente d'un gros lingot permettra certes de répondre à un besoin ponctuel et limité de liquidités mais laissera l'investisseur avec des liquidités non investies en physique. En outre, si le lingot est détenu en dehors d'un environnement certifié LBMA (environnement garantissant l'intégrité du lingot pendant son stockage), lors de la revente, le vendeur peut se voir imposer un nouvel essayage dont les frais seront alors à sa charge (que celui-ci soit en possession ou non d'un certificat).

LES JETONS

Le jeton est un produit d'investissement très largement ignoré dans l'Hexagone. Souvent confondu avec une pièce de monnaie dont il partage la forme la plus commune (disque), il s'en différencie néanmoins par l'usage qui en est fait.

Historiquement le jeton était utilisé pour compter (jetons à compter) avant que son usage soit élargi à la commémoration d'événements historiques (jetons historiques et médailles), à la gratification pour service rendu (jetons de présence) ou à la publicité voire à la propagande[1].

Il existe donc une foule de types différents de jetons qui font le bonheur des collectionneurs s'adonnant à la paranumismatique.

Pour faire simple, le jeton n'est rien de moins qu'un disque de métal. Sa réalisation reprend les mêmes techniques que celles adoptées pour la frappe des pièces de monnaie (chapitre suivant) et des petits lingots (matriçage).

Le Conseil européen[2] définit ainsi les jetons : « *Objets métalliques, autres que les flans destinés à la frappe des pièces, qui ont l'aspect de pièces et/ou en possèdent les propriétés techniques, mais qui ne sont pas émis en vertu de dispositions législatives nationales ou de pays tiers participants ou d'autres dispositions législatives étrangères et qui ne constituent donc ni un moyen de paiement légal, ni un cours légal.* »

Bien que les recherches ne permettent pas d'être très précis sur ce sujet, l'entrée des jetons[3] en tant que produit d'investissement est un événement récent et *a priori* d'origine nord-américaine.

---

1. Gérard Krebs, « Petite histoire du jeton à travers ses usages » (chatillonnumismatique.wordpress.com).
2. Définition donnée par le règlement (CE) n° 2182/2004 du Conseil du 6 décembre 2004 concernant les médailles et les jetons similaires aux pièces en euros.
3. En ne prenant pas en compte le phénomène des refrappes qui s'est développé après le dernier conflit mondial. Ceci est détaillé dans la 3ᵉ partie sous le titre « *Les faux officiels* », p. 181.

L'engouement pour les métaux précieux a déclenché aux États-Unis un besoin de petits formats de métaux précieux. Plusieurs fondeurs ont ainsi commercialisé des *rounds*. Ces produits présentent tous l'apparence d'une pièce superbement travaillée mais n'affichent aucune valeur faciale. Outre la décoration symbolique, seuls le poids de métal fin et la pureté sont en général gravés sur le jeton. Le poids varie selon les fondeurs de 1/10 d'once à 10 onces voire exceptionnellement 1 kg. Ces jetons sont généralement réalisés à partir de flans d'une très grande pureté, couramment 999,9 millièmes, et présentent des primes équivalentes à celles des monnaies.

Golden State Mint[1], Johnson Matthey, Sunshine Minting[2] Inc. et Scotia Mocatta[3] (Suisse) sont parmi les principaux fournisseurs de ce type de jetons très en vogue aux États-Unis.

En France le mouvement a été lancé par la société AuCOFFRE en 2011, qui commercialise le jeton Vera Valor d'une once d'or fabriqué par le fondeur-affineur Valcambi à partir d'or produit selon des normes de respect de l'environnement (or vert ou *clean extraction*). Depuis 2013, ce jeton a été rejoint par un jeton d'une demi-once réalisé à partir d'or recyclé par la société Allgemeine, filiale de la société métallurgique belge Umicore.

Ces jetons présentent une particularité par rapport aux autres productions. Les Vera Valor portent en effet des identifiants (numéro de série) et un code Datamatrix permettant une traçabilité parfaite du produit. Des détails sont donnés sur ce produit d'investissement à la fin de l'ouvrage.

Jeton Vera Valor 1 oz

Source photo : ©Twinphotographie pour AuCOFFRE.com.

---

1. www.goldenstatemint.com.
2. www.sunshinemint.com.
3. www.scotiamocatta.com/products/bar_SMround.htm.

En Suisse, Faude & Huguenin commercialise le Cervin et le Goldhans[1] et Finemetal commercialise le jeton d'une once Helvetia produit par *Argor Heraeus*. En Grande-Bretagne le jeton Gold Rose de WY Argent Ltd est réalisé par la Monnaie de Birmingham. Ce ne sont là que quelques exemples pour vous montrer que ce phénomène n'a rien de nouveau et d'exceptionnel.

Jeton Silver Rose
Source photo : reproduit avec l'aimable autorisation de WY ARGENT Ltd, ©2013.

La qualité de ces jetons est équivalente, voire parfois supérieure, à celle des pièces de monnaie officielles. Néanmoins leur statut fiscal sera différent.

L'utilisation volontaire sur ces jetons de thématiques utilisées sur les monnaies peut conduire à les confondre avec des pièces officielles. Ainsi, l'emprunt par plusieurs fondeurs américains de l'avers de la pièce d'un dollar Silver Eagle représentant la Liberté en marche (*Walking Liberty* de Weinman) peut être une source de confusion pour un acheteur peu attentif. Pour l'illustrer, comparez les deux pièces suivantes.

N° 1 : jeton APMEX (1/2 oz argent) – N° 2 : pièce de 1 US $ Silver Eagle (1 oz argent)
Source photos : ©TomD77.

---

1. Hans est le surnom de Guillaume Tell en Suisse alémanique.

Pour limiter les méprises entre jeton et monnaie, le Conseil de l'Union européenne[1] a défini des règles très strictes d'emploi des termes et des sigles de la monnaie unique ainsi que des dimensions des éventuels jetons. Au sein de l'Union européenne les imitateurs sont donc traités à l'instar des contrefacteurs.

Pour la petite histoire, le jeton le plus célèbre ressemble à s'y méprendre à une monnaie et est le plus souvent confondu avec une monnaie. La pièce de 50 pesos, connue sous le nom de Centenario, a été créée pour célébrer le 100e anniversaire de l'indépendance en 1921. En 1943, la Centenario réapparaissait mais sous une forme inédite (diamètre plus important) et sans aucune valeur faciale (voir photo ci-dessous). La Centenario de 1943, le plus souvent considérée comme une monnaie, n'est ni une monnaie à cours légal, ni une monnaie démonétisée. Il s'agit tout simplement d'un jeton de 37,5 grammes d'or reprenant l'essentiel du graphisme de la Centenario « officielle ».

Jeton Centenario 1943 surnommé « le palet »

Source : ©Twinphotographie pour AuCOFFRE.com.

D'une façon générale toutes les pièces frappées après que leur type a été démonétisé ne peuvent en aucun cas être considérées comme des monnaies. Ce sont des jetons même si ces refrappes ressemblent à s'y méprendre aux pièces originales démonétisées.

Les refrappes font l'objet d'un développement particulier au chapitre « Déjouer les arnaques » et de plusieurs fiches descriptives détaillées en annexe.

---

1. Règlement (CE) n° 2182/2004 du Conseil du 6 décembre 2004 concernant les médailles et les jetons similaires aux pièces en euros.

Les monnaies

La notion de monnaie au sens de moyen de paiement est indissociable du concept de cours légal. Je commencerai donc ici par détailler ce concept essentiel.

Moyen de paiement et cours légal

Le cours légal désigne le pouvoir attribué par un État souverain à un objet physique, pièce métallique ou billet de papier, d'être accepté en tant que moyen de paiement dans le cadre d'une transaction commerciale ou du règlement d'une dette (pouvoir libératoire).

En attribuant un cours légal à une pièce ou à un billet, l'État donne sa légitimité à un support physique (pièce métallique ou morceau de papier) aux yeux des agents économiques. Le banal rectangle de papier ou disque métallique devient autre chose (nous verrons plus loin que le disque n'est pas la seule forme métallique que peut prendre une « pièce » de monnaie ayant cours légal). Dès lors que billets et pièces sont reconnus comme moyens de paiement ayant cours légal, commerçants et particuliers ne peuvent pas les refuser dans les limites de plafonds définis par la loi.

Au niveau européen, « *le statut du cours légal des billets de banque en euros est régi par l'article 128 du traité sur le fonctionnement de l'Union européenne* ». La Commission précise cette définition en déclinant les trois obligations qui s'imposent dans le cadre du règlement d'une obligation de paiement : l'acceptation obligatoire, l'acceptation à la valeur nominale et le pouvoir libératoire des moyens de paiement en euros.

Jusqu'à l'entrée en vigueur de l'euro, la loi française attribuait le privilège d'émission des billets à la seule Banque de France. Désormais ce privilège est partagé avec la Banque centrale européenne, comme le précise l'article L141-5 du Code monétaire et financier : « *En application de l'article 106, paragraphe I, du traité instituant la Communauté européenne, accordant à la Banque centrale européenne le monopole d'autorisation d'émission de billets de banque dans la Communauté, la Banque de France est seule habilitée, sur le territoire de la France métropolitaine et des départements d'outre-mer ainsi que sur le territoire de Saint-Barthélemy et de Saint-Martin, à émettre les billets ayant cours légal.* »

Si le privilège d'émission des billets est exercé par la Banque de France sous le contrôle de la Banque centrale européenne, celui de frapper des pièces revient à la Monnaie de Paris tel que défini par l'article L121-2 du Code monétaire et financier : « *Les pièces métalliques ayant cours légal et pouvoir libératoire destinées à la circulation en France sont fabriquées par la Monnaie de Paris.* »

Néanmoins les pièces frappées par chacun des États membres de la zone euro ont cours légal dans tous ces États y compris dans l'Hexagone : « *À partir du 1er janvier 2002, les États membres participants émettent des pièces libellées en euros ou en centimes… Ces pièces sont les seules à avoir cours légal dans tous ces États membres.* »

Le plus souvent ces pièces sont faites de métaux non ferreux sans intérêt, cuivre ou cupronickel, mais sont parfois réalisées en métal précieux. Dans ce dernier cas, et compte tenu du régime fiscal attribué aux monnaies légales, l'investisseur y trouvera un intérêt particulier.

À ce disque métallique est généralement attachée une valeur monétaire. Cette valeur nominale est la valeur en unité monétaire frappée sur la pièce (valeur faciale dans ce cas). Présentée en règlement d'une dette, une pièce ne peut être légalement acceptée en dessous de cette valeur.

Existe-t-il des monnaies sans valeur faciale ?

La chose se corse lorsque la pièce ne présente aucune valeur faciale apparente, un peu à l'instar d'une médaille ou d'un jeton. Comment faire la différence entre un jeton et une monnaie dans ce cas ?

Les anciennes monnaies françaises se présentaient ainsi. Ne portant aucune mention de valeur, c'est le suzerain qui arrêtait la valeur nominale d'une pièce en monnaie de compte. Ainsi, le louis, qui valait en monnaie de compte 10 livres tournois en 1640, devait augmenter progressivement, et sans modification de la pièce elle-même, pour représenter 24 livres en 1726. C'est seulement avec l'apparition du franc en 1803 que les pièces françaises deviennent liées de façon indissociable à une valeur faciale. Dès lors on pourrait croire que de nos jours pour reconnaître une pièce ayant ou ayant eu cours légal *l* il suffirait de s'appuyer sur la présence sur la pièce de sa valeur faciale. Eh bien non ! Certains pays maintiennent en effet cette pratique.

Par exemple, le souverain (Sovereign), la célèbre pièce d'or britannique qui porte sur l'avers le profil du souverain régnant et sur le revers une évocation de saint Georges terrassant le dragon, n'affiche aucune valeur faciale depuis sa création (en l'état) en 1817 sous le règne de George III.

Pièce souverain Or – 1902

Source photo : ©chards.co.uk.

Le souverain a cours légal sur le territoire britannique pour une valeur nominale d'une livre sterling. Le Coinage Act de 1971 accorde cours légal à tous les souverains émis à la condition que ceux-ci ne descendent pas sous un poids minimum fixé par la loi.

Un autre exemple encore plus étrange : la pièce sud-africaine émise en 1967 et connue sous le nom de krugerrand. Cette pièce a été frappée pour promouvoir la production aurifère sud-africaine et permettre, à une époque où la détention de lingot d'or était interdite aux États-Unis, de faciliter pour le public américain l'achat d'or sans enfreindre la loi. Elle n'a aucune valeur nominale apparente, mais la République d'Afrique du Sud lui a attribué cours légal pour pouvoir être thésaurisée en toute légalité par les investisseurs et les collectionneurs américains.

Tous les krugerrands frappés depuis 1967 ont néanmoins cours légal en Afrique du Sud, la valeur faciale présentant l'originalité d'être indexée sur le cours de l'or au jour du règlement de la dette avec ces pièces.

Krugerrand 1 once d'or (2011)

Source photo : Wikicoins.com.

La seule indication que cette pièce porte est le poids d'or pur qu'elle contient : « *FYNGUND 1 OZ FINE GOLD* », ou « une once d'or pur » en afrikaans et en anglais.

Une valeur faciale à géométrie variable

Le statut de monnaie légale relève parfois de la tradition. Encore une fois l'exemple vient d'outre-Manche.

Chaque année les souverains britanniques perpétuent une tradition d'humilité et de charité remontant au XIIIe siècle. Le Jeudi saint, jour commémorant le geste de Jésus lavant les pieds de ses disciples, les monarques britanniques remettent une aumône sous la forme d'une bourse contenant des pièces d'argent à des personnes âgées indigentes et reconnues pour leur foi. Dans sa 85e année, la reine Elizabeth II a ainsi remis à 85 femmes et 85 hommes soit une bourse blanche contenant 85 pennies, soit une bourse rouge contenant 5 livres et 50 pennies. Cet argent est connu outre-Manche sous le nom de *Queen's Maundy*[1] *money*, la Sainte Monnaie de la Reine.

Maundy money

Source photo : Wikimedia.

---

1. *Maundy* vient du mot latin *Mandatum*. Traduction de cette phrase attribuée à Jésus « *Mandatum novum do vobis ut diligatis invicem sicut dilexi vos* » : « Je vous donne un commandement nouveau : aimez-vous les uns les autres comme je vous ai aimés. »

Les pièces frappées à cette occasion, et qui dépassent le simple lot des pièces distribuées par la souveraine, ont de par la loi cours légal et conservent ce statut *ad vitam æternam*.

Néanmoins le penny d'aujourd'hui n'a plus rien à voir avec le penny d'avant 1971. En effet, le 15 février 1971, le Royaume-Uni adoptait le système décimal pour sa monnaie. Le penny d'hier, qui valait $1/240^e$ de livre sterling, passait en 1971 à $1/100^e$ de livre. Qu'en était-il du cours légal de ces pennies d'avant 1971 ? Eh bien ceux-ci ont été reconduits dans leur statut mais avec une valeur faciale réévaluée à la valeur actuelle du penny. En une nuit ces pièces ont vu leur valeur multipliée par 2,4. En résumé, toutes les pièces d'argent dites Maundy depuis 1822 ont cours légal sur le territoire britannique et leur valeur faciale est celle du penny contemporain.

Des monnaies sous toutes les formes

Dernière surprise : la pièce de monnaie n'est pas forcément le petit disque de métal auquel nous sommes habitués (lequel peut faire jusqu'à 80 centimètres de diamètre et 12 centimètres d'épaisseur pour la pièce australienne en or d'une tonne et d'un million de dollars australiens de valeur faciale). En effet si toutes sortes de volumes sont possibles pour réaliser des bibelots, voire des médailles, le monde des pièces de monnaie est depuis quelques années lui aussi gagné par la fantaisie.

Le disque habituel peut évoluer vers des formes inattendues comme l'édition 2012 de ce dollar australien en argent de la série *Australian map shaped coin* (en français « pièce ayant la forme de la carte de l'Australie ») qui a cours légal en Australie comme l'ont toutes les pièces émises au sein du Commonwealth et affichant le profil de Sa Gracieuse Majesté Elizabeth II.

Australian map shaped coin 1AUD- 1 oz d'argent

Source photo : ©Perth Mint.

L'audace des concepteurs peut aller encore plus loin à l'instar de cette pièce d'argent de 1 kg des îles Cook en forme de cylindre.

Pièce cylindrique en argent des îles Cook (1 kg – Diam. 45 mm) – Valeur faciale : 30 CID (Cook Island Dollar) – 2012

Source photo : auteur.

Pour ajouter encore un peu plus de confusion, certaines « pièces » ont une forme rectangulaire pouvant les faire assimiler par erreur à un lingot, telle cette monnaie en or de 15 dollars australiens de 2011.

Pièce de 15 $ australien (série ornithorynque)

Source photo : ©PerthMint.

Vous l'aurez compris, la forme importe peu. Toutes ces monnaies ont cours légal par décision souveraine.

D'une façon générale les pièces des pays du Commonwealth présentent sur l'avers en effigie le profil du chef de l'État – en l'occurrence actuellement celui de la reine Elizabeth II – ont toutes cours légal. En font partie, par exemple, toutes les pièces canadiennes, australiennes, néo-zélandaises, des îles Salomon, Tuvalu et Cook (liste non exhaustive).

Comment s'assurer qu'une pièce a cours légal ?

Pour savoir si une pièce entre dans ce cadre, il faut trouver le document officiel de l'État dans lequel elle a été frappée, lui attribuant le statut de moyen de paiement légal. L'exercice n'est pas toujours facile. En effet, pour y parvenir, il faut avoir les connaissances linguistiques nécessaires pour effectuer des recherches via Internet et trouver enfin le bon document dans le maquis administratif local. La chose est assez simple lorsqu'il s'agit de pays anglo-saxons[1], moins facile pour les autres pays développés et quasiment impossible au-delà de ce dernier périmètre.

Pour faciliter vos recherches et argumenter le moment venu auprès des autorités fiscales ou douanières, voici quelques références de documents ayant trait au cours légal des pièces les plus courantes que vous pourriez rencontrer.

Pays	Document de référence
Afrique du Sud	*South African Mint and Coinage Further Amendment Act,* No 40 of 1966 (publié le 12 octobre 1966). Spécifications de la pièce 1 oz Krugerrand approuvées dans « Proclamation No 154 of 1967 » (publiée le 28 juin 1967). Publication des dessins (avers/revers) dans « Government Gazette No 1793 » (publiée le 21 juillet 1967). Réaffirmation du cours légal / par le *South African Reserve Bank Act* 90 de 1989 (publié le 1er août 1989).
Australie	Australian Currency Act de 1965.
Autriche	*Gesamte Rechtsvorschrift für Scheidemünzengesetz* 1988, *Fassung vom* 18.08.2010. Publié dans *Bundesgesetzblatt für die Republik Österreich* : No 221 (Reference 597. Sub-reference Section 12-2) le 17 novembre 1988.
Canada	Loi sur la monnaie L.R.C., 1985, ch. C-52 (mise à jour du 30/12/2005).
Chine (RPC)	Loi monétaire adoptée à la 3e session du 8e congrès national du peuple le 18 mars 1995 et promulguée par décret n° 46 du président de la RPC le 18 mars 1995.

…/…

---
1. Les Anglo-Saxons traduisent cours légal par *legal tender*.

…/…

Pays	Document de référence
États-Unis	US Code : TITLE 31 > SUBTITLE IV > CHAPTER 51 > SUBCHAPTER II > § 5112.
France	Code monétaire et financier Article L 121-2 et Décret n° 2001-926 du 4 octobre 2001 autorisant la fabrication de pièces de collection en euros.
Nouvelle-Zélande	*Reserve Bank Act* de 1989.
Royaume-Uni	*Coinage Act* de 1971.
Suisse	Ordonnance sur la monnaie du 12 avril 2000 et « Liste des pièces suisses ayant cours légal et mises hors cours ».
Turquie	Meskuk et Ziynet reconnus ayant cours légal par loi du 8 août 1951.

En résumé, les pièces faites de métaux précieux et ayant cours légal *l* sont plus nombreuses qu'on ne pourrait le penser au premier abord. Ces quelques pages ont présenté les différentes formes qu'elles peuvent prendre. Il est bien évidemment impossible d'être exhaustif. Confronté à une pièce nouvelle, chacun devra faire ses propres recherches pour déterminer si la pièce entre dans ce périmètre particulier et exploiter ainsi, comme les chapitres suivants le détailleront, l'intérêt fiscal qu'offrent ces pièces.

Qui fabrique ces monnaies ?

La fabrication des monnaies fait appel à des compétences techniques et artistiques. Elle reprend les mêmes techniques industrielles que celles employées pour la production des jetons ou des petits lingots.

Ces monnaies sont généralement réalisées selon un processus long et complexe consistant en une opération de coulée en continu qui permet d'obtenir de longues plaques de métal, passent ensuite successivement dans plusieurs laminoirs pour être mises très précisément à l'épaisseur voulue avant d'être embouties pour produire des flans de la taille souhaitée. Les flans passent dans une machine à border de façon à préparer la création du listel sur chaque face à la périphérie de l'objet. Ils subissent ensuite des traitements mécanique et chimique de polissage avant d'être finalement frappés sur les deux faces par une presse[1] utilisant deux coins, qui ont été préalablement dessinés et gravés, reproduisant les images en « négatif » des motifs finaux souhaités. Ces motifs, après avoir été dessinés, ont été réalisés en trois dimensions et à grande échelle en

---

1. Monopole du savoir-faire industriel de quelques entreprises. Par exemple Gräbener Pressensystem (RFA), Schuler (Autriche), ou bien encore Haco (Belgique) qui a repris le français Bliss.

plasticine puis en silicone. Pour passer de cette échelle à la taille souhaitée pour les pièces finales un processus de numérisation 3D est utilisé pour piloter une machine numérique de gravure à très haute précision (de l'ordre du millième de mm) et produire les coins désirés[1].

La production des monnaies est assurée par des établissements industriels agréés par les États souverains. Ces établissements assurent toutes ou partie des étapes de la fabrication : élaboration des flans, gravure des coins, frappe des monnaies, mise sur le marché des monnaies.

Selon les pays ces établissements sont à caractère étatique ou privé. Lorsqu'ils ont un statut public, ils sont appelés hôtels des Monnaies, communément Monnaie, ou *Mint* en anglais.

De plus en plus de Monnaies sous-traitent la réalisation des flans à des fondeurs-affineurs privés, ce qui motive les prises de participation de certaines Monnaies dans ces entreprises industrielles. Les pays ne possédant pas de capacité industrielle font généralement appel, pour la réalisation et la production de leurs moyens de paiement, à des Monnaies ou parfois à des entreprises privées[2].

Ces Monnaies sont nombreuses, aussi l'énumération qui suit sera limitée aux établissements produisant les principales monnaies d'investissement. La France et la Grande-Bretagne sont des exceptions dans cette sélection.

Turquie

À tout seigneur, tout honneur. En effet peu d'investisseurs savent que la Turquie est le plus important pays producteur de pièces d'or dans le monde[3]. La production est réalisée par la Monnaie turque, Darphane[4], la Direction générale de la Monnaie et de l'Imprimerie nationale.

Situé aux abords d'Istanbul, Darphane produit toutes les monnaies et billets de circulation ainsi que les deux monnaies d'investissement Meskûk et Ziynet (ces deux monnaies sont détaillées en fin d'ouvrage).

Darphane a conservé le mode de fonctionnement qui était celui des monnaies occidentales à l'époque de la convertibilité. C'est-à-dire qu'il est possible pour tout particulier ou professionnel d'y faire frapper des monnaies. Il suffit pour

---

1. Exemple : machine réductrice à graver de Bema Maschinen GmbH.
2. C'est le cas des îles Cook dont les monnaies en argent sont élaborées par Thomas Göbel, qui en détient les droits exclusifs contre royalties payées au gouvernement de Cook, et produites par Heimerle + Meule à Pforzheim.
3. Pour la seule période de 2000 à 2012 Darphane a frappé 182 450 097 pièces en or.
4. www.darphane.gov.tr/en/

cela d'y déposer au moins 1 kg d'or pur. Darphane en conserve une petite fraction correspondant au seigneuriage pour couvrir ses frais. Les pièces, réalisées avec l'or déposé, sont livrées au demandeur dans les 48 heures.

La production totale de la monnaie turque n'est pas connue précisément. Néanmoins, pour les seules pièces d'investissement, la production annuelle de Darphane, de l'ordre de 45 tonnes par an, est supérieure à celle de l'US Mint.

États-Unis

L'US Mint est la Monnaie des États-Unis depuis 1792. Elle assure la garde des stocks d'or à Fort Knox et la frappe des monnaies américaines dans quatre ateliers : West Point, Philadelphie, San Francisco et Denver. L'US Mint est le premier producteur de pièces au monde. Ceci n'a rien de très surprenant compte tenu de la taille de l'économie américaine. Elle réalise plus de 70 % de son chiffre d'affaires (3,5 milliards de dollars en 2012) avec la vente de pièces d'investissement[1] et 14 % avec la vente de produits numismatiques. Ces dernières années, la production moyenne de l'US Mint en produits d'investissements est de 42 tonnes d'or et de 1 360 tonnes d'argent.

Canada

La Monnaie royale canadienne (MRC) est en charge de la frappe de toutes les pièces canadiennes dans ses deux ateliers d'Ottawa et de Winnipeg. Créée en 1908 comme succursale locale du Royal Mint britannique, elle est canadienne depuis 1931. Le chiffre d'affaires de ses opérations diverses pour 2012 est de 2,6 milliards de dollars canadiens dont 2,2 tirés des produits d'investissement. La MRC est célèbre pour la qualité et le caractère innovant de sa production.

Australie

La frappe de monnaies en Australie est assurée par deux entités distinctes.

La Royal Australian Mint – appellation courante : The Mint – est un organisme étatique dépendant du gouvernement fédéral australien créé en 1965 à Canberra. The Mint assure principalement la production des pièces de monnaies circulantes australiennes, et produit de façon annexe des produits numismatiques.

La Western Australian Mint, ou The Perth Mint sous son appellation commerciale, a été créée en 1899 à Perth en tant que filiale de la Royal Mint britannique. Australienne depuis 1970, elle est désormais une entreprise privée depuis 1987. L'actionnaire principal de Perth Mint est le groupe Gold Corporation,

---

1. À parts égales entre ventes de Gold Eagle et de Silver Eagle.

détenu à 100 % par l'État d'Australie-Occidentale, via deux actionnaires, Western Australian Mint, la Monnaie de l'État d'Australie-Occidentale, d'une part et GoldCorp Australia d'autre part.

Perth Mint assure des activités diverses – fonderie, affinage, production et commercialisation – essentiellement centrées sur les produits numismatiques et d'investissement. Le rapport annuel 2013 fait état pour l'année fiscale écoulée d'une production de 23,14 tonnes d'or, de 256 tonnes d'argent et de 290 kg de platine sous la forme de pièces, médailles ou lingots. Par ailleurs Perth Mint a produit et commercialisé 5,2 millions de flans destinés à la frappe de monnaies ou de jetons par d'autres établissements et raffiné 99,9 % de l'or extrait en Australie.

Afrique du Sud

La South African Mint a été créée initialement en 1892 à Pretoria. Après l'occupation britannique de 1900, elle devient filiale de la Royal Mint en 1919. L'établissement sera privatisé en 1988 avec pour actionnaire principal la Banque centrale d'Afrique du Sud. Depuis 1992 The South African Mint Company (Pty) Ltd est localisée au sud de Pretoria à Centurion.

La South African Mint assure la production de tous les moyens de paiement métalliques de la République d'Afrique du Sud, de toutes les pièces de collection et bien évidemment des 25 tonnes par an de krugerrands destinés aux investisseurs.

Pour la production des célèbres krugerrands en or, elle se fournit en flans auprès de Rand Refinery.

Autriche

La Münze Österreich est la Monnaie autrichienne rattachée à la Banque centrale d'Autriche depuis 1989. C'est une vénérable institution viennoise remontant au XIIe siècle. Néanmoins cette vieille dame est très active et très innovante.

C'est une des rares, voire la seule, à s'être positionnée en Europe sur le créneau des pièces d'investissement. L'autre Monnaie à s'y essayer est la Royal Mint, mais son offre reste très faible (Britannia[1]) ou très orientée vers la numismatique (souverain).

---

1. Britannia en argent : 100 000 pièces/an ; Wiener Philharmoniker en argent : environ 10 millions de pièces par an.

La Münze Österreich réalise ainsi un chiffre d'affaires important de 1,7 milliard d'euros en 2012, les produits d'investissement représentant en moyenne chaque année 22 tonnes d'or sous la forme de lingots, 15 tonnes de pièces en or Wiener Philharmoniker et 340 tonnes de ces mêmes pièces en argent.

Depuis 2002 la Münze Österreich est un des actionnaires principaux du fondeur-affineur suisse Argor-Heraeus SA.

République populaire de Chine

La production des monnaies métalliques de République populaire de Chine dépend directement de la banque centrale. La production et la commercialisation sont réparties entre neuf succursales spécialisées soit géographiquement, soit dans une production particulière. China Gold Coin Incorporation (CGCI) a la responsabilité depuis 1987 de la production des monnaies d'investissement et de commémoration. Installé à Pékin, CGCI possède plusieurs implantations régionales pour la commercialisation et trois ateliers de production à Shenzhen, Shenyang et Shanghai. Sa filiale de Hong Kong, China Great Wall Coins & Investments Ltd, a le monopole de la distribution vers l'étranger de tous les produits numismatiques et d'investissement émis par la Chine.

La production de monnaies d'investissement est difficile à évaluer, l'administration chinoise ne communiquant que les plafonds de production autorisés depuis ces dernières années. La production de Panda d'or, avec un plafond de 36 tonnes, est bien loin des niveaux de vente atteints en 2005 ou 2006. Le plafond de production de Panda d'argent est de 270 tonnes de monnaies d'investissement par an. La progression importante de la production des ateliers chinois atteste de l'engouement des Chinois pour les métaux précieux.

États-Unis mexicains

Les origines de la Casa de Moneda de México remontent à 1535. Établie à Mexico, elle dépend directement de la Banque centrale du Mexique. La Monnaie mexicaine frappe les monnaies circulantes et les monnaies commémoratives et d'investissement mexicaines. Elle émet environ 200 kg d'or et 35 tonnes d'argent en moyenne par an sous forme de pièces Libertad et de refrappes de Centenario.

Grande-Bretagne

The Royal Mint, la Monnaie britannique, a été créée en 1601. Privatisée en 1990, avec l'État actionnaire à 100 % du fonds de commerce, elle est renommée The Royal Mint Limited.

La Royal Mint réalise un chiffre d'affaires annuel moyen de 250 millions de livres sterling. Relativement à sa production de pièces de circulation, sa production de monnaies d'investissement est très faible. Bien qu'étonnamment les chiffres soient difficiles à obtenir, Royal Mint ne produit chaque année qu'un peu plus de 3 tonnes de Britannia d'argent et à peine 200 kg de Britannia or[1]. Elle produit toujours la célèbre monnaie emblématique du Royaume-Uni, le souverain. Celle-ci représente un peu plus de 1,1 tonne par an d'or.

France

La Monnaie de Paris est un établissement étatique (Établissement public industriel et commercial ou EPIC depuis 2007) sous la tutelle du ministère de l'Économie et des Finances. Institution très ancienne créée en 1358 sous l'autorité de la Cour des Monnaies, sa mission principale est la production de monnaies de circulation. Par ailleurs, elle produit nombre de produits à caractère numismatique. Son chiffre d'affaires global est d'environ 160 millions d'euros.

Contrairement à la Monnaie autrichienne, la Monnaie de Paris n'a malheureusement pas cherché à prendre une place sur le marché des pièces d'investissement. Alors que les projets politiques des uns et des autres nous rebattent les oreilles d'ambition de revitalisation industrielle, l'État, propriétaire de ce superbe et talentueux établissement, avait une belle occasion de rattraper ses erreurs passées – notamment l'introduction de la taxe forfaitaire sur l'or, une des explications du désamour des Français pour ce placement avec les conséquences industrielles sur le secteur que l'on connaît. Il est tout de même navrant de constater que les investisseurs français doivent aujourd'hui se tourner vers des monnaies venues d'Autriche, du Canada ou des États-Unis pour satisfaire leurs objectifs d'épargne.

À quand une monnaie d'investissement Hercule sous la forme d'une once d'or ou d'argent en lieu et place de ces pièces Hercule à prime extravagante mises en circulation ces dernières années ? Avec l'effectif actuel de la Monnaie de Paris (487 salariés), plus du double de celui de la Monnaie autrichienne (217), et un chiffre d'affaires représentant à peine le dixième de celui de son homologue autrichienne[2], ce projet ne paraît pas insensé. En outre, les gains attendus concurrenceraient très largement ceux des recettes de la taxe forfaitaire et permettraient de calmer les ardeurs taxatrices de nos élus.

---

1. Ces chiffres, quoique faibles, incluent néanmoins les pièces de qualité numismatique. La production de monnaie d'investissement est donc très inférieure à ces chiffres.
2. Chiffres tirés des rapports de gestion 2012 de la Monnaie de Paris et de la Münze Österreich : 162 millions contre 1,7 milliard d'euros pour les chiffres d'affaires et 10,7 millions contre 73,5 millions d'euros pour les résultats nets.

Monnaie démonétisée

Il en va des monnaies comme des humains, elles naissent et un jour disparaissent. Le plus souvent les gouvernements hypocrites cherchant à masquer l'inflation leur donnent les mêmes noms que les défuntes qu'elles ont remplacées ; mais dans la réalité elles ont bien disparu.

Prenons le franc comme exemple. Au moment de l'avènement de l'euro, plusieurs auteurs ont versé une larme sur la disparition du franc qui selon eux remontait à… bien longtemps (1360). Dans les faits, le franc que nous avons enterré en cette fin de XXe siècle n'était ni plus ni moins qu'un jeunot né en 1960 et qui n'avait absolument aucune attache familiale, sinon par homonymie, avec le franc né de la Révolution française par la loi du 17 germinal de l'an XI.

L'histoire de la France est ainsi jalonnée d'une succession de monnaies différentes même si le nom était conservé pour des raisons purement psychologiques. En ajoutant un qualificatif à tous ces francs ce fait devient évident.

Monnaie	Période	Taux en début de période
Franc à cheval	1360 – 1423 et 1575 – 1641	3,885 g d'or fin
Franc révolutionnaire	1795 – 1803	4,5 g d'argent fin
Franc de germinal	1803 – 1928	0,29025 g d'or fin
Franc Poincaré	1928 – 1959	0,05895 g d'or fin
Franc Pinay	1960 – 2002	0,18 g d'or fin 0,16 g (1969)

De la même façon qu'une pièce devient un moyen de paiement légal par l'entremise d'une décision législative ou gouvernementale, la « fin de vie » d'une monnaie fait l'objet de la publication d'une loi ou d'un décret. Ainsi, les derniers billets et pièces en francs (Pinay) ont donc cessé d'avoir cours légal le 17 février 2002[1] et avec eux toutes les pièces en or et en argent frappées en francs. Avant cette décision les célèbres pièces en argent Hercule de 10 et 50 francs ont été démonétisées en février 1980[2].

---

1. Décrets n° 2002-191 et 192 du 14 février 2002 portant suppression du cours légal des pièces et des billets libellés en francs.
2. Démonétisées à compter du 19 février 1980 par décret n° 80-148 du 15 février 1980 autorisant la démonétisation des pièces de 5 F en argent, de 10 F en argent et de 50 F en argent.

Pièce	Période	Émissions	Poids argent (t)
50 F Hercule	1974 – 1980	46 424 066	1 253,45
10 F Hercule	1964 – 1973	39 058 426	878,81
5 F Roty	1959 – 1969	195 292 174	1 956,82

Monnaie commémorative

Les émissions de monnaies commémoratives étaient jusque dans les années 1970 relativement rares. Avant la Révolution, certains événements étaient célébrés par des émissions de pièces dites de plaisir destinées à être offertes par le souverain à cette occasion. Ainsi, la plus grosse pièce française connue[1] est une pièce de plaisir de 20 louis, d'une valeur de 100 livres, émise sous le règne de Louis XIII en 1640.

Les temps changent ; désormais on ne parle plus de pièce de plaisir mais de pièce commémorative. De nombreux pays émettent chaque année nombre de ces pièces pour célébrer tel ou tel événement. Au-delà de cet aspect commémoratif ces pièces permettent aux instituts d'émission (Monnaie de Paris[2] en France par exemple) de faire du commerce et d'engranger de substantiels gains tout en satisfaisant les numismates très friands de nouveautés. Aujourd'hui le stade de la simple commémoration a été dépassé et tous les thèmes sont bons pour émettre de nouvelles pièces avec des primes[3] démesurées (Tintin, Astérix et autres *Fables* de La Fontaine).

Mais quel est le statut de ces pièces ?

Dès lors qu'une pièce est frappée avec une valeur nominale elle acquiert cours légal dans son pays d'origine. Pour ce qui concerne l'euro, ce principe a été rappelé expressément par le Conseil de l'Europe le 23 novembre 1998 : « *Le Conseil et les ministres réunis au sein du Conseil ont approuvé les points exposés ci-après concernant les pièces de collection libellées en euros, définies comme étant les pièces commémoratives et les pièces en métal précieux, **qui ont cours légal** mais ne sont pas produites pour être mises en circulation*[4]. » Ainsi, toutes les

---
1. C'est une pièce en or pesant 66,87 g pour un diamètre de 4,4 cm.
2. La frappe de pièces dites de collection par la Monnaie de Paris a été autorisée par le décret n° 2001-926 du 4 octobre 2001 autorisant la fabrication de pièces de collection en euros.
3. Différence entre la valeur à la vente d'une pièce et la valeur du métal contenu dans cette pièce.
4. n° 2136. Conseil – ECOFIN - Bruxelles, 23 novembre 1998 – Pièces de collection libellées en euros - Conclusions du Conseil.

pièces émises par les États membres de la zone euro, qu'elles soient destinées à circuler ou non, ont cours légal.

Pièce en argent de 20 € commémorant les 170 ans du chemin de fer autrichien (2009)

Source photo : ©Münze Österreich.

Certaines de ces pièces circulent, ou du moins sont mises en circulation à l'émission, puis sont jalousement thésaurisées, à l'instar des pièces d'or et d'argent en euros émises par la Monnaie de Paris en 2010 et 2011. Celles-ci sont « achetées » pour leur valeur faciale mais la valeur du métal contenu est très inférieure au prix d'acquisition induisant le plus souvent de très fortes primes.

D'autres ne peuvent être acquises que directement auprès de l'institut d'émission ou par l'intermédiaire de commerçants en numismatique. Elles sont présentées par la Monnaie de Paris comme des « monnaies numismatiques » par opposition aux précédentes considérées comme « monétaires », – distinction qui n'a pas lieu d'être dans les faits. Dès lors qu'une pièce frappée légalement reçoit une valeur nominale elle devient un instrument monétaire à part entière. Que cette pièce « circule » ou pas. Sinon il s'agit de fausse monnaie !

Au sein de la zone euro le cas particulier des pièces de monnaie commémoratives, et nous le verrons plus loin des pièces dites de collection, a été pris en compte bien avant le passage à l'euro. Les responsables en charge du projet craignaient en effet que les citoyens européens, déstabilisés par l'abandon de leur monnaie nationale, ne le soient encore plus si les émissions de pièces commémoratives étaient autorisées. Ces pièces généralement frappées en plus petites quantités que les pièces destinées à la circulation risquaient en effet de déclencher une certaine suspicion vis-à-vis des moyens de paiement pouvant compromettre la réussite du projet. Fin 2000 un moratoire[1] jusqu'en 2004 sur les émissions de pièces commémoratives a donc été décidé. Sous l'impulsion de la Commission européenne, le Parlement européen adoptait le 4 juillet 2012 un règlement[2] définissant les règles d'émission des pièces en euros. À cette occasion les trois catégories suivantes de monnaies métalliques en euros étaient définies :

- les pièces destinées à la circulation ;
- les pièces commémoratives destinées à la circulation pour une commémoration particulière ;
- les pièces de collection qui ne sont normalement pas émises dans le but d'être mises en circulation.

Toutes ces pièces sont des moyens de paiement et ont donc cours légal dans l'ensemble des pays de la zone euro sauf celles de la dernière catégorie qui, par exception, n'ont cours légal que dans leur pays d'émission pour éviter la confusion que pourraient entraîner ces pièces peu circulantes et difficiles à identifier. C'est donc là une situation monétaire tout à fait originale à notre connaissance. Celle d'une zone monétaire qui attribue le cours légal à géométrie variable à sa monnaie.

En résumé, la pièce commémorative n'existe pas en tant que telle[3]. Une pièce dite commémorative est en fait :

- soit une pièce ayant cours légal *l* dans son pays d'émission ;
- soit une pièce ayant eu cours légal si elle a été démonétisée.

Monnaie de collection

Tout se collectionne ! Les capsules de bouteilles de bière, les tire-bouchons, pourquoi pas les monnaies. Néanmoins les critères retenus pour qualifier d'objet de collection telle ou telle pièce de monnaie divergent.

Pour s'y retrouver examinons différents points de vue.

---

1. Communication sur la recommandation de la Commission du 29 septembre 2003 définissant une pratique commune pour la modification du dessin des faces nationales des pièces en euros destinées à la circulation (2003/C 247/03).
2. Règlement (UE) n ° 651/2012 du Parlement européen et du Conseil du 4 juillet 2012 concernant l'émission de pièces en euros - *Journal officiel* n° L 201 du 27/07/2012 p. 0135-0137.
3. Elles n'existent pas officiellement mais elles font le bonheur des collectionneurs comme vous pouvez le découvrir ici : monnaies-commemoratives-modernes.over-blog.com/

Point de vue du collectionneur

Les collectionneurs numismates, comme tous les collectionneurs, sont motivés principalement par des thèmes. Ces thèmes sont multiples et ont le plus souvent peu de rapport avec la valeur des biens recherchés. Certains collectionneurs vont amasser des pièces de valeur insignifiante mais qui deviennent, par le fait d'une passion, des pièces de collection[1].

Point de vue de l'Union européenne

Comme le paragraphe précédent l'a évoqué, la Commission européenne et le Conseil sont très embarrassés par ce concept de monnaie de collection.

D'une part ils reconnaissent sans aucune ambiguïté à ces pièces récemment frappées, et dites de collection selon eux, le même statut de cours légal que les autres pièces. D'autre part, la multitude de pièces frappées sous des prétextes divers par chaque État membre de la zone euro à des fins de commémoration ou de collection permettrait, si rien n'était fait pour en maîtriser la circulation aux faux-monnayeurs de profiter de ce foisonnement pour émettre leur propre monnaie, risquant ainsi de laisser s'installer un climat de défiance vis-à-vis de la monnaie.

Pour tenter de maîtriser cette situation la Commission a poussé à l'adoption d'un règlement en juillet 2012 définissant les limites des émissions métalliques au sein de la zone euro. Dans celui-ci les pièces de collection en euros (cette définition ne s'applique bien entendu qu'aux pièces en euros comme l'objet du règlement le précise) sont reconnues comme des moyens de paiement légaux dans le pays d'émission, mais les États de la zone euro s'engagent à les rendre identifiables des autres moyens de paiement et à prendre « *toutes les mesures appropriées pour décourager l'utilisation des pièces de collection comme moyen de paiement* ». Cette formulation a été reprise d'un commentaire de la Banque centrale européenne (BCE) consultée[2] sur le sujet par le Parlement et le Conseil. À cette occasion la BCE avait fait la remarque suivante : « *Les États membres ne disposent pas de mesures leur permettant d'empêcher que les pièces de collection en euros soient utilisées comme moyen de paiement dans l'État membre émetteur.* »

---

1. Ensemble non fini (le plus souvent classé) d'objets réunis par un amateur, en raison de leur valeur scientifique, artistique, esthétique, documentaire, affective ou vénale (CNRTL).
2. Avis de la Banque centrale européenne du 23 août 2011 sur une proposition de règlement concernant l'émission de pièces en euros et sur une proposition de règlement sur les valeurs unitaires et les spécifications techniques des pièces libellées en euros destinées à la circulation.

Ces points de vue ne concernent que l'Union européenne et les émissions de pièces en euros mais la conclusion peut être étendue sans difficulté à toute monnaie supposée de collection, à savoir que les monnaies de collection sont :

- soit des monnaies ayant cours légal, c'est-à-dire des moyens de paiement à part entière ;
- soit des monnaies démonétisées si une décision souveraine a été prise dans ce sens.

Point de vue de la CJUE

En 1985 la Cour de justice de l'Union européenne (CJUE), instance suprême de l'interprétation du droit au sein de l'Union européenne, a prononcé un arrêt à l'occasion d'un conflit entre un particulier et une administration fiscale d'un pays de l'Union. Cette jurisprudence, connue sous le nom d'arrêt Daiber[1], arrête les critères permettant de considérer un bien meuble comme bien de collection. L'administration fiscale française le résume ainsi : « *... la qualification d'objet de collection découle de l'application d'un ou plusieurs des critères suivants : l'ancienneté ; la rareté ; l'importance de son prix, lequel doit être sensiblement supérieur à la valeur d'un bien similaire destiné à un usage courant ; l'arrêt de la fabrication du bien ; la provenance ou la destination ; l'intérêt historique qu'il présente ; le fait qu'il ait appartenu à un personnage célèbre[2]...* »

À la lecture de cet arrêt de l'instance suprême du droit européen, une pièce de collection sera une pièce historique, rare et dont la production est arrêtée. Elle ne sera certainement pas une pièce produite chaque année à des centaines de milliers, voire des millions, d'exemplaires.

Monnaies d'investissement

Avant de définir ce qu'est une monnaie d'investissement, commençons par ce qu'elle n'est pas.

Sur les sites Internet de certains commerçants hexagonaux en produits numismatiques il est parfois fait mention de « pièces de Bourse » et de « carnet d'ordres ». Existerait-il un marché organisé où les pièces seraient cotées ?

---

1. Arrêt de la Cour du 10 octobre 1985 (Affaire 200/84 ou arrêt Daiber).
2. BOI-RPPM-PVBMC-20-10-20120912 du 12/09/2012.

Or de Bourse et or d'investissement

De février 1948 au 30 juillet 2004, l'or était coté à la Bourse de Paris. Cette cotation recouvrait non seulement l'or brut sous la forme de lingots, mais aussi quelques pièces qui, à l'époque, étaient appelées communément or de Bourse et pièces de Bourse. Depuis le 2 août 2004[1] il n'existe plus de cotation en France, ni pour l'or, sous forme de lingot, ni pour les pièces précédemment cotées. À notre connaissance il n'existe pas un seul endroit sur la planète où ces pièces seraient cotées officiellement.

La seule cotation officielle de l'or physique sous forme de lingot de 400 oz est désormais celle pratiquée deux fois par jour à la LBMA par les cinq banques chargées de ce processus journalier. Les habitudes ayant la vie dure, CPoR[2] continue à afficher des « cours » pour l'or et les pièces anciennement cotées à Paris. En fait il ne s'agit pas d'une cotation mais d'un tarif commercial. Le plus navrant est que ces prix sont repris comme des cours de cotation par la Banque de France elle-même sur son site Internet. Pièces de Bourse ou or de Bourse sont des concepts qui n'existent plus et que les vendeurs n'ont plus le droit d'employer au risque de tromper les acheteurs sur l'existence d'un « juste prix » auquel ils devraient se soumettre, leur enlevant ainsi la volonté de négocier ou de comparer. Dans son dernier communiqué[3], annonçant la clôture définitive du marché de l'or à Paris, Euronext dit clairement : « *La cessation de l'organisation de la procédure de cotation par Euronext Paris n'a pas de conséquence sur la capacité de chacun de négocier comme auparavant les pièces et lingots sur le territoire français.* » Entendu par là que les protagonistes de ce commerce peuvent continuer à exercer leur négoce. Comme la réglementation l'impose à tout commerce, les prix ne doivent pas faire l'objet d'entente et être clairement affichés. C'est aujourd'hui bien loin d'être le cas. Le lecteur s'empressera donc de fuir tout commerçant lui parlant d'ordre de Bourse ou de carnet d'ordres. C'est aujourd'hui suranné, ridicule et illégal.

Monnaies ou pièces d'investissement ne doivent pas être confondues avec la notion fiscale d'or d'investissement. L'occasion sera donnée d'entrer en détail dans cette notion dans les pages dédiées à la fiscalité. Retenez simplement que l'or d'investissement est un statut d'exonération de la TVA pour l'or d'une certaine pureté et sous une certaine forme.

---

1. Communiqué Euronext n° 2004 – 2663 du 30 juillet 2004.
2. CPoR Devises : Société financière avec le statut d'établissement de crédit, détenue à 80 % par le groupe Tessi et à 20 % par Crédit Agricole S.A.
3. Communiqué Euronext n° 2004 – 2993 du 14 septembre 2004.

Investissement et numismatique

Investissement et numismatique[1] sont deux activités respectables mais qui n'opèrent pas sur le même terrain.

Selon le dictionnaire CNTRL, la numismatique est « *une science ayant pour objet l'étude des monnaies anciennes ou contemporaines, des espèces monétaires, des médailles, des jetons, des oboles* ». Le collectionneur numismate trouve un intérêt à acquérir de nouveaux objets selon des thématiques ou des symboliques qui lui sont chères. Pour cela il est éventuellement prêt à payer une forte prime pour un disque de cuivre ou un autre d'argent voire d'or. Cette prime a trait à la rareté de l'objet et à son envie de le posséder. Éventuellement elle peut être remise en cause par la découverte d'un trésor apportant une abondance soudaine sur un marché jusqu'alors de rareté.

Pour l'investisseur en métaux précieux la démarche doit au maximum tenter de s'affranchir de cette contrainte de liquidités. Pour cette raison un investisseur se tournera vers des produits à faible prime, c'est-à-dire ayant un prix collant au mieux à celui du métal, ayant une visibilité internationale et une abondante liquidité.

Par définition les monnaies démonétisées sont des monnaies dont la liquidité est figée définitivement voire en constante diminution puisque aucune émission nouvelle ne vient alimenter le marché.

S'agissant d'investissement, le périmètre sera donc déterminé en excluant les monnaies n'ayant plus cours légal et les monnaies affichant une forte prime par rapport au prix réel du métal contenu. Ceci exclut de fait toutes les pièces anciennement cotées sur la Bourse de Paris sauf le krugerrand et, dans une moindre mesure, le souverain britannique[2].

L'autre catégorie rejetée recouvre les monnaies ayant cours légal mais à forte prime. Il s'agit des monnaies commémoratives ou des monnaies improprement appelées de collection. Pour l'illustrer : la pièce australienne en argent présentée plus haut est vendue 70,50 euros par Perth Mint, ce qui correspond à une prime de plus de 400 % par rapport à la valeur métal de la pièce.

---

[1]. Néanmoins un investisseur peut céder aux charmes de la numismatique et combiner ainsi parallèlement et agréablement investissement, plaisir et culture.
[2]. Tous les souverains depuis 1837 ont cours légal mais ces pièces sont soit des « occasions » ayant éventuellement un intérêt numismatique ou un état peu satisfaisant, soit pour les nouvelles émissions des pièces à assez forte prime due à la qualité et au faible tirage. Il est donc difficile d'avoir un avis définitif sur cette pièce magnifique.

Définition de la monnaie d'investissement

Une monnaie d'investissement n'est donc ni une pièce démonétisée, ni une pièce à caractère numismatique ou de collection, ni une pièce soi-disant cotée sur une Bourse fantôme.

La caractéristique, et l'intérêt, d'une monnaie d'investissement, est de présenter une prime faible. Pour être en mesure d'afficher une prime faible la pièce doit être émise en grande quantité pour qu'aucune pression liée à la rareté et à l'intérêt numismatique ne puisse peser sur le prix. Seuls les coûts de fabrication et de commercialisation s'ajoutant au prix du métal apporteront une légère prime à la pièce d'investissement. À titre indicatif, l'US Mint, pendant américain de la Monnaie de Paris, réalise une marge nette de l'ordre de 2 à 2,5 % sur ses émissions de pièces d'investissement.

Histoire de la monnaie d'investissement

Cette notion de pièce d'investissement (*bullion coin* en anglais), en or ou en argent, est un concept peu connu en France et, osons le dire, quasiment inconnu avant 2006-2007, y compris de beaucoup de professionnels encore imprégnés à cette époque de la liste des pièces cotées jusqu'en 2004[1] à la Bourse de Paris.

La première pièce d'investissement a vu le jour en République d'Afrique du Sud (RAS) sous le nom de krugerrand en 1967. Cette pièce, ayant cours légal pour le poids d'or contenu, ne porte aucune valeur faciale. Elle n'a été commercialisée à grande échelle qu'à partir de 1970. Le krugerrand est la première pièce utilisant l'unité de masse britannique once troy (anciennement française, ou once d'apothicaire), une once troy ou ozt ou oztr (dans l'UE[2]), ou le plus souvent **oz**, équivalant à 31,103 grammes[3]. Cette unité est autorisée au sein de l'Union européenne pour apprécier la masse des métaux précieux dérogant ainsi au système métrique. L'once troy ne doit pas être confondue avec l'once avoirdupois (28,349523125 grammes) notée oz. Cette unité est parfois utilisée sans précision, c'est-à-dire once ou oz tout seul, ce qui autorise la confusion avec l'once troy, notée souvent oz également.

La période 1967-1970 coïncide avec le paroxysme de la crise du système monétaire – à l'époque il s'agissait de l'étalon de change-or –, conséquence des déséquilibres récurrents de la balance des paiements américaine.

---

1. Le lingot de 1 kg et les pièces suivantes ont été cotés le 30 juillet 2004 pour la dernière fois : 20 F napoléon, 20 F suisse, 20 F Union latine, 50 pesos, 10 et 20 $, 10 florins, souverain, krugerrand.
2. Directive 80/181/CEE – 1 oz tr = 31,10 g.
3. Définition LBMA : 31,103 476 866 392 512 g.

À la fin des années 1970, le prix de l'or s'envolant, pour maintenir un flux d'acheteurs malgré les barrières[1] qui se dressent devant la production sud-africaine, la pièce d'une once d'or ou krugerrand est rejointe par des déclinaisons en $1/2$ oz, $1/4$ oz et $1/10$ oz. Ces déclinaisons deviendront la norme pour les monnaies d'investissement rejointes par le $1/20$ oz introduit par la République populaire de Chine en 1983.

En 1979, la Monnaie royale canadienne (MRC) suivait le chemin ouvert par la RAS en frappant la toute nouvelle et magnifique Feuille d'érable (*Maple leaf* en anglais) d'une once d'or, suivie en 1982 de ses déclinaisons en $1/4$ oz et $1/10$ oz et en $1/2$ oz en 1986, puis d'une pièce d'une once en argent en 1988. La décision de la MRC a très certainement été motivée par la levée de l'interdiction de la détention d'or aux États-Unis en 1974 par le président Gerald Ford (interdiction remontant à 1933). Avec un tel marché qui s'ouvrait au sud de sa frontière, la MRC ne pouvait pas décemment laisser passer une telle opportunité.

Le Mexique voulait aussi profiter de cette manne. Dans un premier temps, la Monnaie mexicaine a réémis des jetons reprenant l'aspect des anciennes pièces démonétisées de 50 pesos or ou Centenario. Ceux-ci ont été émis avec le millésime 1947. Néanmoins cette pièce n'a pas eu le succès escompté aux États-Unis, où le gramme n'est pas aussi couramment utilisé que l'once, aussi la Monnaie mexicaine décidait d'émettre en 1981 la Libertad, une pièce d'or aux formats 1 oz, $1/2$ oz et $1/4$ oz, suivie en 1991 de ses déclinaisons $1/10$ oz et $1/20$ oz. En 1982, la Libertad était émise en argent au format 1 oz, suivie en 1991 des $1/2$ oz, $1/4$ oz, $1/10$ oz et $1/20$ oz, puis en 1996 des 2 et 5 oz suivies d'une pièce de 1 kg en 2002.

En 1982, la République populaire de Chine mettait sur le marché la célèbre pièce dite Panda sous la forme de pièces de 1 oz, $1/2$ oz, $1/4$ oz, $1/10$ oz et $1/20$ oz (en 1983). Elles seront complétées par des Panda en argent de 1 oz en 1983 puis de 1 kg en 1998 et de 5 et 50 oz en 2003.

En 1985, le président Ronald Reagan déclarait un embargo sur les produits sud-africains et en particulier sur l'importation de krugerrands. Dans le même temps, il soumettait au Congrès le lancement d'un programme d'émission de pièces d'or et d'argent à des fins d'investissement pour remplacer le krugerrand : l'American Eagle Bullion Program. Ces pièces, en or et argent, seront émises dès 1986, au format 1 oz, $1/2$ oz, $1/4$ oz et $1/10$ oz pour les American Gold Eagle (or) et au seul format d'une once pour l'American Silver Eagle (argent). Le succès

---

1. Dans la première partie j'ai mentionné la stratégie, alors secrète, des États-Unis, dont une des composantes était de pousser la production sud-africaine vers le marché des particuliers en obtenant des acteurs du marché officiel l'engagement tacite de ne pas acquérir d'or sud-africain.

auprès des investisseurs américains fut immédiat. La pièce en argent, communément appelée Silver Eagle, remporte depuis son lancement un succès planétaire. Elle représente aujourd'hui le plus fort tirage jamais connu[1] pour une pièce d'investissement, avec 11 000 tonnes de pièces émises et une moyenne de 3 millions de pièces frappées par mois.

Enfin, en 2006, l'US Mint, cherchant une qualité d'affinage de ses pièces égale à celles du Canada ou de l'Australie, produisait la première pièce américaine en or titré à 999,9‰, l'American Buffalo (1 oz et $1/2$ oz, $1/4$ oz, $1/10$ oz pour de rares années). Néanmoins le volume d'American Buffalo frappées chaque année classe cette magnifique pièce plutôt dans la catégorie numismatique que dans celle de l'investissement.

Suivant l'exemple des émissions américaines, les Britanniques annonçaient en 1987 la sortie de la pièce en or Britannia, déclinée en 1 oz, $1/2$ oz, $1/4$ oz et $1/10$ oz, complétées en 1997 par la version en argent de ces déclinaisons et en 2013 par deux pièces, en or et argent, de $1/20$ oz. La Britannia est donc la première pièce européenne d'investissement à avoir été émise au format anglo-saxon de différentes fractions d'once créé pour le krugerrand.

La même année que la Monnaie royale britannique, les Australiens émettaient une pièce en or d'une qualité remarquable, autant par sa finition que son design, l'Australian Nugget ou Pépite australienne. Émise en format de 1 à $1/10$ oz, la série de pièces a été ensuite complétée par $1/20$ oz en 1990 et par 2,5 oz, 10 oz et 1 kg en 1991. C'est la première fois qu'une pièce de 1 kg voyait le jour. Elle sera rejointe par une version en argent en 1992 qui viendra compléter la série d'Australian Nugget en argent de 1, 2 et 10 oz émise depuis 1990 pour la première et 1992 pour les deux suivantes. À partir de 2008, l'Australian Nugget prendra le nom d'Australian Kangaroo en conservant toutes les spécifications d'origine[2]. En 2011, la Monnaie australienne ravissait à la Monnaie royale canadienne le record mondial de la plus grosse pièce de monnaie en produisant une Australian Kangaroo d'une tonne[3] en or.

Enfin, en 1989, c'est au tour de la Monnaie autrichienne d'émettre une pièce en or (1 oz et $1/4$ oz) désormais célèbre dans le monde entier, la Wiener

---

1. Le record de frappe d'une monnaie d'argent, détenu par la Maria-Theresien-Taler (ou thaler de Marie-Thérèse) avec 389 millions d'exemplaires, devrait être battu courant 2014 par l'American Silver Eagle.
2. Au revers apparaissent tour à tour de 1986 à 1989 les plus grosses pépites trouvées en Australie. Après 1989 le motif du revers est remplacé par des motifs d'animaux typiquement australiens.
3. 80 cm de diamètre et 12 cm d'épaisseur.

Philharmoniker ou Philharmonique de Vienne. Ces pièces seront complétées en 1991 et 1994 respectivement par $1/10$ oz et $1/2$ oz. Deux autres émissions, à caractère purement commémoratif, de 20 et 1 000 oz seront réalisées en 2009 et 2004. Depuis 2008 la Wiener Philharmoniker est produite en argent au format de 1 oz. Elle rencontre un succès incontestable, en Europe en particulier.

Le tableau synoptique qui suit résume cet historique rapide des pièces d'investissement.

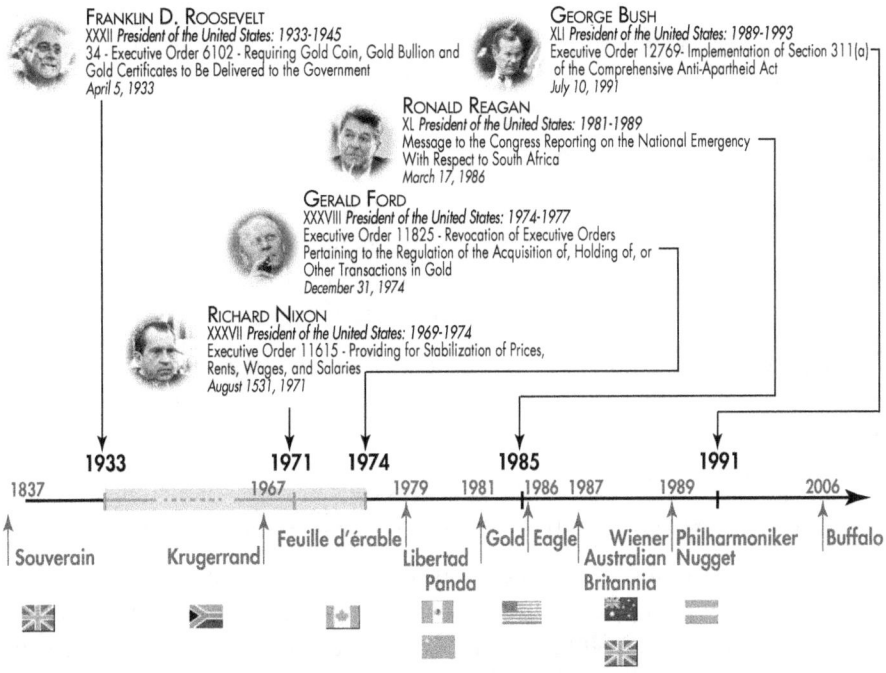

Historique des pièces d'investissement

Source : auteur.

LA DÉTENTION DE MÉTAUX PRÉCIEUX

La détention de métaux précieux n'a pas toujours été chose évidente pour le citoyen français. L'Histoire en témoigne.

Depuis 1720 (John Law) à l'après Seconde Guerre mondiale, les Français sont passés par de multiples épisodes tristement célèbres d'interdiction voire de réquisition.

Les dernières interdictions devaient être levées après les affres de la guerre. Ainsi, la loi 48-178 du 2 février 1948 modifie le Code monétaire et financier[1] en ces termes toujours en vigueur de nos jours : « *La détention, le transport et le commerce de l'or sont libres sur le territoire français.* »

La circulation des capitaux

Liquidités

Les moins jeunes se souviennent d'une époque pas si lointaine pendant laquelle la France restreignait les sorties de capitaux hors de ses frontières. Le contrôle des changes des années 1970 est souvent associé à l'image de ces porteurs de valises de billets tentant de passer en Suisse pour y déposer leur précieux chargement.

Le contrôle des changes a perduré, sous une forme ou une autre, bien après la fin de la Première Guerre mondiale, puisqu'il faudra attendre 1989 pour le voir disparaître totalement. L'objectif de ces mesures était de défendre la monnaie du fait de la dégradation de la balance des paiements française.

La suppression de ces contrôles s'effectuera ensuite progressivement de 1985 à 1989 sous la pression des directives européennes du 17 novembre 1986 et du 18 juin 1988.

Au sein des pays de la Communauté européenne la libre circulation des capitaux devient générale et effective à partir du 1er juillet 1990.

En pratique, cette liberté de circulation reste néanmoins sous surveillance, et particulièrement en France. Tout d'abord, au niveau de l'Union européenne, le règlement (CE) n° 1889/2005 du Parlement européen et du Conseil du 26 octobre 2005 *relatif aux contrôles de l'argent liquide entrant ou sortant de la communauté,* motivé par la volonté de lutter contre la fraude fiscale et le financement d'activités illicites, met en place un système de déclaration obligatoire aux frontières de l'Union.

Cette déclaration obligatoire concerne l'argent liquide, c'est-à-dire, selon la définition de ce règlement :

a) *les instruments négociables au porteur, y compris les instruments monétaires au porteur tels que les chèques de voyage, les instruments négociables (y compris les chèques, les billets à ordre et les mandats) qui sont soit au porteur, endossés sans restriction, libellés à l'ordre d'un bénéficiaire fictif, soit sous une forme telle que*

---

1. Code monétaire et financier - Livre IV - Titre II - Chapitre VI - Article L426-1.

la propriété de l'instrument est transférée au moment de la cession de celui-ci, et les instruments incomplets (y compris les chèques, les billets à ordre et les mandats) signés mais où le nom du bénéficiaire n'a pas été indiqué ;

b) *les espèces (billets de banque et pièces de monnaie qui sont en circulation comme instrument d'échange).*

L'obligation de déclaration s'impose à « *toute personne physique entrant ou sortant de la Communauté avec au moins 10 000 euros en argent liquide* ». La déclaration de la somme transportée est faite « *aux autorités compétentes de l'État membre par lequel elle entre ou sort de la Communauté, conformément au présent règlement* ».

De façon très concrète ceci veut donc dire qu'une personne franchissant une frontière de l'Union européenne avec au plus 9 999,99 euros en espèces, ou l'équivalent en instruments négociables, n'est pas tenue à cette obligation de déclaration. Un centime d'euro de plus et, à défaut de déclaration, cette personne est en infraction.

Les choses seraient simples si nous en restions là. En effet, ce règlement européen, repris dans le Code monétaire et financier (article R152-6), n'a pas fait disparaître les vieilles dispositions françaises, relents de cette époque où le contrôle des changes sévissait à nos frontières nationales.

En plus de l'obligation de déclaration pour les transferts vers et hors de l'Union européenne, la loi française maintient une obligation de déclaration aux frontières de l'Hexagone[1] pour les transferts en provenance et vers des pays de l'Union européenne. Cette obligation est définie dans le Code monétaire et financier (article R152-7) en ces termes : « *Les personnes physiques qui transfèrent vers un État membre de l'Union européenne ou en provenance d'un État membre de l'Union européenne des sommes, titres ou valeurs, sans l'intermédiaire d'un établissement de crédit, ou d'un organisme ou service mentionné à l'article L. 518-1 du Code monétaire et financier, doivent en faire la déclaration dans des conditions fixées par décret. Une déclaration est établie pour chaque transfert à l'exclusion des transferts dont le montant est inférieur à 10 000 euros.* »

La déclaration doit être faite auprès de l'administration des douanes, au plus tard au moment du transfert, en utilisant le formulaire Cerfa n° 13426 * 03 ou en téléchargement via le système DALIA de la douane. Cette obligation s'applique de la même façon aux envois postaux intracommunautaires (article R152-8).

---

1. L'Hexagone s'entend au sens large : aucune obligation déclarative n'est prévue entre la France métropolitaine et les départements d'outre-mer d'une part, et les collectivités d'outre-mer (Saint-Pierre-et-Miquelon, Mayotte, la Polynésie française, Wallis-et-Futuna) et la Nouvelle-Calédonie d'autre part (BOD n° 6826 du 26 juin 2009).

L'absence de déclaration expose le contrevenant à une amende représentant un quart de la somme en cause et à la consignation de la totalité de cette somme pour une durée pouvant aller jusqu'à six mois et pouvant déboucher sur sa confiscation (article 464 du Code des douanes).

Métaux précieux

Bien que la loi de février 1948 ait redonné aux Français la liberté de détenir de l'or, cette liberté était alors restreinte aux transactions réalisées sur le seul sol national.

Il faudra attendre la loi du 28 décembre 1966, et son décret d'application du 27 janvier 1967 levant le contrôle des changes avec l'étranger, pour que cette liberté devienne totale. Elle fut néanmoins de courte durée. Avec les événements de Mai 68 le gouvernement rétablissait le contrôle des changes de façon épisodique jusqu'en 1986 avant d'être levé définitivement sous la contrainte d'une directive européenne le 1er janvier 1990.

Les métaux précieux sous forme de lingots ou de pièces ne rentrent pas dans le périmètre des valeurs à déclarer selon le règlement CE n° 1889/2005 de l'Union européenne. La section Fiscalité et Union douanière du site Internet[1] de la Commission européenne confirme cette dispense de déclaration : « *Le règlement relatif au contrôle de l'argent liquide ne porte pas sur l'or, les métaux précieux ni les pierres précieuses. Ceux-ci relèvent de la législation douanière et peuvent faire l'objet de dispositions spécifiques dans les législations nationales.* »

Au niveau national, depuis le 6 décembre 2013, une disposition spécifique inclut l'or dans le périmètre des valeurs à déclarer à partir d'un seuil de 10 000 € de valeurs détenues. En effet l'article L152-1 du Code monétaire et financier a été modifié pour inclure : « ... l'or, [transféré] *sans l'intermédiaire d'un établissement de crédit, d'un établissement de monnaie électronique, d'un établissement de paiement ou d'un organisme ou service mentionné à l'article L. 518-1* ... ». Les autres métaux précieux ne sont pas concernés par cette mesure.

S'agissant de transferts entre l'Union européenne et des pays tiers à l'Union, les pièces d'or et d'argent et les lingots d'or tombent sous le régime fiscal applicable aux cessions et exportations.

En l'occurrence le régime fiscal de l'exportation hors de l'Union européenne sera celui de la vente de métaux précieux et le régime fiscal de l'importation

---

1. ec.europa.eu/taxation_customs/customs/customs_controls/cash_controls/declaration_form/article_6140_fr.htm.

sera celui de l'achat de métaux précieux. Ces régimes sont spécifiques à l'or et à l'argent avec en prime quelques subtilités. Ils sont examinés séparément et en détail un peu plus loin dans les pages consacrées à la fiscalité.

Transport de métaux précieux

La modification du Code des postes et communications électroniques (CPCE) en 2013 a été réalisée dans le cadre de la directive européenne 2008/6/CE du 20 février 2008 qui prévoit l'ouverture totale du marché postal à la concurrence. Dans ce contexte, l'adaptation du CPCE était nécessaire et en particulier la suppression des articles autorisant jusqu'alors La Poste (dans son activité de transporteur) à convoyer des liquidités et des métaux précieux. Cette activité, selon la directive européenne, vient empiéter sur celle dévolue aux banques et transports de fonds. D'où la suppression des anciens articles D.53 et D.55 du CPCE en vertu desquels les billets de banque, les pièces de monnaie et les métaux précieux, notamment, étaient éligibles à l'envoi en valeur déclarée par le nouvel article D.1.

Le législateur modifia ainsi par décret[1] mi-2013 le Code des postes. L'article D.1 de ce Code précisa alors que : « *L'insertion de billets de banque, de pièces et de métaux précieux est interdite dans les envois postaux, y compris dans les envois à valeur déclarée, les envois recommandés et les envois faisant l'objet de formalités attestant leur dépôt et leur distribution.* » Cette rédaction laissait penser que tout envoi de métaux précieux sous forme de pièces ou de lingots était désormais impossible. Le syndicat des négociants en métaux précieux et plusieurs entreprises de ce secteur commercial saisissaient la justice et obtenaient de la part de l'administration (Direction générale de la compétitivité, de l'industrie et des services, ou DGCIS) la précision suivante : « *L'interdiction d'insertion ne concerne que les pièces métalliques ayant cours légal* l *et pouvoir libératoire destinées à la circulation en France.* »

Fin octobre, une nouvelle rédaction de cet article D.1 était introduite par décret[2] : « *L'insertion de billets de banque, de pièces métalliques ayant cours légal et pouvoir libératoire destinées à la circulation en France **et de métaux précieux** est interdite dans les envois postaux, y compris dans les envois à valeur déclarée, les envois recommandés et les envois faisant l'objet de formalités attestant leur dépôt et leur distribution.* »

---

1. Décret n° 2013-417 du 21 mai 2013 portant modification du Code des postes et des communications électroniques.
2. Décret n° 2013-981 du 30 octobre 2013 - art.1.

Pour une personne ayant une compréhension correcte de la langue française, ce décret interdit d'une part les monnaies métalliques ayant cours légal dans l'Union européenne, et d'autre part, les métaux précieux. En outre ceci ne correspond pas à la demande de modification de la DGCIS[1].

Fort heureusement, et malgré cette ambiguïté de taille, les commerçants en métaux précieux et les particuliers désirant faire des envois pourront opposer à l'administration ou aux transporteurs cette citation tirée d'un courrier[2] de la DGCIS : « *Les pièces en métaux précieux et les pièces de collection ne sont pas des pièces au sens de l'article L.121-2 du Code monétaire et financier. Elles sont exclues du champ d'application de l'article D.1 du CPCE.* »

Transferts interbancaires

Les transferts interbancaires sont libres mais surveillés. Les différents gouvernements européens ont maintenu un droit de regard sur les flux financiers interbancaires. En effet pour lutter contre le blanchiment de capitaux, la fraude fiscale et le financement du terrorisme, l'Union européenne et l'État ont mis en place une organisation spécifique. Celle-ci repose sur des obligations de déclarations imposées aux institutions financières et une cellule de renseignement financier nationale[3] affectée à cette mission anti-fraude. Les articles L561 du Code monétaire et financier leur sont dédiés.

Par ailleurs le développement de l'interconnexion des bases de données fiscales et financières[4] au sein de l'Union européenne, voire au-delà des frontières de l'Union, améliore considérablement l'efficacité des enquêtes. Pour le contribuable, qui chercherait avec ses petits moyens à tromper l'administration fiscale, les chances de passer au travers des mailles du filet s'amenuisent d'année en année.

Pour en savoir plus sur les mesures de contrôle et de surveillance qui sont en place, et que votre banquier doit obligatoirement mettre en œuvre, vous pouvez consulter les informations mises à disposition par la Fédération bancaire française sur son site *www.lesclesdelabanque.com*.

---

1. Le terme « métaux précieux » a été ajouté suite à l'avis défavorable donné par l'ARCEP (Autorité de régulation des communications électroniques et des postes. Avis n° 2013-1110 du 3 septembre 2013).
2. Signé du sous-directeur des activités postales et des services aux entreprises (DGCIS) en date du 9 octobre 2013.
3. En France : Tracfin (Traitement du renseignement et action contre les circuits financiers clandestins).
4. Code monétaire et financier - article L561-31.

Synthèse

De	Vers	Quoi ?	Déclaration à faire	Formulaire
FR	UE	Liquidités	À partir de 10 000 €	Cerfa N° 13426 * 03
UE	FR	Liquidités	À partir de 10 000 €	Cerfa N° 13426 * 03
FR	Hors UE	Liquidités	À partir de 10 000 €	Cerfa N° 13426 * 03
Hors UE	FR	Liquidités	À partir de 10 000 €	Cerfa N° 13426 * 03
FR	UE	Virement	Aucune	
UE	FR	Virement	Aucune	
FR	Hors UE	Virement	Aucune	
Hors UE	FR	Virement	Aucune	
FR	UE	Or	À partir de 10 000 €	
UE	FR	Or	À partir de 10 000 €	
FR	Hors UE	Or	Assimilé à une **vente**	Voir **Fiscalité** (p. 119)
Hors UE	FR	Or	À partir de 10 000 €	
FR	UE	Argent	Aucune	
UE	FR	Argent	Aucune	
FR	Hors UE	Argent	Assimilé à une **vente**	Voir **Fiscalité** (p. 119)
Hors UE	FR	Argent	Assimilé à un **achat**- TVA	Voir **Fiscalité** (p. 119)

OUVRIR UN COMPTE À L'ÉTRANGER

Plusieurs décennies de contrôle des changes ont marqué les esprits. De nos jours, avoir un compte à l'étranger est encore considéré par beaucoup de Français comme suspect ; quant à envisager d'ouvrir un compte bancaire en Suisse, n'y pensez même pas : c'est un flagrant délit de fraude. Et pourtant rien, absolument rien, n'empêche un citoyen français d'aller ouvrir un compte bancaire dans un pays étranger si la législation de ce pays le lui permet.

La seule obligation qui s'impose à lui est de déclarer ce compte à l'administration fiscale après son ouverture puis chaque année, à l'occasion de la déclaration des revenus, jusqu'à sa clôture : « *En application de l'article 1649 A (2ᵉ al.) du Code général des impôts, issu de la loi de finances pour 1990 (loi n° 89-935 du 29 décembre 1989), les particuliers, les associations et les sociétés n'ayant pas la forme commerciale sont tenus de déclarer, en même temps que leur déclaration de revenus ou de résultats, les références des comptes ouverts, utilisés ou clos à l'étranger au cours de l'année de déclaration (année n). Une déclaration doit être souscrite pour chacun des comptes concernés. »*

La liste des comptes concernés par cette obligation ne s'arrête pas aux seuls comptes bancaires : « *Les comptes à déclarer sont ceux ouverts hors de France auprès d'un établissement bancaire ou de tout autre organisme, administration publique ou personne (notaire, agent de change, etc.) recevant habituellement en dépôt des valeurs mobilières, titres ou espèces.* » Ceci concerne en particulier les investisseurs qui ont ouvert un compte auprès d'une société, assurant le gardiennage de métaux précieux, lorsque ces investisseurs ont un dépôt en espèces, à l'étranger, pour couvrir soit les frais de garde, soit de futurs achats.

Cette déclaration est faite, chaque année, sur le formulaire n° 3916 qui sera joint à la déclaration de revenus n° 2042 (normale ou simplifiée). Sinon vous vous exposerez aux sanctions prévues par la loi[1].

ACHETER À L'ÉTRANGER

Le développement des voyages, le foisonnement des sites Internet de vente à distance et la disparition du contrôle des changes ont été de formidables accélérateurs des transactions commerciales internationales. Acheter à l'étranger n'a jamais été aussi facile qu'aujourd'hui.

Acheter et importer

Du fin fond de la Creuse ou de la Corrèze, n'importe qui ayant accès à Internet, et disposant d'une carte de paiement, peut acheter en quelques clics de souris un lingot ou des pièces d'or aux États-Unis, en Australie ou en Allemagne, et recevoir ces précieux objets en toute sécurité chez lui.

Peut-on acheter n'importe quoi pour l'importer ? Non. Il existe une liste, consultable sur le site de l'administration des douanes, des produits interdits à l'importation (ivoire, tabac, etc.). En ce qui concerne les métaux précieux, les achats à l'étranger sont libres mais ne vous dispensent pas, pour certains métaux précieux, des taxes éventuelles à l'importation. Cette question des taxes à payer sera abordée au cas par cas dans les pages sur la fiscalité.

---

1. CGI article 1736 IV.

Acheter dans un pays de l'Union européenne à distance ou sur place n'a aucune incidence fiscale au moment de « l'importation » en France de vos achats, la TVA ayant été acquittée dans le pays du commerçant vendeur.

Acheter dans un État tiers à l'Union européenne, soit directement, soit à distance par Internet, ne dispense pas l'acheteur de s'acquitter du paiement des droits de douane et de la TVA. L'administration a néanmoins défini des seuils de franchise. Ainsi, en deçà d'un seuil de 45 euros les droits de douane et la TVA ne sont pas dus pour des envois entre particuliers en provenance de pays situés hors de l'Union européenne, et en deçà de 150 euros, les envois commerciaux provenant de pays hors de l'Union européenne entrent en franchise de droits de douane mais restent éligibles à la TVA quel que soit le montant de la valeur déclarée.

Les métaux précieux, pièces ou lingots, compte tenu de leur valeur, dépassent généralement ces seuils de franchise. Néanmoins, les métaux précieux bénéficient de régimes particuliers et divers selon le métal ou la forme prise. Ils seront abordés de façon détaillée dans les pages sur la fiscalité.

Acheter et stocker à l'étranger

Si depuis la Creuse il est aujourd'hui possible d'acheter des biens un peu partout dans le monde, il est aussi possible du même endroit de souscrire à des services offerts à l'autre bout de la planète. Les investisseurs ont désormais à leur disposition de nombreuses offres de services d'achat-vente et de stockage de métaux précieux. Ces sociétés proposent aux investisseurs de se substituer à eux pour acquérir, ou vendre, les métaux désirés et les stocker avec toutes les garanties de sécurité voulues en laissant aux investisseurs la pleine propriété des métaux stockés.

La plupart assurent à leurs clients un service de revente interne à l'instar d'une petite place boursière. Ce service rend ainsi l'investissement rapidement disponible.

Avec la hausse des prix des métaux précieux, beaucoup de sociétés sont sorties de terre. Toutes n'offrent probablement pas le même niveau de service. L'investisseur avisé se concentrera sur les leaders de ce marché dont la liste est donnée plus loin (p. 170 « Sous-traiter le stockage »).

VENDRE À L'ÉTRANGER

De la même façon que l'achat est possible à l'étranger, vendre l'est aussi.

Vendre dans un pays de l'UE

La circulation des métaux précieux ne fait l'objet d'aucune restriction au sein de l'Union européenne (*cf.* « La circulation des capitaux », p. 100). Rien ne s'oppose donc à ce qu'un contribuable français puisse vendre ses pièces ou ses lingots hors des frontières de l'Hexagone en toute légalité.

Néanmoins cette liberté ne le dispense pas de faire les démarches nécessaires à son retour pour déclarer cette vente et s'acquitter des taxes afférentes à la cession auprès de l'administration fiscale.

Vendre dans un pays hors de l'UE

Le franchissement des frontières de l'Union européenne équivaut fiscalement à une exportation. Dans ce cas, la fiscalité spécifique aux cessions des produits exportés s'applique.

Les pages suivantes sur la fiscalité en donnent tous les détails selon le type de produit exporté (lingot, monnaie, jeton).

LA MENACE DE CONFISCATION

La confiscation par l'État

La fin justifiant les moyens, nul ne peut exclure que sous une forme ou une autre, dans une situation déclarée d'urgence, le gouvernement n'adopte des mesures contraignantes voire restrictives sur les métaux précieux.

L'article L151-2 du Code monétaire et financier lui en donne toute légitimité :

« *Le Gouvernement peut, pour assurer la défense des intérêts nationaux et par décret pris sur le rapport du ministre chargé de l'Économie :*

1. Soumettre à déclaration, autorisation préalable ou contrôle :

a) *Les opérations de change, les mouvements de capitaux et les règlements de toute nature entre la France et l'étranger.*

b) *La constitution, le changement de consistance et la liquidation des avoirs français à l'étranger.*

c) *L'importation et l'exportation de l'or ainsi que tous autres mouvements matériels de valeurs entre la France et l'étranger.* »

Depuis le début de la crise actuelle, ce sujet d'une hypothétique et éventuelle confiscation de l'or est récurrent sur Internet. Les débats autour de cette question, toujours passionnés, sont souvent construits à partir d'éléments historiques plus ou moins biaisés.

Que nous apprend l'Histoire ?

La décision, souvent qualifiée de confiscatoire, prise par Roosevelt en 1933, a de toute évidence marqué les esprits des investisseurs. Après avoir obtenu à la hussarde le feu vert du Congrès le 9 mars 1933, Roosevelt promulguait son ordonnance présidentielle 6102 (*Presidential Executive Order 6102*) le 5 avril, rendant la détention d'or, de pièces d'or et de certificats or illégale à partir du 1er mai 1933 (les pièces ayant une valeur numismatique n'étaient pas concernées par cette décision).

Cette décision, prise pour couper court à la ruée vers les guichets des banques des détenteurs de dollars-papier, n'est pas sans rappeler celle prise le 9 mars 1720 par John Law, récemment nommé contrôleur général des finances du royaume, un 9 mars aussi.

Cette mesure, pas réellement confiscatoire puisqu'elle dédommageait l'apport d'or au prix du marché, a permis à Roosevelt de collecter, en tout et pour tout, 500 tonnes d'or. Ce chiffre est à rapprocher des avoirs du Trésor américain à la même époque, qui étaient d'un peu moins de 9 000 tonnes d'or (4 000 tonnes pour le Trésor français). Évidemment il est difficile de savoir quel pourcentage cela représentait par rapport aux avoirs thésaurisés. Selon Milton Friedman et Anna Schwartz[1], un peu moins de 22 % de l'or en circulation aurait été ainsi « spontanément » apporté.

La collecte d'or à 20,67 dollars l'once étant terminée, Roosevelt dévaluait ensuite le dollar le 30 janvier 1934, portant le prix de l'once d'or à 35 dollars et réalisant un gain instantané pour le Trésor américain de plus de 230 millions de dollars (alloués à l'Exchange Stabilization Fund ou ESF).

Il faudra ensuite attendre 1975 pour que les citoyens américains retrouvent le droit de posséder de l'or sans restriction après l'abrogation des ordonnances de Roosevelt par le président Gerald Ford[2].

Le passage en force de Roosevelt en 1933 n'étant pas passé inaperçu, des années plus tard les membres du Congrès se sont penchés sur les dispositions légales donnant au président la possibilité de s'arroger des pouvoirs exceptionnels.

---

1. Source : *A Monetary History of the United States*.
2. Executive Order 11825 du 31 décembre 1974.

En 1933, Roosevelt a en effet détourné les termes du *Trading With the Enemy Act* (TWEA) de 1917 pour prendre des mesures sans contrôle parlementaire et sans rapport avec le contexte pour lequel cette loi avait été initialement votée (l'entrée en guerre des États-Unis contre l'Allemagne). Ainsi, en 1977, le Congrès complétait le TWEA, applicable désormais au seul temps de guerre, par une loi baptisée *International Emergency Economic Powers Act* (IEEPA), autorisant le président, sous certains contrôles, à prendre des mesures extraordinaires à l'occasion de circonstances exceptionnelles. Dans ce dernier texte, la possibilité de confiscation est limitée aux seules éventualités où le pays serait en guerre.

Ceci serait normalement de nature à rassurer les anxieux détenteurs d'or. Néanmoins, les mesures de restriction des libertés qui ont été prises après les tragiques événements de septembre 2001 nous montrent très clairement que les pires abus peuvent se cacher derrière une apparence de démocratie. Ce ne sont pas les manipulations financières grossières que nous avons vécues ces derniers mois qui pourraient nous convaincre du contraire.

L'opprobre jeté sur l'or n'est pas une originalité américaine. Bien avant Roosevelt, la France innovait en la matière. Dans une tentative désespérée pour faire adopter le papier-monnaie en lieu et place de la monnaie métallique, John Law ordonnait le 9 mars 1720 la démonétisation de l'or et l'interdiction de posséder des métaux précieux[1] à compter du 1er mai (Roosevelt avait aussi choisi un 1er mai !). Suscitant un tollé général, cette interdiction devait tomber après la disgrâce de Law, fin mai 1720.

Les Français ont toujours quelques difficultés à assimiler les leçons de l'Histoire. La Révolution est née des difficultés financières du royaume. Faire la révolution n'a pas pour autant fait disparaître ces difficultés. Pour les pallier, la toute nouvelle République a, entre autres choses, confisqué les biens du clergé. Pour accélérer les entrées d'argent dans les caisses de l'État, en attendant l'organisation de la vente des biens confisqués, il fut décidé d'émettre des obligations (assignats). La souscription à ces obligations, assignées à la vente des biens du clergé, permettrait aux détenteurs de soumissionner à l'occasion des ventes (en payant en assignats). Mais du statut initial d'obligation, l'assignat est progressivement passé à celui de monnaie fiduciaire. Une véritable marée de papier submergea la France. Le montant d'assignats émis dépassait largement l'estimation des biens confisqués. Devant le peu d'empressement des citoyens à accepter cette nouvelle monnaie, les mesures coercitives se succédèrent : cours

---

1. Hormis à destination religieuse, ce qui déclencha une flambée des prix des objets religieux.

forcé puis interdiction d'exportation des métaux précieux puis blocage des prix, etc. En novembre 1793, la France devait connaître sa deuxième expérience de bannissement de l'or. Le commerce des métaux précieux et les paiements en monnaies métalliques sont interdits. Les paiements doivent être effectués en assignats. Les sanctions pour les contrevenants sont extrêmes. Elles ne seront levées qu'à partir de novembre 1795, date à laquelle un texte officiel déclare que *« la fabrication des monnaies d'or, d'argent et de cuivre sera activée par tous les moyens possibles »*.

Après avoir tenté de rassurer l'opinion publique en brûlant la planche à billets place Vendôme puis remplacé les assignats par un clone, le mandat territorial, qui subira le même sort peu de temps après, la monnaie métallique était réintroduite en février 1797.

Avec Bonaparte et la création du franc de germinal, héritage méconnu des Thermidoriens, la monnaie devait connaître une longue période de stabilité jusqu'à l'aube de la Première Guerre mondiale (de 1803 à 1914 sans perte de pouvoir d'achat).

À la déclaration de guerre, le 5 août 1914, le franc entra dans une période de cours bloqué et l'obligation faite à la Banque de France de rembourser en or les billets qui lui étaient présentés fut suspendue. Le coût exorbitant de la guerre conduisit le gouvernement non pas à réquisitionner les avoirs en or et en argent, mais à faire appel au patriotisme et à interdire l'exportation des métaux précieux. À l'été 1915, les Français avaient apporté environ 725 tonnes d'or en échange de papier-monnaie.

Avec le développement du marché noir de l'or, le gouvernement interdisait le 12 février 1916 la vente ou l'achat de monnaies métalliques au-delà de leur cours légal. Cette interdiction devait être renouvelée à la fin de la guerre et maintenue jusqu'en 1928, année de la fin du cours forcé de la monnaie nationale.

Après guerre, la France est dans un état de délabrement économique et financier exceptionnel. Les tentatives de retour à l'étalon-or dans des conditions totalement irréalistes, c'est-à-dire sans prise en compte de la réalité inflationniste de la période de guerre, et les exigences des vainqueurs en matière de réparations ont ouvert la voie à une série de crises économiques et financières qui ont pesé sur les monnaies. En 1914, avant l'ouverture des hostilités, le franc était défini par 0,2903 gramme d'or[1]. En 1928, après les quelques années nécessaires à

---

1. En fait le franc de germinal était défini à l'origine comme 5 g d'argent titré à 90 % de fin.

la stabilisation de l'économie, il fallait alors 0,05895 gramme d'or fin pour obtenir un franc Poincaré de 1928. Soit une dévaluation de près de 80 % par rapport au franc de germinal.

Les différentes crises monétaires (dollar, livre sterling, mark…) poussèrent une fois encore les investisseurs à lâcher le papier pour thésauriser la monnaie métallique. L'accroissement de la demande d'or aux guichets de la Banque de France, en échange de monnaie-papier, poussa le gouvernement à promulguer le 1er octobre 1936 une loi invitant les détenteurs d'or à se déclarer et à restituer leurs avoirs, au prix d'achat, à la Banque de France. 87 tonnes furent ainsi récupérées par la Banque. Constatant le peu d'enthousiasme des détenteurs d'or à s'exécuter, le gouvernement devait durcir le ton dans un décret du 17 février 1937 assimilant la détention d'or à de la contrebande. L'impopularité de ces décisions conduisait le gouvernement à faire machine arrière dès le 9 mars, soit seulement trois semaines plus tard. La détention et le commerce de l'or redevenaient ainsi libres. Comble du bonheur, le Trésor dédommageait ceux qui avaient apporté leur or.

Le déclenchement de la Seconde Guerre mondiale allait mettre une nouvelle fois encore l'or sur le devant de la scène. Le 9 septembre 1939 était publié un décret-loi prohibant ou réglementant l'exportation des capitaux, les opérations de change et le commerce de l'or. L'or entrait une nouvelle fois dans la clandestinité, et n'en sortirait qu'en 1948 ! Alors que le cours officiel (bloqué) de la Banque de France était de 274,49 francs pour un napoléon, en juin 1940 le même napoléon s'échangeait au cours officiel du marché parallèle à 825 francs. En novembre 1940 il atteignait 1 000 francs, puis 1 400 francs fin décembre 1940. Le napoléon terminait l'année 1945 au-delà de 4 000 francs pour ensuite culminer à 6 500 francs pendant l'année 1946.

Le 7 octobre 1944, le général de Gaulle publiait une ordonnance interdisant à tout propriétaire d'or d'en effectuer la cession, à titre onéreux ou gratuit, sous quelque forme que ce soit, à toute personne de transporter de l'or pour quelque motif que ce soit. Elle était complétée le 17 janvier 1945 par une ordonnance invitant les détenteurs d'or à se faire recenser auprès de l'Office des changes. Puis la loi 45-0140 du 26 décembre 1945 donnait au gouvernement l'autorité pour procéder à la réquisition de l'or, des devises et des valeurs mobilières étrangères. Néanmoins ces dispositions n'ont pas découragé le marché parallèle de l'or. Au sortir de la guerre, alors que la Banque de France publiait ses nouveaux taux forcés, soit 760,50 francs pour le napoléon, le marché parallèle l'affichait à 4 000 francs.

Toutes ces mesures devaient prendre fin avec la loi 48-178 du 2 février 1948 qui affirmait les principes toujours en vigueur de nos jours : « *La détention, le transport et le commerce de l'or sont libres sur le territoire français.* »

La lutte contre la spéculation est la justification qui revient chaque fois qu'une décision de restriction (certains parlent de confiscation mais le terme le plus approprié est réquisition) sur la détention d'or est prise. Mais en fait cette spéculation n'est chaque fois que le révélateur d'une perte de confiance dans la monnaie et en particulier dans la monnaie-papier. Les citoyens trouvant refuge dans la monnaie métallique cherchaient, et cherchent encore, avant tout à préserver leur pouvoir d'achat. L'Histoire montre que les réquisitions ont eu peu d'effets, sinon celui de valoriser fortement, par rapport à la monnaie-papier, la monnaie métallique.

Autres risques de confiscation

Confiscation par les marchés

Une autre forme de confiscation, au sens propre cette fois, est celle qui, venant des marchés financiers, tombe de temps à autre sur la tête des investisseurs. Il peut s'agir tout aussi bien de répudiation que d'escroquerie. Ces dernières années ont été révélatrices de l'état de déliquescence actuelle des marchés financiers avec des révélations d'escroquerie à grande échelle par des banques et des institutions financières que même le plus audacieux des romanciers n'aurait osé imaginer[1]. Sans sombrer dans la paranoïa, l'investisseur doit désormais en tenir compte.

Confiscation de votre coffre en banque

Une autre angoisse souvent exprimée sur Internet est celle de ceux qui s'interrogent sur les conséquences que pourrait avoir une faillite de leur établissement bancaire sur leurs avoirs déposés dans un coffre loué à cet établissement.

La location d'un coffre s'apparente à la location d'un appartement. Si, alors que vous êtes locataire d'un appartement, votre propriétaire est en faillite et que ses biens sont saisis, pensez-vous que vos biens en tant que locataire entrent dans

---

1. Manipulations de marché et fausses signatures sur les prêts hypothécaires (subprimes), manipulations par de grandes banques des taux Libor, des contrats sur l'énergie, sur les biocarburants, sur les prix de l'aluminium, etc. Les régulateurs allemand et britannique des marchés financiers, BaFin et FCA, ont ouvert une enquête sur les transactions sur l'or et l'argent.

le périmètre de cette saisie ? Vous me répondrez bien évidemment : *« Non, ils sont à moi et à personne d'autre ! »* Pour un coffre loué en banque c'est la même musique : tout ce qui est dans le coffre est à vous et à personne d'autre.

Il en va en revanche différemment si vous voulez laisser la garde de votre or au banquier en acceptant un certificat en échange. Ce « bout de papier » n'est rien de moins qu'une promesse que fait le banquier de vous donner de l'or le moment voulu. Mais s'il n'est pas en mesure d'honorer cette obligation, au même titre que s'il n'est plus en mesure de vous rendre vos dépôts (voir épisode chypriote), alors il fera défaut sur cette obligation et vous n'aurez, au mieux, que des liquidités, au pire, vos yeux pour pleurer.

Confiscation par cambriolage

Même si les banques sont des cibles de choix pour les cambrioleurs du fait de l'accumulation de valeurs supposées s'y trouver, la sécurité y est beaucoup mieux assurée que chez soi. La location d'un coffre dans une banque fait l'objet d'un contrat dans lequel sont précisées les clauses et conditions d'indemnisation en cas de sinistre. L'établissement bancaire est tenu, par un engagement de résultat, d'assurer la sécurité de l'accès au coffre et du contenu de celui-ci. Il revient néanmoins au locataire d'apporter la preuve du contenu de son coffre. Sur ce point adressez-vous à votre banquier ou à une association de consommateurs[1] pour connaître la démarche la plus appropriée.

Conclusion

La notion de risque est étroitement associée à celle de produit financier. Il n'existe aucun produit financier, sous quelque forme que ce soit, qui puisse prétendre offrir une protection totale aux investisseurs. Même les obligations souveraines jusqu'alors retenues comme étalon du risque zéro sont aujourd'hui démasquées.

Alors oui, vos avoirs laborieusement constitués, où que vous les déposiez, sont menacés. Elle pourra prendre la forme d'une confiscation opérée par un monte-en-l'air, d'une fraude institutionnelle, d'une réquisition de l'État exsangue qui, à défaut d'avoir le courage de réformer, trouve toujours celui de taxer, ou bien encore d'une météorite géante comme celles qui ont déjà frappé la Terre.

C'est à vous de choisir le risque que vous acceptez.

---

1. Voir : coffre-fort.comprendrechoisir.com.

L'ANONYMAT

Encore un sujet très prisé sur la Toile. Pour certains, *Big Brother* chercherait à nous ficher pour préparer le grand soir fiscal tant redouté.

Sans pour autant sombrer dans la naïveté, il semble que ces angoisses ne soient pas justifiées. Elles sont principalement alimentées par de mauvaises lectures des publications fiscales et amplifiées par des blogs et des forums en mal de sensationnalisme, à la recherche de tout ce qui fait peur aux naïfs pour améliorer leur audimat.

Tout d'abord, pourquoi rechercher à tout prix l'anonymat dans une transaction ? Si l'objectif est de réaliser une transaction frauduleuse visant à soustraire l'acheteur ou le vendeur à ses obligations fiscales, rien ne peut le légitimer.

Anonymat entre particuliers

Entre particuliers, les transactions ne sont soumises à aucune restriction. L'article L112-6 du Code monétaire et financier précise, après avoir passé en revue plusieurs restrictions sur le paiement en espèces, que *« les dispositions qui précèdent ne sont pas applicables […] aux paiements effectués entre personnes physiques n'agissant pas pour des besoins professionnels »*.

Anonymat des transactions avec des professionnels

L'adoption de la loi du 29 juillet 2011 modifiant l'article L112-6 du Code monétaire et financier[1] enjoignant aux acheteurs (au détail) professionnels de métaux ferreux et non ferreux d'utiliser des moyens de paiement nominatifs (« *chèque barré, virement bancaire ou postal ou par carte de paiement* ») a été à l'origine d'une véritable psychose du fichage tant chez les investisseurs acheteurs que chez les professionnels vendeurs de pièces et lingots.

Psychose renforcée par le plafond fixé pour ces transactions, soit 500 euros, par l'article D112-4[2] du Code monétaire et financier.

---

1. Extrait : « Toute transaction relative à l'achat au détail de métaux ferreux et non ferreux est effectuée par chèque barré, virement bancaire ou postal ou par carte de paiement, sans que le montant total de cette transaction puisse excéder un plafond fixé par décret. »
2. Fixé par décret n° 2011-114 du 27 janvier 2011.

La mauvaise lecture de cette loi a conduit de façon tout à fait inappropriée[1] beaucoup de commerçants à mettre en place vis-à-vis de leurs clients l'interdiction d'acheter autrement qu'en payant par chèque ou carte de paiement alors que la loi s'applique aux achats par des professionnels[2].

Par ailleurs, cette disposition de juillet 2011 ne s'applique pas non plus aux ventes par des particuliers (ou achats par des professionnels) de métaux précieux relevant :

- soit du statut d'or d'investissement (voir p. 119 « Fiscalité ») ;
- soit des monnaies à cours légal (en or, argent, palladium ou platine).

En effet l'or d'investissement est un statut d'instrument financier accordé à l'or sous certaines conditions de forme et de titre. Dès lors que les produits objets de la transaction répondent à ces conditions, ce ne sont plus des métaux mais des produits financiers pour lesquels la loi n'a pas arrêté de restriction.

De la même façon, les pièces à cours légal, en palladium, platine, argent ou or, sont des instruments financiers utilisés comme moyen de paiement légal[3]. Leur statut fiscal relève de celui des devises.

Ces deux points sont développés dans les pages consacrées à la fiscalité.

Dès lors les transactions sur ces produits à caractère financier ne rentrent pas dans le cadre prévu par cette loi du 29 juillet 2011.

Ce sont donc les dispositions courantes qui s'appliquent. C'est-à-dire :

- **Pour les achats réalisés par un particulier**, l'article D112-3 du Code monétaire et financier précise les seuils en deçà desquels le paiement est possible sans passer par un moyen de paiement traçable : « *Tout règlement d'un montant supérieur à 3 000 euros*[4] *effectué par un particulier non commerçant, en paiement d'un bien ou d'un service, doit être opéré soit par chèque…* » Ce plafond est porté à 15 000 euros pour un acheteur domicilié

---

1. Vosdroits.servicepublic.fr/F10999.xhtml : « Ni un commerçant ni un particulier ne peuvent refuser le paiement en espèces dès lors que la somme n'excède pas les plafonds au-delà desquels le paiement en espèces est interdit. »
2. La nouvelle rédaction en date du 13 février 2014 de l'article L.112-6 du Code monétaire et financier lève toute ambiguïté : « Lorsqu'un professionnel achète des métaux à un particulier ou à un autre professionnel, le paiement est effectué par chèque barré ou par virement à un compte ouvert au nom du vendeur. »
3. Quand bien même leur valeur faciale serait inférieure à leur valeur de négociation. Ceci n'annulant en rien leur fonction de moyen de paiement légal.
4. Code monétaire et financier - Article D112-3.

fiscalement hors de France et n'agissant pas pour les besoins d'une activité professionnelle.

- Néanmoins, au-delà d'un plafond fixé par l'article 537 du CGI, la transaction doit être enregistrée sur le livre de police[1] tenu par le commerçant en métaux précieux en y faisant apparaître l'identité de l'acheteur : « *Toutefois, pour les transactions d'un montant égal ou supérieur à 15 000 euros qui portent sur l'or d'investissement tel que défini au 2 de l'article 298 sexdecies A, le registre* [livre de police] *visé au premier alinéa doit comporter l'identité des parties.* »

- Jusqu'à 3 000 euros le paiement de votre achat peut donc se faire en espèces, au-delà le règlement se fera soit par chèque soit par carte bancaire, et à partir de 15 000 euros vous devrez présenter une pièce d'identité. Toute autre disposition imposée par le commerçant n'est pas motivée par la loi.

	Obligation
Achat par un résident fiscal en France	Possible en espèces jusqu'à 3 000 €
Achat par un résident fiscal en France	Pièce d'identité à partir de 15 000 €
Achat par un non-résident fiscal en France	Possible en espèces jusqu'à 15 000 €

Nota : Dans la zone euro, un professionnel n'est pas obligé d'accepter un paiement constitué de plus de 50 pièces de monnaie.

- **Pour les ventes réalisées par un particulier à un professionnel.** Les dispositions de cette loi ne s'appliquent qu'aux achats de métaux ferreux et non ferreux par des professionnels.

- Les transactions réalisées sur des produits à caractère financier (voir liste dans ce tableau) ne sont donc pas concernées par les restrictions introduites par la loi de juillet 2011, quand bien même ceux-ci seraient réalisés en métaux précieux.

Produits financiers	Métaux ferreux et non ferreux
Or d'investissement (lingots, pièces et jetons)	Lingot en dessous de 995 ‰
Monnaies d'or à cours légal	Pièces démonétisées et jetons en or en dessous de 900 ‰
Monnaies d'argent à cours légal	Pièces démonétisées et jetons en argent quel que soit le titre
Monnaies de platine et de palladium à cours légal	Pièces démonétisées et jetons en platine et palladium

---

1. CGI Article 537.

Dès lors le montant maximum que peut régler en espèces un professionnel pour acheter les produits réalisés en métaux précieux de la colonne de gauche du tableau ci-avant est de 3 000 euros[1].

Néanmoins, depuis l'adoption de la loi du 13 février 2014 modifiant le Code de la consommation : « *Toute opération d'achat de métaux précieux, notamment d'or, d'argent ou de platine, sous quelque forme que ce soit, par un professionnel auprès d'un consommateur fait l'objet d'un contrat écrit dont un exemplaire est remis au consommateur-vendeur au moment de sa conclusion.* » Contrairement à la formulation adoptée par l'article L112-6 du Code monétaire et financier, la loi précise ici que cette disposition s'applique à toutes les formes de métaux précieux. Ces formes sont définies dans un *BOI* de l'administration[2]. Elles sont abondamment commentées dans les pages suivantes.

Sans dévoiler ce qui va suivre, les produits réalisés en métaux précieux ne sont pas tous des métaux précieux au sens fiscal de la définition donnée par l'administration. Certains ne sont donc pas visés par cette disposition de février 2014. Il s'agit :

- des monnaies d'or, d'argent et de platine ayant cours légal ;
- des produits ouvrés réalisés en métaux précieux (classés dans les « bijoux et assimilés » par l'administration, tels que les jetons et les lingots ouvrés par exemple).

Cette différenciation importante est détaillée dans les pages consacrées à la fiscalité.

Concernant l'or d'investissement, le texte de loi est ambigu, ne l'évoquant que pour une exclusion (excluant la possibilité de rétractation[3] dans les transactions d'or d'investissement). On peut donc penser que le législateur a cherché implicitement à inclure les métaux précieux (au sens fiscal) ayant le statut d'or d'investissement dans ce périmètre, c'est-à-dire :

- les barres et lingots semi-ouvrés titrant au minimum 995 ‰ ;
- les monnaies démonétisées émises après 1800, de titre au moins égal à 900 ‰.

En résumé, la loi du 13 février 2014 modifiant le Code de la consommation élimine tout anonymat dans les transactions de produits relevant de la catégorie

---

1. Décret 2010-662 du 16 juin 2010 : « Le montant prévu à l'article L. 112-6 est fixé : 1- à 3 000 euros lorsque le débiteur a son domicile fiscal en France ou agit pour les besoins d'une activité professionnelle. »
2. Article 30 du BOI-RPPM-PVBMC-20-10-20130423 du 23/04/2013.
3. Code de la consommation - Art. L. 121-102.

fiscale des métaux précieux y compris ceux qui relèvent de l'or d'investissement, mentionnés au paragraphe précédent.

Les mentions portées dans ce contrat, désormais obligatoire pour les cessions de métaux précieux de particuliers à des professionnels, font apparaître l'identité des deux parties. L'anonymat est donc impossible au moment de la vente, non pas du fait d'une obligation sur le type de moyen de paiement mais du fait de la présence d'un contrat formel entre vendeur et acheteur.

Compte tenu des ambiguïtés introduites dans cette loi, il est très probable que les commerçants en métaux précieux étendent par prudence à tous les types de transactions (métaux précieux, monnaies à cours légal, jetons, etc.) l'obligation d'élaborer un contrat.

Fiscalité

La fiscalité a un impact important sur le rendement global d'un investissement. Cette évidence s'impose de plus en plus aux investisseurs à mesure que les pays industrialisés, s'enfonçant plus profondément dans l'endettement, cherchent à en sortir par un déchaînement de mesures fiscales tous azimuts.

Les pages de l'ouvrage dédiées à la fiscalité pourront sembler bien longues, voire austères, à celui qui les feuilletterait rapidement et qui n'aurait en tête de la fiscalité des métaux précieux que les seules caricatures qui en sont faites dans les journaux ou sur la Toile. La fiscalité des « choses » en métaux précieux ne se résume pas à la fiscalité des « métaux précieux » au sens de la définition de l'administration fiscale, comme vous allez le découvrir dans ces pages.

Définitions fiscales

Avant d'entrer dans le vif du sujet, quelques points fondamentaux doivent être au préalable impérativement assimilés par le lecteur. Ils sont à l'origine de beaucoup de fausses interprétations des textes fiscaux, tant du côté des investisseurs et des professionnels du négoce de métaux précieux que de certains agents de l'administration fiscale. La faute en revient aux législateurs et aux directions de l'administration centrale, qui couche après couche ont construit un inextricable casse-tête de textes fiscaux.

Le premier point, aussi étonnant que cela puisse paraître, vient d'un manque de rigueur dans l'emploi des termes dans les documents administratifs où, parfois, les mêmes mots revêtent des sens différents. Ainsi, l'expression « métaux précieux », au sens fiscal, est homonyme de « métaux précieux » employé au sens général, mais recouvre un sens légèrement différent.

La catégorie fiscale des métaux précieux ou CFMP

Fiscalement parlant, ce qu'on appelle des « métaux précieux » est très précisément décrit par l'administration[1] :

§20. « Les métaux précieux sont définis par la législation qui leur est propre. Il s'agit, en pratique, des articles suivants :

- *or (y compris l'or platiné) ;*
- *platine (à l'exclusion du palladium, du rhodium, de l'iridium, de l'osmium et du ruthénium) ;*
- *argent (y compris l'argent doré ou vermeil et l'argent platiné) ;*
- *déchets et débris de métaux précieux ou de plaqué ou doublé de métaux précieux (y compris les objets destinés à la fonte) ; les autres objets en métaux précieux font partie des bijoux énumérés au I-B-2 ;*
- *monnaies d'or et d'argent postérieures à 1800. Les autres monnaies d'or et d'argent sont considérées comme des objets de collection (voir I-B-3). »*

et d'ajouter cette précision :

§30. « … ces articles sont à retenir qu'ils soient à l'état natif, à l'état brut (barres, masses, lingots), à l'état de produits semi-ouvrés (feuilles, poudre, plaques, fils, tubes), ou à l'état de résidus. Les alliages à retenir sont ceux dont le métal précieux représente une part essentielle par rapport aux métaux d'addition. »

En résumé, la définition de l'administration fiscale rassemble sous l'appellation de métaux précieux les métaux (or, argent et platine, le palladium étant ici considéré comme un métal industriel) se présentant sous deux formes :

- à l'état natif, brut ou semi-ouvré (de la pépite au lingot à l'état brut en passant par la feuille ou le fil d'or, d'argent…) ;
- sous la forme ouvrée de pièces de monnaie d'or et d'argent émises après 1800.

Ce qui veut dire que tout ce qui est en dehors de cette définition ne peut pas être considéré comme « métaux précieux » au sens de la définition fiscale. Ainsi, pour deux objets en or apparemment identiques, lingots ou pièces, l'un sera un « métal précieux » au sens fiscal et l'autre non.

---

1. Articles 20 et 30 du BOI-RPPM-PVBMC-20-10-20130423 du 23/04/2013.

Alors, comment faire pour ne pas perdre le lecteur ? Pour clarifier la lecture des propos qui vont suivre, une distinction sera volontairement faite entre les métaux précieux du monde réel, c'est-à-dire les objets du monde réel réalisés en métaux précieux, et les produits appartenant à la catégorie fiscale des métaux précieux ou, en abrégé, CFMP.

La matière et la fonction de la matière

Le deuxième point est encore plus subtil mais tout aussi facile à comprendre. Dans la vie de tous les jours nous utilisons des billets de banque que nous nous échangeons. Ces billets sont fabriqués en papier. Le commun des mortels sait que ces « papiers » ont une fonction qui transcende la matière dont ils sont faits. Le papier n'est plus que le support d'une fonction de moyen de paiement attribuée par l'État. Et c'est cette dernière qui prime.

La même problématique se retrouve lorsque des « morceaux de métal », précieux ou non, reçoivent une fonction particulière. Ainsi, une pièce d'or, d'argent ou de cupronickel ayant cours légal par décret ou loi n'est plus un simple disque de métal mais un symbole dont la fonction prime sur la matière, simple support de cette fonction. Un disque ayant cours légal, même réalisé avec des métaux précieux, n'est plus qu'un instrument de paiement, y compris fiscalement parlant. En aucun cas ce disque ne pourra être intégré dans le périmètre de la catégorie fiscale des métaux précieux de la même façon qu'une liasse de billets de banque n'est pas fiscalement appréciée comme une rame de papier.

L'or d'investissement soulève exactement la même remarque. Comme évoqué précédemment, l'or d'investissement possède un statut particulier résultant d'une directive de l'Union européenne et octroyant une exonération de TVA aux acquisitions d'or répondant à des critères définis.

La création de ce statut répond à un objectif bien précis de l'Union européenne[1] rappelé en préambule de la synthèse de la directive[2] : « *Afin de favoriser l'utilisation de l'or comme instrument financier, cette directive met en place une exonération fiscale pour les livraisons d'or d'investissement.* »

L'or d'investissement n'est donc plus un métal mais un instrument financier et doit donc être traité comme tel fiscalement. Ainsi, les limitations apportées en France aux règlements en espèces dans le cadre de transactions de métaux

---

1. Cette exonération de TVA de l'or est à l'origine une proposition britannique motivée par la position dominante de Londres sur ce marché.
2. Directice 1998/80/CE du Conseil, du 12 octobre 1998.

ferreux et non ferreux ne peuvent en aucun cas s'appliquer aux transactions d'or d'investissement.

Selon les termes de la directive[1], l'or d'investissement recouvre plusieurs formes possibles :

- celle de barres, de lingots ou de plaquettes si le titre est d'au moins 995 ‰ ;
- celle de pièces de titre d'au moins 900 ‰ émises après 1800 ayant ou ayant eu cours légal et dont la prime est inférieure ou égale à 80 % ;
- celle de certificats pour de l'or alloué ou non alloué ;
- celle de prêts, de swaps et de contrats à terme.

La directive n'impose aucun marquage de titre ou de poids sur les lingots, ni de poinçon sur les plaquettes ou les pièces. L'or d'investissement n'est donc pas soumis aux contraintes légales de marquage dès lors que le fabricant peut attester de la pureté du produit. L'administration fiscale française le confirme ainsi :

« La définition de l'or d'investissement ne subordonne pas la qualification d'or d'investissement au marquage effectif de l'or. […] L'importateur ou l'acquéreur doit produire les éléments justifiant de la pureté de l'or pour bénéficier du régime applicable à l'or d'investissement[2]*. »* Cette justification prendra la forme d'un certificat d'essai, pour un lingot par exemple, ou tout simplement d'une notice du fabricant décrivant les spécifications de son produit.

Bijoux, jetons et lingots ouvrés

Dans sa définition de la catégorie fiscale des métaux précieux (CFMP), outre les pièces de monnaies émises après 1800, l'administration fiscale[3] fait la différence entre les produits en métaux précieux semi-ouvrés et bruts d'une part, et les produits ouvrés d'autre part :

« § 20. […] les autres objets en métaux précieux [c'est-à-dire ceux qui sont ouvrés] *font partie des bijoux* [c'est-à-dire de la catégorie fiscale des bijoux et assimilés] *énumérés au I-B-2 »*

et

« § 60. Les objets d'or et d'argent travaillés sont classés parmi les bijoux et assimilés, par analogie avec la bijouterie, et ne relèvent donc pas de la catégorie [fiscale] *des métaux précieux. »*

---

1. Repris dans l'article 298 sexdecies A du CGI.
2. Article 50 du BOI-TVA-SECT-30-10-20120912 du 12/09/2012.
3. BOI-RPPM-PVBMC-20-10-20130423 du 23/04/2013.

Les objets ouvrés (bijoux, bibelots, médailles, jetons, lingots ouvrés, etc.) et les monnaies d'avant 1801 (assimilées à des objets de collection), réalisés en or, argent ou platine ne rentrent donc pas dans la CFMP mais dans une catégorie fiscale spécifique, celle des bijoux et assimilés ou CFBA.

La commercialisation de bijoux ou d'objets en métaux précieux est très encadrée en France. Les professionnels réalisant et vendant ces précieux objets sont soumis à une réglementation très contraignante.

Par cette organisation l'État entend garantir aux acheteurs la qualité (en termes de pourcentage de métal précieux présent) des métaux utilisés pour la fabrication des articles. Ainsi, les ouvrages en métaux précieux commercialisés en France doivent être aux titres légaux (articles 521 et 522 du CGI), c'est-à-dire contenir une proportion définie de métal fin :

- or : 999, 916, 750, 585 et 375 millièmes ;
- argent : 999, 925 et 800 millièmes ;
- platine : 999, 950, 900 et 850 millièmes.

La Direction générale des douanes et droits indirects (DGDDI) est l'administration chargée de faire respecter la loi dans ce domaine.

Le chapitre « Garantie des matières d'or, d'argent et de platine » du CGI définit très précisément les obligations des fabricants et des commerçants en métaux précieux. Les ouvrages réalisés ou importés doivent être porteurs de poinçons[1] attestant de leur origine et de leur titre selon les termes de l'article 521 du CGI : « *Les fabricants d'ouvrages d'or, d'argent ou de platine sont soumis à la législation de la garantie prévue au présent chapitre, non seulement à raison de leur propre production mais également pour les ouvrages qu'ils ont fait réaliser pour leur compte par des tiers avec des matières leur appartenant ou pas. Les personnes qui mettent sur le marché ces ouvrages en provenance des autres États membres de l'Union européenne et des pays tiers, ou leurs représentants, sont également soumises à cette législation.* »

En termes clairs ceci veut donc dire que tous les bijoux ou produits assimilés, qui sont vendus ou qui sont importés à des fins de commercialisation en France, doivent être poinçonnés. Cette obligation ne s'impose pas aux produits

---

[1]. Ces ouvrages doivent être marqués du poinçon de fabricant (ou poinçon de maître) ou du poinçon de responsabilité (ou poinçon d'importateur) et du poinçon de garantie. Le poinçon de garantie est apposé soit par un bureau de garantie, soit par un organisme de contrôle agréé (OCA) ou bien encore par un professionnel ayant passé une convention d'habilitation avec l'administration des douanes.

en or répondant aux critères de rattachement à l'or d'investissement comme mentionné au chapitre précédent, néanmoins cette obligation s'appliquera aux produits – jetons, médailles et lingots ouvrés – en argent car ce métal ne bénéficie d'aucun statut de produit financier d'investissement à l'instar de l'or.

Concernant les particuliers, l'article 548 fixe la limite en deçà de laquelle l'importation de bijoux n'est pas soumise à la procédure de marquage : « *Sont exemptés des dispositions ci-dessus [...] les bijoux d'or et de platine, à l'usage personnel des voyageurs, et les ouvrages en argent servant également à leur personne, pourvu que leur poids n'excède pas en totalité 5 hectogrammes.* »

Les particuliers peuvent donc, à l'occasion d'un voyage, faire entrer en France jusqu'à 500 grammes de bijoux (ou d'objets assimilés à des bijoux tels que médailles, jetons ou lingots ouvrés) non poinçonnés ou portant des poinçons non reconnus par la législation française[1]. Néanmoins cette disposition ne dispense pas le voyageur de s'acquitter des droits de douane et de la TVA à la frontière dès lors que le seuil de la franchise douanière en valeur est franchi.

Monnaies de collection

Vous avez déjà pu le noter, la notion d'objets de collection ne fait pas l'unanimité. Mais, en France, définir fiscalement les monnaies de collection relève véritablement du tour de force.

L'État est ici en proie à un véritable dilemme entre :

- reconnaître que les pièces de collection qu'il émet sont de la « fausse monnaie » ;
- ou bien laisser échapper une source de revenus que lui versent aujourd'hui tous les amateurs de ces pièces émises en commémoration de tout et n'importe quoi et qui sont prêts à y souscrire malgré des primes démesurées.

En fait, en voulant le beurre et l'argent du beurre, l'administration fiscale nage en pleine incohérence.

Les questions sont donc les suivantes : quelle est son point de vue sur les monnaies de collection ? Sur quels critères s'appuie-t-elle pour faire entrer une pièce dans la catégorie des objets de collection ?

La réponse est difficile car elle est plurielle au sein de la même administration.

---

1. Circulation des métaux précieux en provenance de l'Union européenne et des États associés : http://douane.gouv.fr/page.asp?id=388.

La première est directement héritée de la position du Conseil de l'UE exprimée dans la directive[1] TVA. Selon celle-ci, sont considérés comme des monnaies et billets de collection « *les pièces en or, en argent, ou autre métal, ainsi que les billets qui ne sont pas normalement utilisés dans leur fonction comme moyen de paiement légal ou qui présentent un intérêt numismatique* ».

Ce texte mérite trois commentaires.

Le premier sur l'intérêt numismatique évoqué : la directive 1998/80/CE du Conseil de l'UE définissant l'or d'investissement note que les pièces qui « *sont habituellement vendues à un prix qui ne dépasse pas plus de 80 % la valeur sur le marché libre de l'or que contient la pièce* » ne peuvent être considérées comme « *vendues pour leur intérêt numismatique* ». Une fois cela reformulé, cela veut donc dire que le Conseil considère qu'il y a intérêt numismatique si la prime, c'est-à-dire le rapport entre la valeur marchande et la valeur intrinsèque, d'une pièce est de plus de 80 %. Très concrètement, une pièce d'argent ayant cours légal et présentant une prime inférieure à 80 % ne peut donc être considérée comme un produit numismatique.

Le deuxième commentaire s'appuie sur cette observation de la BCE déjà évoquée : « *Les États membres ne disposent pas de mesures leur permettant d'empêcher que les pièces de collection en euros soient utilisées comme moyen de paiement dans l'État membre émetteur.* » Dans cette remarque la BCE ne fait aucune distinction entre les monnaies de collection et les autres. Sur quel critère l'administration est-elle en mesure de déterminer qu'une pièce est « *normalement utilisée* » par rapport à une autre ? Regarde-t-elle par-dessus l'épaule de chaque citoyen pour voir quelle pièce il utilise ? Cette formulation, destinée à imposer le paiement de la TVA sur des monnaies à cours légal, ne devrait pas tenir très longtemps devant un juge pour qui aurait la patience d'engager une action en justice.

Enfin, le dernier commentaire porte sur la transcription de cette même directive dans le Code français. L'article 256[2] du CGI reprend ainsi le texte d'origine en l'amendant d'une référence aux pièces relevant de l'or d'investissement : « *Sont considérés comme des monnaies et billets de collection les pièces en or autres que celles visées au 2 de l'article 298 sexdecies A* [nota : il s'agit de l'or d'investissement] *en argent ou autre métal, ainsi que les billets qui ne sont pas normalement utilisés dans leur fonction comme moyen de paiement légal ou qui présentent un intérêt numismatique.* » Dans cette reformulation du texte original de la directive de 2006,

---

1. Chapitre 3 - Article 135 - paragraphe 1.e) de la directive 2006/112/CE du Conseil du 28 novembre 2006 relative au système commun de taxe sur la valeur ajoutée (L347/28 FR *Journal officiel de l'Union européenne*, 11/12/2006).
2. CGI article 256 – IV- 2°-a).

l'administration fiscale française exclut explicitement les pièces en or répondant aux critères d'éligibilité à l'or d'investissement et ayant cours légal du périmètre de la collection.

La deuxième position[3] de l'administration retient un autre critère : « *Les monnaies d'or et d'argent sont considérées soit comme des métaux précieux lorsqu'elles sont **postérieures à 1800**[4], soit comme des **objets de collection** lorsqu'elles sont **antérieures à cette date**.* »

Les pièces de 1801 à nos jours, qu'elles aient ou non cours légal, qu'elles soient en or ou en argent, ne peuvent donc être considérées comme des pièces de collection.

Une pièce ayant cours légal peut-elle être considérée comme de collection ? L'administration répond clairement dans l'article 80 du même *BOI* : « *Il est précisé que les monnaies ayant cours légal dans le pays d'émission, même placées dans des présentoirs et destinées à la vente au public, ne constituent pas, au sens de ces dispositions, des objets de collection.* » Cette dernière position est directement inspirée de l'arrêt Daiber de la CJUE de 1985 évoqué plus haut et qui définit un ensemble de critères permettant d'attribuer ou non la qualité d'objet de collection.

Compte tenu de cet imbroglio, il est difficile de conclure à partir de cette définition, vous en conviendrez. D'un côté le Conseil qui introduit des critères subjectifs sur la définition de pièce de collection et de l'autre la CJUE qui introduit un ensemble de critères dont ceux de rareté et de discontinuité de la production.

Ce dernier avis prévaut sans aucun doute possible mais pour le faire valoir il faudra faire preuve de patience, de conviction voire de ressources.

Biens meubles – Monnaies à cours légal

Tout ce qui ne tombe pas dans la catégorie des biens immobiliers et des biens meubles incorporels relève de celle des biens meubles corporels[5].

Les choses concrètes qui nous entourent sont ainsi qualifiées de biens meubles corporels auxquels s'applique un régime fiscal général pour les cessions. Au sein de ceux-ci l'administration fiscale reconnaît des typologies particulières auxquelles s'appliquent des traitements fiscaux spécifiques :

---

3. Article 60 du BOI-RPPM-PVBMC-20-10-20130423 du 23/04/2013.
4. L'année 1800 a très certainement été choisie pour rester en cohérence avec la directive 77/388/CEE - Régime particulier TVA applicable à l'or.
5. Articles 516 et 528 du Code civil.

- les **objets précieux** recouvrant les métaux précieux, les bijoux et les objets d'art, de collection ou d'antiquité[1] ;
- les valeurs mobilières ;
- les meubles meublants ;
- les chevaux de course, les bateaux, les alcools, etc.

Le traitement fiscal des objets précieux fait l'objet de deux régimes différents déjà évoqués :

- celui applicable aux métaux précieux renommé plus haut CFMP ;
- celui applicable aux bijoux et aux objets d'art, de collection ou d'antiquité, renommé plus haut CFBA.

Plus loin dans cet ouvrage, lorsque cette notion de biens meubles sera abordée, ces deux catégories en seront exclues implicitement pour clarifier les démonstrations car elles ont leur propre fiscalité.

Ce régime « général » des biens meubles, ou **catégorie fiscale des biens meubles, CFBM**, s'applique en particulier aux cessions de devises. Les billets et les monnaies ayant cours légal dans leur pays d'origine sont en effet considérés comme des biens meubles, comme explicitement mentionné par exemple dans cet article[2] : « *Ces plus-values sur devises sont normalement taxables selon le régime des plus-values sur biens meubles prévu par la loi du 19 juillet 1976.* »

Vous retiendrez ici que pièces et billets ayant cours légal sont des devises et donc appartiennent à la catégorie fiscale des biens meubles (CFBM).

Le lecteur attentif pourrait avoir un doute s'il reprend la définition de la catégorie fiscale des métaux précieux qui mentionne ainsi les monnaies : « *Les monnaies d'or et d'argent sont considérées soit comme des métaux précieux lorsqu'elles sont postérieures à 1800, soit comme des objets de collection lorsqu'elles sont antérieures à cette date.* »

En effet, dans cette définition, il n'est fait aucune distinction entre monnaies à cours légal et monnaies démonétisées. L'administration y parle simplement de monnaies.

Ceci s'explique aisément. Cette définition de la catégorie fiscale des métaux a été arrêtée à une époque où le marché de l'or était encore actif à la Bourse de Paris. Comme déjà mentionné ici, ce marché est fermé depuis l'été 2004. Dans

---
1. Comme évoqué plus haut, chacune des ces catégories énoncées – métaux précieux, collection, etc. – ayant une définition fiscale propre.
2. Article 160 du BOI-RPPM-PVBMI-10-20-20141014.

la liste des pièces cotées à l'époque à Paris n'apparaît aucune pièce en or ayant cours légal hormis le krugerrand, apparu tardivement à la cote et que la grande majorité des professionnels considéraient à cette époque comme un jeton mais absolument pas comme une pièce ayant cours légal. L'administration, ayant le même niveau d'information, n'a pas fait la différence, considérant que de nos jours n'existaient plus de monnaie en or à cours légal.

Par ailleurs, CPoR Devises SA en continuant à alimenter le marché en pseudo-cotations se limitant à ces bonnes vieilles pièces d'antan entretient la confusion. Les liens historiques et obscurs de CPR avec la Banque de France[1] ne sont sans doute pas étrangers à cette situation que l'administration elle-même rechigne à faire cesser.

Acheter

Toute l'Europe a adopté cette « invention » française[2] : la taxe sur la valeur ajoutée ou TVA.

Cet impôt prélevé sur la consommation finale rapporte environ 191 milliards d'euros[3] à l'État sur lesquels 19 milliards sont reversés au budget de l'Union européenne.

Les taux en vigueur au 1er janvier 2014 en France sont les suivants.

Taux normal	Taux réduit	Taux super réduit
20 %	5 % et 10 %	2,1 %

Régime fiscal de la CFMP

D'une façon générale l'achat de métaux précieux sous une forme physique (poudre, fil, lingot, pièces, médailles, etc.) est soumis à la TVA au sein de l'Union européenne à un taux défini par chaque pays membre[4].

Si les produits ne répondent pas aux critères des régimes qui sont énumérés dans la suite de ce chapitre, le taux normal de TVA s'applique. Par exemple :

---

1. « Son action [la Banque de France] ne peut être directe, puisque le pacte international la lui interdit, mais un intermédiaire complaisant (la CPR, Compagnie parisienne de réescompte) achète et vend pour elle, et régularise la cote » (René Sédillot, 1979, page 217).
2. La TVA a été inventée en 1954 par Maurice Lauré.
3. TVA 2014 : ligne 1601 du budget général 2014 : 191 782 670 €.
4. Voir document via Google « Taux de TVA appliqués dans les États membres de l'Union européenne » page 18 et article 261C du CGI : « Sont exonérées de la taxe sur la valeur ajoutée : […] Les opérations relatives à l'or, autre que l'or à usage industriel. »

acheter une pépite ou une barre d'argent, de platine ou d'or dont la teneur en métal pur est non identifiée ou qui est inférieure au pourcentage défini pour faire partie d'un autre régime implique le paiement de la TVA au taux normal. De la même façon l'achat de ces métaux à des fins industrielles (transformation) est assujetti à la TVA au taux normal.

Régime de l'or d'investissement

S'agissant d'or, si les produits en or (sous une forme de lingot ou de pièce) répondent à la définition donnée par l'Union européenne de l'or d'investissement, les produits sont dès lors totalement exonérés de TVA.

En effet, la directive européenne 77/388/CEE[1] sur le régime de TVA applicable à l'or d'investissement arrête que « *la livraison, l'acquisition intracommunautaire et l'importation d'or d'investissement sont exonérées par les États membres de la taxe sur la valeur ajoutée* ». L'article 15 de la loi de finances rectificative pour 1999 transpose en droit français cette directive européenne et modifie en conséquence les articles 261C et 298 sexdecies du CGI.

Cette exonération de TVA s'applique non seulement aux achats effectués au sein de l'Union européenne mais aussi aux achats réalisés hors des frontières de l'Union et importés par l'acquéreur ou aux achats effectués à distance et livrés à domicile.

Régime applicable aux jetons et lingots ouvrés

La distinction a été faite un peu plus haut entre les produits en métaux précieux rattachés à la catégorie des métaux précieux (CFMP) et ceux que leur finition classe dans la catégorie fiscale des bijoux et assimilés (CFBA) sans pour autant qu'ils soient des bijoux au sens commun du terme. Ceux-ci peuvent être des jetons, des médailles ou bien encore des lingots ouvrés.

Néanmoins, s'il s'agit de jetons ou de lingots ouvrés répondant à la définition de l'or d'investissement, ils sont dès lors exonérés de TVA dans des conditions identiques à celles appliquées aux lingots et aux monnaies.

S'il s'agit de jetons ne répondant pas aux critères définis pour être éligibles à l'or d'investissement, par exemple :

- jetons ou lingots ouvrés d'un titre inférieur à 995 ‰ ;
- jetons ou lingots ouvrés en argent ou en platine quel que soit le titre.

dès lors la TVA est exigible au taux normal.

---

1. *Journal officiel* L 281 du 17/10/1998.

Régime applicable aux monnaies à cours légal

Il y a néanmoins un cas exceptionnel pour lequel la TVA ne sera pas due. Il s'agit de celui des pièces ayant cours légal. Bien que faisant partie des biens meubles, elles bénéficient à l'achat d'une disposition particulière.

L'intérêt pour ces pièces réside dans le statut d'exonération fiscale des monnaies légales vis-à-vis de la TVA : « *Sont exonérés de la taxe sur la valeur ajoutée : […] Les opérations, y compris la négociation, portant sur les devises, les billets de banque et les monnaies qui sont des moyens de paiement légaux à l'exception des monnaies et billets de collection* » (CGI- article 261 C 1° d).

Cette disposition exonérant de TVA les monnaies à cours légal est héritée de la directive européenne[1] TVA.

Néanmoins, comme nous l'avons vu au début des pages consacrées à la fiscalité, la directive TVA en exclut les pièces d'or et d'argent ayant cours légal au motif que celles-ci seraient considérées comme des pièces de collection[2].

De son côté la CJUE, instance ultime du droit européen, définit des critères pour attribuer le qualificatif d'objet de collection à un produit. Ces critères ne peuvent en aucun cas s'appliquer à des pièces d'argent ou d'or frappées chaque année par milliers voire par millions d'exemplaires.

À défaut de porter le différent en justice, quelle possibilité s'offre au simple contribuable face à l'administration ?

Pour ce qui concerne les monnaies en or ayant cours légal, le problème de l'exigibilité de la TVA se résout par une autre disposition. En effet, pour l'essentiel, ces pièces ont un titre en or supérieur ou égal à 900 ‰ et de ce fait sont éligibles à l'exonération de TVA accordée à l'or d'investissement.

Pour les monnaies d'argent à cours légal le problème reste entier. La difficulté principale pour un acheteur sera de faire valoir ce droit auprès de l'administration fiscale. Pour les lecteurs qui ne souhaitent pas s'épuiser sur ce sujet il existe une façon d'y arriver néanmoins, quand bien même celle-ci aboutirait à un choix restreint.

Euporos, une société suisse commercialisant des métaux précieux, a posé en 2012 à l'administration fiscale française cette question de la TVA des pièces

---

1. Directive 2006/112/CE du Conseil du 28 novembre 2006 relative au système commun de taxe sur la valeur ajoutée (L347/28 FR *Journal officiel de l'Union européenne*, 11/12/2006) : Chapitre 3 – Article 135- 1.
2. Voir « Monnaie de collection », p. 91.

d'argent à cours légal. La réponse de cette dernière[1] est accessible sur le site d'Euporos[2]. L'avis formulé par la direction de la législation fiscale, retenant que ces pièces sont des pièces de collection, va à l'encontre de l'interprétation donnée plus haut. Cet avis[3] est aussi contestable que le sont les textes sur lesquels il s'appuie (pour qui aura le temps et la patience de s'y atteler bien évidemment). Un point est particulièrement cocasse dans la réponse de l'administration. En effet, celle-ci renvoie à un *BOI*[4] traitant de la définition des objets de collection et de la TVA applicable à ces objets, texte reprenant les attendus de la CJUE. Dans un même paragraphe de sa réponse à Euporos l'administration fiscale juge que ces monnaies sont des objets de collection – donc en toute logique éligible à une TVA réduite[5] selon le *BOI* précisément cité en référence par cette administration – et conclut néanmoins à l'application du taux normal de TVA. Avec cette référence, l'administration donne pourtant une indication précieuse pour découvrir la bonne réponse. Elle se trouve au paragraphe B-9 du *BOI* sous la forme d'un nota : « *Les opérations de vente, de commission, de courtage ou de façon portant sur les objets neufs qui bien que répondant à certains des critères mentionnés supra ne peuvent être considérés comme des objets de collection, sont donc soumises à la TVA dans les conditions de droit commun.* » Le droit commun exonère de TVA les monnaies légales ; voilà la bonne réponse.

Néanmoins l'administration introduit dans ce rescrit pour la première fois un nouveau critère pour classer, selon elle, les monnaies à cours légal (notamment celles en argent) en objets de collection, celui de la différence de prix entre la valeur faciale et la valeur intrinsèque (ou valeur commerciale). Cette interprétation ouvre la voie à l'exonération de TVA pour les pièces dont les valeurs faciale et intrinsèque coïncident.

Plusieurs pièces répondent précisément à ce critère :

- selon la loi mexicaine, les pièces d'argent dites Libertad « *ont cours légal pour l'équivalent en pesos de leur cotation journalière* ». Les références de cette loi et les caractéristiques de cette pièce sont détaillées dans les fiches pratiques en fin d'ouvrage ;

---

1. SEC-D1/1100022694.DOC/D1-B du 29 mars 2012.
2. www.euporos.com/file/file/TVA%20or%20et%20argent%20CH%20et%20UE%20%28notice%20Euporos%20SA%29.pdf.
3. Bien que ce document émane de la Direction de la législation fiscale, il ne doit pas être considéré comme la vérité de ce seul fait.
4. *BOI* n° 104 du 10 décembre 2008 – référence 3 K-2-08.
5. « Le 1° de l'article 278 septies du code général des impôts (CGI) prévoit que la TVA est perçue au taux de 5,5 % sur les importations d'objets de collection. »

- selon la loi de l'Utah[1], les pièces d'argent (et d'or) émises par le gouvernement fédéral des États-Unis sont reconnues comme moyen de paiement légal pour la valeur du métal fin contenu. Des informations détaillées sont données sur cette pièce en fin d'ouvrage.

En résumé, et selon le critère donné par la Direction de la législation fiscale dans ce rescrit, les deux pièces d'argent American Silver Eagle et Libertad, dont les valeurs intrinsèque et faciale sont identiques, sont donc exonérées de TVA. Cette position peut être opposée sans grande difficulté à toute demande de l'administration de s'acquitter de la TVA.

Régime applicable aux monnaies de collection

D'un point de vue fiscal, l'achat des pièces de collection auprès d'un professionnel hexagonal donne lieu à la perception de la TVA au taux normal selon le régime de la marge[2]. Cette TVA ne doit pas figurer sur la facture mais il doit y être fait mention que l'opération bénéficie du régime de la marge[3].

Pour les achats réalisés hors des frontières de l'Union européenne, ou au sein de l'Union par un assujetti à la TVA, l'achat est soumis à la perception d'une TVA au taux réduit de 5,5 % au moment de l'importation, ou au moment de la livraison du bien dans le pays de destination pour une transaction intracommunautaire, calculée sur le prix d'achat (CGI- article 278-0 bis).

Régime applicable aux « biens d'occasion »

Les métaux précieux, selon la définition fiscale, *« sont exclus de la définition des biens d'occasion. Ils suivent dans tous les cas le régime de droit commun prévu pour les biens neufs »*[4]. En conséquence, et aussi surprenant que cela puisse paraître, hormis les reventes de produits répondant aux critères de l'or d'investissement qui sont exonérées de TVA, les prix de revente d'or, d'argent et de platine sont augmentés de la TVA au taux normal. Cette disposition est particulièrement pénalisante pour les reprises de lingots et de monnaies démonétisées en argent.

---

1. Une dizaine d'autres États américains ont entamé un processus législatif similaire.
2. La base de calcul de la TVA est la marge nette ou différence entre le prix de vente et le prix d'achat (article 297A du CGI, BOI-TVA-SECT-90-20-20120912 et article 313 de la directive 2006/112/CE du Conseil du 28 novembre 2006 relative au système commun de taxe sur la valeur ajoutée).
3. CGI – Articles 297 E et 242 nonies A.
4. Article 60 du BOI-TVA-SECT-90-10-20120912 et CGI- Article 98 A.

En revanche, les jetons et les lingots ouvrés, considérés comme des articles façonnés[1], « *peuvent donc être des biens d'occasion, à l'instar de "tous les objets façonnés ou ouvrés, composés même partiellement de métal précieux". Dans ce cas le commerçant augmentera son prix du montant de la TVA calculée sur la marge entre le prix de vente et le prix d'acquisition du jeton ou du lingot ouvré* ».

Synthèse de la fiscalité applicable à l'achat

Produit	Condition	Taxe
Jeton ou médaille	Jeton neuf ou d'occasion répondant aux critères d'or d'investissement.	Pas de TVA
	Jeton neuf en or (ne répondant pas aux critères d'or d'investissement) ou en argent.	TVA au taux normal
	Jeton d'occasion en or (ne répondant pas aux critères d'or d'investissement) ou en argent.	TVA sur la marge
Lingot ouvré	Lingot ouvré répondant aux critères d'or d'investissement.	Pas de TVA
	Lingot ouvré neuf en or (ne répondant pas aux critères d'or d'investissement) ou en argent.	TVA au taux normal
	Lingot ouvré d'occasion (ne répondant pas aux critères d'or d'investissement) ou en argent.	TVA sur la marge
Lingot semi-ouvré	Lingot semi-ouvré répondant aux critères d'or d'investissement.	Pas de TVA
	Lingot semi-ouvré neuf ou d'occasion en or (ne répondant pas aux critères d'or d'investissement) ou en argent.	TVA au taux normal
Métaux précieux bruts	Or (ne répondant pas aux critères d'or d'investissement), argent, platine sous forme brute.	TVA au taux normal
Monnaie à cours légal	Monnaies ayant cours légal.	Pas de TVA*
Monnaie de collection	Monnaie frappée avant 1801 et monnaie d'or avec une prime > 80 %.	TVA au taux normal sur la marge
	Si importation (en France).	TVA au taux réduit
Monnaie démonétisée	Monnaie en or répondant aux critères d'or d'investissement.	Pas de TVA
	Monnaie en or (ne répondant pas aux critères d'or d'investissement) ou en argent.	TVA au taux normal

* Point litigieux pour les monnaies en argent. Se concentrer sur les pièces en argent Libertad et Silver Eagle.

---

1. Article 90 du BOI-TVA-SECT-90-10-20120912.

Vendre

Des jours, des mois ou des années se seront écoulés. Voilà maintenant l'heure de réaliser vos gains, ou bien encore vos pertes car cela arrive aussi.

Dans un pays où l'État « providence » est très développé, et où la fiscalité est largement utilisée pour redistribuer les richesses, faire des profits sur des produits financiers est une chose qui ne va pas de soi.

Les gouvernements successifs ont ainsi fait preuve d'imagination fiscale. Un véritable fatras fiscal s'est construit couche après couche à l'occasion de chaque crise, sans recherche d'une cohérence globale et pérenne, avec généralement pour seul objectif de satisfaire les besoins ou les aspirations du moment.

L'évolution des prélèvements sociaux, résumée dans le tableau qui suit, en donne un aperçu mais est malheureusement loin de rassembler toutes les incohérences de notre système fiscal.

Nom/acronyme	Taux[1]	Historique*
Contribution sociale généralisée (CSG)	8,2 %	Créée avec la loi de finances pour 1991 au taux initial de 1,1 %. À l'origine, cette contribution était assise uniquement sur les revenus d'activité ou de remplacement. Elle est passée à 2,40 %, le 1er juillet 1993. À partir du 1er janvier 1997, le taux passe à 3,40 % et son assiette est étendue à certains revenus du patrimoine. À partir du 1er janvier 1998, en contrepartie d'une baisse des cotisations maladie sur les salaires, le taux passe à 7,50 % et elle est appliquée à tous les produits de placements soumis au prélèvement libératoire ou exonérés d'impôt sur le revenu, à l'exception, toujours, des Livret A, Livret Jeune, Livret de Développement Durable (anciennement Codevi) et Livret d'épargne populaire. Depuis le 1er janvier 2005, le taux est de 8,20 %.
Contribution au remboursement de la dette sociale (CRDS)	0,5 %	Mise en place en 1996 pour une durée initiale de 13 ans, afin de financer la Caisse d'amortissement de la dette sociale (Cades). Sa durée a été portée à 18 ans par la loi de financement de la Sécurité sociale pour 1998. Sa durée est devenue illimitée (jusqu'à extinction de la dette) avec la loi du 13 août 2004. Mais en 2005, un nouveau principe est institué : tout nouveau transfert de dette à la Cades doit être accompagné d'une augmentation de ses recettes, de façon à ne pas prolonger la durée d'amortissement de la dette sociale. En novembre 2010 pourtant, une nouvelle loi organique prolonge de quatre ans (jusqu'en 2025) l'existence de la Cades, et du même coup de la CRDS. .../...

…/…

Nom/acronyme	Taux[1]	Historique*
Prélèvement social (PS)	4,5 %	Un prélèvement social de 2 % a été institué par la loi de financement de la Sécurité sociale pour 1998. Son assiette est la même que la CSG. Pour les revenus de placement, il est appliqué à compter du 1er janvier 1998. Il n'est pas déductible de l'assiette de l'impôt sur le revenu. Suite à la réforme des retraites de 2010 et voté dans la loi de finances pour 2011, le taux du prélèvement social a été porté à 2,2 % à compter du 1er janvier 2011, pour financer en partie les mesures d'exception prises à l'égard de certaines familles. Un peu plus tard, une loi de finances rectificative pour 2011 a porté le taux du prélèvement social à 3,4 % dans le cadre du plan d'austérité budgétaire de François Fillon. Cette loi a été publiée au *Journal officiel* du 20 septembre 2011 et rend applicable le taux de 3,4 % à compter du 1er janvier 2011 pour les revenus du patrimoine et à compter du 1er octobre 2011 pour les revenus de placement acquis et constatés à cette date. Voir également les principales mesures du plan d'austérité – les mesures Fillon sur l'épargne et l'immobilier.
Contribution de financement du revenu de solidarité active (CRSA)	2 %	Mise en place pour le financement du RSA à compter du 1er janvier 2009.
Contribution solidarité autonomie (CSA)	0,3 %	Mise en place à compter du 1er juillet 2004.

1. Taux des prélèvements sociaux sur les revenus du patrimoine et des placements au 1er janvier 2014.

* source : cBanque (www.cbanque.com)

En matière de fiscalité des métaux précieux, vendre et exporter sont synonymes. Ce qui suit s'applique donc aussi bien à la vente qu'à l'exportation.

Métaux précieux

La taxe forfaitaire (CFMP)

La taxe forfaitaire[1] sur les « métaux précieux » (au sens fiscal de la CFMP) a été introduite en juillet 1977 par le gouvernement Barre.

Cette taxe présente la particularité de prendre pour assiette de calcul le montant de la vente quel que soit le résultat de l'opération réalisée par le vendeur. Initialement arrêtée à 4 % du produit de la vente, cette taxe pour les métaux précieux (CFMP) est désormais, depuis le 1er janvier 2014, de 10 %.

Les interventions répétées des élus via des amendements pour faire augmenter significativement ce taux de prélèvement montrent que la hausse des métaux précieux attise les appétits.

---

1. CGI Article 150 VI.

Or, cette taxe étant assise sur le prix de vente, mécaniquement, lorsque les prix des métaux précieux augmentent, le montant net prélevé augmente d'autant. De toute évidence, il semble que les notions d'arithmétique élémentaire fassent défaut à certains.

La taxe forfaitaire est budgétée dans le budget général de l'État pour un montant de 122 millions d'euros[1] en 2014. Ce montant englobe non seulement les prélèvements sur les ventes de métaux précieux mais aussi ceux sur les ventes de bijoux (CFBA) et d'objets d'art, de collection et d'antiquité.

Les taxes diverses sont systématiquement accompagnées de prélèvements sociaux, ce qui constitue une double peine. À cette taxe forfaitaire est donc attaché un prélèvement social, la CRDS. Initialement, en 1996, cette CRDS devait s'arrêter au bout de treize ans. Après plusieurs prolongations, elle est aujourd'hui prévue au moins jusqu'en 2025[2].

Dans ce régime c'est l'acheteur, lorsqu'il est commerçant, qui collecte et reverse ces deux taxes à l'administration fiscale. S'il s'agit d'une vente entre particuliers, les taxes doivent être déclarées et payées spontanément par le vendeur auprès de son centre des impôts au plus tard dans le mois qui suit la vente.

Modèle de déclaration à utiliser : 2091-SD ou Cerfa 11294*05.

La taxation des plus-values de cession (CFMP)

Depuis 2006[3], la traditionnelle taxe forfaitaire a été complétée par une taxe assise uniquement sur la plus-value réalisée à l'instar de ce qui se pratique pour l'immobilier. C'est au vendeur de choisir l'option de taxation et de s'assurer de satisfaire aux conditions définies par l'administration. Si l'acheteur est professionnel, il assurera le dépôt de la déclaration et du paiement à l'administration fiscale mais il n'est responsable ni du choix de l'option ni des informations fournies par le vendeur vis-à-vis de l'administration fiscale. Le particulier vendeur ne doit donc pas se laisser imposer le régime de la taxe forfaitaire par l'acheteur (professionnel) s'il considère remplir les conditions exigées par l'administration fiscale pour la taxation de la plus-value. Ce sera à lui, et à lui seul, d'en apporter la preuve le cas échéant.

---

1. Budget général ligne 1413 : Taxe forfaitaire sur les métaux précieux, les bijoux, les objets d'art, de collection et d'antiquité.
2. Loi n° 2009-1646 du 24 décembre 2009 de financement de la Sécurité sociale pour 2010.
3. Art. 68 de la loi n° 2005-1720 du 30 décembre 2005 de finances rectificative pour 2005 (CGI article 150 VL) et *Bulletin officiel des impôts* 8 M-2-06 n° 131 du 4 août 2006.

Ce régime – dit régime de droit commun des plus-values – permet un abattement[1] de 5 % sur la plus-value à partir de la troisième année favorisant les détentions longues[2] de métaux précieux (au sens CFMP). Ainsi, à partir de la 22e année, la plus-value réalisée sera totalement exonérée et aucune déclaration ne sera exigée.

Abattement sur la plus-value réalisée en fonction de la durée de détention

An	1	2	3	4	5	6	7	8	9	10	11
Abattement	0 %	0 %	5 %	10 %	15 %	20 %	25 %	30 %	35 %	40 %	45 %
An	12	13	14	15	16	17	18	19	20	21	22
Abattement	50 %	55 %	60 %	65 %	70 %	75 %	80 %	85 %	90 %	95 %	100 %

Néanmoins, pour bénéficier de cette dégressivité, le vendeur doit être en mesure de « *justifier de la date et du prix d'acquisition du bien ou de justifier que le bien est détenu depuis plus de 22 ans. Dans ce cas, la taxe forfaitaire prévue à l'article 150 VI n'est pas due* »[3].

Produire cette justification ne pose pas de problème s'il s'agit d'un lingot acheté accompagné de son certificat d'essai et que le numéro de ce lingot figure sur la facture et le certificat. Ces documents apportent en effet la preuve de la qualité du produit vendu (c'est bien de l'or par exemple) et des dates et prix d'acquisition.

Néanmoins, s'agissant de pièces en métaux précieux (20 F Napoléon par exemple), celles-ci ne sont pas identifiables individuellement. De façon assez incompréhensible l'administration impose, quand bien même une facture d'achat pourrait être produite, que ces pièces soient encapsulées ou ensachées pour être éligibles au régime commun de taxation : « *S'agissant de certains biens et notamment des métaux précieux, la justification de la date d'acquisition ou d'une durée de détention supérieure à douze ans ne peut être opérée que si l'objet ou le lot d'objets en cause peut être individualisé de manière suffisante (présence d'un numéro, gravure personnalisée, emballage scellé identifiable, objet inscrit au crédit d'un compte de dépôt ouvert auprès d'un établissement financier…)* »[4].

Cette disposition conduit à un surcoût inutile pour simplement mettre une pièce et une copie de la facture dans un banal sachet en plastique. Il est

---

1. CGI article 150 VC.
2. L'abattement initialement de 10 % par an a été réduit à 5 % par la loi de finances 2014.
3. CGI article 150 VL.
4. *BOI* n° 8 M-2-06 n° 131 du 4 août 2006 article 87.

véritablement étonnant de constater que cette contrainte est uniquement imposée aux cessions de métaux précieux (CFMP) et n'est pas exigée pour les cessions des autres objets précieux, en particulier ceux relevant du régime fiscal des bijoux et assimilés (CFBA…). Pourquoi ?

Depuis le 1er janvier 2011 le taux d'imposition sur la plus-value, calculée après abattement éventuel pour durée de détention, a été porté à 19 % : « *Les plus-values réalisées dans les conditions prévues aux articles 150 U à 150 UC sont imposées au taux forfaitaire de 19 %* »[1].

Comme dans le cas de la taxe forfaitaire sur les métaux précieux, cette taxe est accompagnée de prélèvements sociaux. Ici nos élus se sont surpassés. Il ne s'agit donc pas d'un prélèvement mais des cinq prélèvements sociaux introduits, en début de ce chapitre, qui vont s'ajouter au prélèvement sur la plus-value.

	Taxe PV	CSG	CRDS	PS	CSA	CRSA
Taux	19 %	8,2 %	0,5 %	4,5 %	0,3 %	2 %

L'ensemble représente au 1er janvier 2014 un taux de taxation globale de la plus-value de 34,5 % depuis le passage en février 2012 de la loi de collectif budgétaire pour le budget 2012. En janvier 2008, ce taux était de (seulement) 27 %.

Comme dans le cas de la taxe forfaitaire, la déclaration est faite par le vendeur. Cependant, dans le cas d'une vente à un professionnel, le dépôt de la déclaration auprès de l'administration fiscale étant fait par ce dernier, la responsabilité reste néanmoins du ressort du vendeur comme mentionné plus haut.

Si la plus-value est totalement exonérée une déclaration doit néanmoins être déposée[2].

Modèle de déclaration à utiliser : 2092-SD Cerfa 10251 * 09.

En résumé :

	Taxe	Prélèvements sociaux	Imprimé de déclaration
Taxe sur les métaux précieux	10 % du prix de vente	0,5 % de CRDS	2091
Taxe sur la plus-value	19 % de la plus-value après abattement	15,5 % de CRDS + CSG + PS + CRSA et CAPS	2092

---

1. CGI Article 200B.
2. Article 100 du BOI-RPPM-PVBMC-20-20-20140401.

Jetons, pièces de collection et lingots ouvrés

Nous avons examiné précédemment le cas particulier des jetons en métaux précieux. Ces jetons sont des « *objets d'or et d'argent travaillés [...] classés parmi les bijoux et assimilés, par analogie avec la bijouterie, et ne relèvent donc pas de la catégorie des métaux précieux* »[1].

De la même façon les monnaies de collection sont considérées comme hors du périmètre des métaux précieux : « *Les monnaies d'or et d'argent sont considérées [...] comme des objets de collection lorsqu'elles sont antérieures à cette date [1801].* »

C'est donc le régime fiscal des bijoux et assimilés (CFBA) qui s'appliquera aux cessions de jetons et de pièces de collection.

Néanmoins la taxation ne s'appliquera qu'au-delà d'un seuil de cession. Si le montant de la transaction ne dépasse pas 5 000 euros, le vendeur est dispensé de taxation et de déclaration : « *Sont exonérées de la taxe en application du 4° de l'article 150 VJ du CGI les cessions ou exportations de bijoux, d'objets d'art, de collection ou d'antiquité lorsque le prix de cession, ou la valeur en douane, est inférieur ou égal à 5 000 euros* »[2].

Il pourrait être tentant de « saucissonner » une grosse transaction en transactions de 5 000 euros pour échapper à la taxation. Néanmoins des cessions rapprochées, d'un montant unitaire d'au plus 5 000 euros, à un même acheteur sont considérées par l'administration fiscale comme une seule et même vente d'un montant correspondant au cumul des différentes transactions[3]. En revanche, si les différentes ventes sont faites avec des acheteurs distincts, le franchissement de la limite de 5 000 euros s'appréciera alors vente par vente.

La taxe forfaitaire (CFBA)

Le principe est exactement le même que celui de la taxe forfaitaire sur les métaux précieux.

Au-delà d'un montant de cession de plus de 5 000 euros, la taxe est appliquée sur le prix de vente à l'identique. Le taux de cette taxe est ici de 6 % depuis la loi de finances pour 2014.

Le même prélèvement social, CRDS, y est associé. La déclaration utilise le même imprimé Cerfa.

Modèle de déclaration à utiliser : 2091-SD ou Cerfa 11294 * 05.

---

1. Article 60 du BOI-RPPM-PVBMC-20-10-20130423 du 23/04/2013.
2. Article 230 du BOI-RPPM-PVBMC-20-10-20130423 du 23/04/2013.
3. Article 250 du BOI-RPPM-PVBMC-20-10-20130423 du 23/04/2013.

La taxation des plus-values de cession (CFBA)

Au-delà d'un montant de cession de plus de 5 000 euros, la taxe sur les plus-values de cession d'objets appartenant à la catégorie fiscale des bijoux et assimilés suit les mêmes principes que celle présentée plus haut pour l'imposition des plus-values de cession de produits de la catégorie fiscale des métaux précieux. L'exonération totale de la plus-value après 22 ans de détention et les taux définis plus haut s'appliquent à cette catégorie.

Modèle de déclaration à utiliser : 2092-SD ou Cerfa 10251 * 09.

Monnaies ayant cours légal

La taxation des plus-values de cession de monnaies à cours légal (CFBM)

Nous l'avons vu dans la première partie, les monnaies ayant cours légal sont considérées fiscalement comme des biens meubles « standards » qui ne sont dans le périmètre ni de la catégorie fiscale des métaux précieux (CFMP) ni de la catégorie fiscale des bijoux et assimilés (CFBA).

À ce titre la plus-value de la vente de pièces réalisées avec des métaux précieux (or, argent, platine, palladium) et ayant cours légal sera imposée selon le régime applicable à la catégorie fiscale des biens meubles (CFBM).

Très concrètement ceci veut dire que la plus-value de la vente de ces pièces[1], même si ces dernières ne sont pas encapsulées ou ensachées, sera taxée non pas selon le régime forfaitaire applicable aux métaux précieux, mais selon le régime général des biens meubles qui offre un abattement de 5 % par an à partir de la troizième année de détention et donc une exonération totale de prélèvement au bout de 22 ans[2]. Il faudra néanmoins apporter une preuve de la détention de ces pièces (facture d'achat).

En outre, et comme pour les cessions de jetons ou de pièces de collection, les cessions jusqu'au seuil de 5 000 euros de pièces ayant cours légal se feront en franchise de taxation et seront dispensées de déclaration.

Modèle de déclaration à utiliser : 2048-M-SD Cerfa 12358 * 06 ou case 5 kV de la déclaration 2042 C Titre EI (Revenus non commerciaux non professionnels), ligne « Plus-values de cession taxable à 19 % »[3].

---

1. La forme importe peu, ces « pièces » peuvent avoir des formes originales sans rapport avec celle d'un disque du moment qu'elles ont cours légal officiellement.
2. CGI article 150 UA.
3. Réponse de l'administration fiscale en date du 11 mai 2011 (référence : 20110510-002181-PAR-GE2-IR).

Transactions hors de l'Union européenne

Par « transactions hors de l'Union européenne » il faut entendre un achat réalisé hors de l'Union européenne suivi, quelques mois ou années après, d'une vente toujours hors de l'Union européenne.

Ce sera, par exemple, le cas d'un investisseur ayant un coffre dans un pays hors de l'Union ou utilisant les services d'un tiers pour acheter, stocker puis vendre hors des frontières de l'Union européenne.

Après plusieurs années de flou[1], l'administration fiscale a publié en septembre 2012 dans une réécriture du BOI[2]. L'article 150 y précise désormais que les cessions réalisées dans un État tiers à l'UE n'étant pas imposables selon les principes de la taxe forfaitaire, les plus-values réalisées deviennent imposables selon le régime normal des biens meubles[3].

Cette précision est une parfaite illustration de l'incohérence qui hante de plus en plus le CGI. En effet l'administration renvoie, pour cette situation, au régime défini par l'article 150 UA, lequel en exclut expressément les métaux précieux : *« autres que les métaux précieux mentionnés au 1° du I de l'article 150 VI »*.

En résumé, les cessions sont imposables selon les dispositions applicables aux biens meubles (CFBM). Si le stockage est assorti d'un compte ouvert à l'étranger chez un prestataire, l'investisseur n'oubliera pas d'en faire une déclaration chaque année au moment de la déclaration de ses revenus.

Comparaison entre les régimes de taxation

Au premier abord, lorsqu'on pose la question suivante à des investisseurs : « Quel est le régime le plus avantageux entre une taxation avec abattement de la plus-value et une taxation sur le prix de vente ? », beaucoup répondent sans hésiter : « Le premier bien sûr ! »

Il est vrai que la taxe sur les métaux précieux est souvent qualifiée de confiscatoire par le consensus qui garde comme seule référence les années 1980-1990. Dans les faits il n'est pas possible d'être aussi affirmatif.

---

1. Le texte suivant du BOI permettait d'interpréter qu'aucune taxe n'était exigible comme l'ont interprété eux-mêmes plusieurs agents de l'administration fiscale : « *Il s'ensuit notamment que la cession, par un particulier fiscalement domicilié en France, d'un bien qui a toujours été situé dans un État tiers à la Communauté européenne n'est pas soumise à la taxe forfaitaire.* » Il est plus que probable que cette « niche fiscale » a été portée à l'attention de l'administration par quelques professionnels français ayant mal vécu l'arrivée de nouveaux entrants dans leur chasse gardée et proposant des services innovants de stockage hors UE.
2. BOI-RPPM-PVBMC-10-20120912 du 12/09/2013.
3. Dispositions de l'article 150 UA du CGI.

Deux éléments interviennent sur la profitabilité comparée de ces deux régimes fiscaux.

Le premier est lié à la durée de détention. Le régime de droit commun exonérant de toute taxe la plus-value de cession au bout de 22 ans, il est bien évident que ce régime sera le plus intéressant si l'investisseur ne vend qu'après la 22e année.

Le deuxième élément qui intervient est la rentabilité brute moyenne des actifs sur la période. En effet, comme le montrent les quatre graphiques ci-dessous, selon que le prix des actifs détenus a augmenté à un rythme annuel plus ou moins fort, tel ou tel régime sera plus intéressant fiscalement parlant.

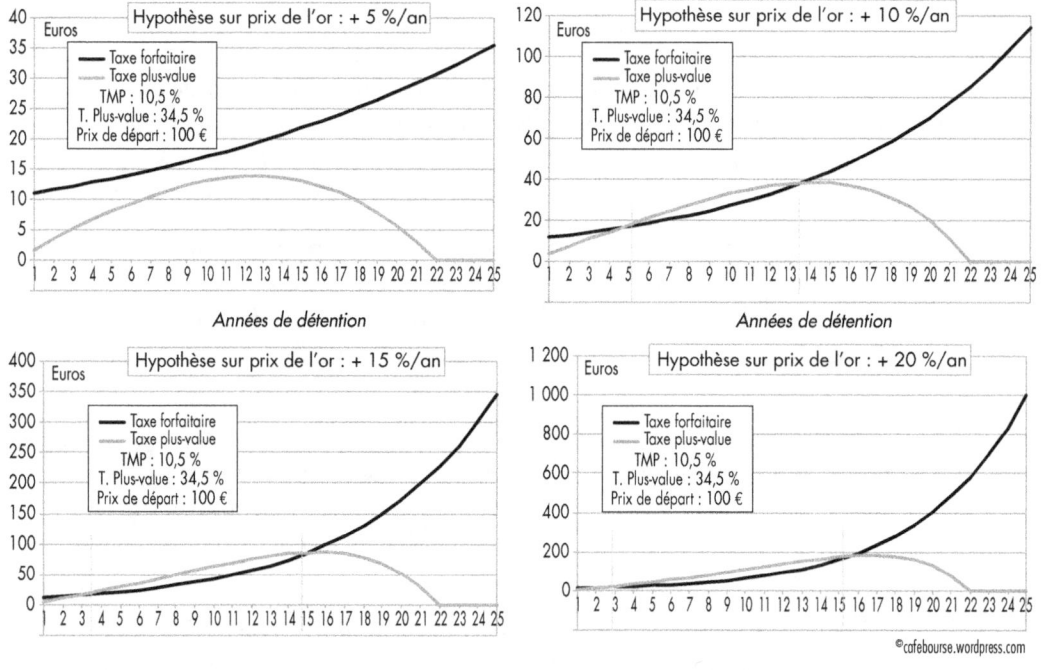

Comparaison des régimes de taxation des métaux précieux (prélèvements sociaux inclus)
Régime forfaitaire : 10,5 % sur le prix de vente
Régime de droit commun : 34,5 % sur la plus-value

Si la croissance des prix des métaux précieux est faible, le régime de taxation forfaitaire du prix de vente sera très désavantageux[1]. Bien évidemment, si les prix baissent, ce mode de taxation devient une véritable punition fiscale. Au-delà de 7 % de rendement annuel brut, le régime forfaitaire de taxation des

---
1. Voir illustration : cas + 5 % par an de croissance des prix.

métaux précieux s'avère plus intéressant dans une fenêtre de détention variable selon ce rendement. Plus le pourcentage moyen de hausse est fort, plus cette fenêtre s'élargit. Ainsi, dans l'illustration ci-dessus, la taxe forfaitaire est plus avantageuse que le régime commun pour l'investisseur entre 3 et 15 ans de détention si la croissance des prix est en moyenne de 15 % par an et entre 2 et 16 ans si cette croissance annuelle accélère à 20 %.

À titre indicatif, et surtout pas prédictif, la hausse de l'or du 1er janvier 2000 au 1er novembre 2013 s'est faite à un rythme annuel de 10,3 %, celle du 1er janvier 2008 à 2013 à 11,1 %.

Synthèse de la fiscalité applicable aux cessions

Cession de…	Condition	Régime fiscal	Commentaires
Jeton et médaille	Objets ouvrés Or et argent	CFBA	Exonération jusqu'à 5 000 € de cession au choix : • taxe forfaitaire de 6 % + CRDS ; • taxe de 34,5 % sur plus-value avec abattement progressif sur 22 ans.
Lingot ouvré	Objets ouvrés Or et argent	CFBA	Exonération jusqu'à 5 000 € de cession au choix : • taxe forfaitaire de 6 % + CRDS ; • taxe de 34,5 % sur plus-value avec abattement progressif sur 22 ans.
Lingot semi-ouvré	Or et argent	CFMP	Au choix (avec justificatifs) : • taxe forfaitaire de 10 % + CRDS ; • taxe de 34,5 % sur plus-value avec abattement progressif sur 22 ans si traçabilité.
Métaux précieux bruts	Or et argent	CFMP	Au choix (avec justificatifs) : • taxe forfaitaire de 10 % + CRDS ; • taxe de 34,5 % sur plus-value avec abattement progressif sur 22 ans si traçabilité.
Monnaie à cours légal /	Décision souveraine Or et argent	CFBM	Exonération jusqu'à 5 000 € de cession et taxe de 34,5 % sur plus-value avec abattement progressif sur 22 ans.
Monnaie de collection	Émises avant 1801 ou prime > à 80 % Rareté Or et argent	CFBA	Exonération jusqu'à 5 000 € de cession au choix : • taxe forfaitaire de 6 % + CRDS ; • taxe de 34,5 % sur plus-value avec abattement progressif sur 22 ans.
Monnaie démonétisée	Décision souveraine Or et argent	CFMP	Au choix (avec justificatifs) : • taxe forfaitaire de 10 % + CRDS ; • taxe de 34,5 % sur plus-value avec abattement progressif sur 22 ans si traçabilité.

Taxation du patrimoine/ISF

L'impôt de solidarité sur la fortune (ISF) a été « inventé » en 1982 par le gouvernement Mauroy. Cet impôt était alors baptisé « impôt sur les grandes fortunes » (IGF). Supprimé en 1987 par le gouvernement Chirac, l'IGF renaissait de ses cendres sous le nom d'ISF en 1989.

Cet impôt, unique en son genre en Europe, rapporte environ 4,6 milliards d'euros[1] à l'État par an.

Il touche les personnes physiques détenant un patrimoine net imposable supérieur à un seuil au 1er janvier. Cet impôt progressif est assis sur la partie supérieure du patrimoine selon un barème, une décote et une réduction en fonction du nombre de personnes à charge.

Pour 2014, les patrimoines supérieurs au seuil de 1,3 million d'euros sont soumis à un prélèvement selon un barème allant jusqu'à 1,5 % pour les patrimoines de plus de 10 millions d'euros.

L'estimation du patrimoine est faite par le contribuable selon la valeur de ses actifs au 1er janvier.

Modèle de déclaration à utiliser : 2725 Cerfa n° 11284 * 11.

Annexe valeurs mobilières : Annexe 3-1 Cerfa n° 12373 * 06.

Métaux précieux – Lingots

Pour ce qui nous intéresse ici, l'évaluation des avoirs en or et en argent sera réalisée à partir des prix de la dernière cotation de l'année écoulée de la seule place de cotation des métaux précieux dans le monde, la LBMA. Dans les historiques de prix du site Internet[2] de la LBMA, les cours de l'or sont donnés directement en euros pour une once, soit pour 31,103 grammes, ceux de l'argent y sont donnés en centimes d'euro pour une once. Pour obtenir le prix d'un lingot de 1 kg il vous suffira de multiplier le prix de l'once en euro par 32,15.

Tous les autres prix qui pourraient vous être proposés ne sont pas des cours officiels mais des tarifs commerciaux. Depuis qu'il n'y a plus de cotation des métaux précieux en France, aucun commerçant ne peut prétendre offrir une cotation officielle.

---

1. Ligne 1406 du budget général pour 2014 : Impôt de solidarité sur la fortune : 4 653 252 000 euros.
2. http://lbma.org.uk/pages/index.cfm?page_id=6&title=statistics.

Cette évaluation vaut pour tous les produits physiques détenus directement ou indirectement via un tiers les stockant quelque part, qu'ils le soient en France ou à l'étranger.

Métaux précieux – Monnaies

Seule la LBMA offre aujourd'hui une cotation officielle, mais limitée aux métaux précieux sous la forme dite *London Good Delivery* (LGD ou lingot normalisé).

Le prix d'une pièce dépend de plusieurs facteurs. Tout d'abord du prix du métal lui-même tel que coté à la LBMA, et d'autre part du montant de la prime qui s'ajoute à ce prix. Cette prime est liée à la pression de la demande et au fait qu'une pièce entraîne des coûts de fabrication supérieurs à ceux de la réalisation d'un lingot.

L'absence de cotation officielle des pièces laisse ouvert le choix des sources à retenir pour évaluer ses avoirs. En France la « coutume » est de prendre les prix pratiqués par CPoR (sachant que ce prix est le prix pivot à partir duquel se déterminent, d'une part, le prix vendeur (au public), par l'ajout d'une prime et d'une commission au prix pivot, et le prix d'achat (au public), d'autre part, par le retrait d'une prime et d'une commission sur le prix pivot). D'un commerçant à un autre ces deux éléments, prime et commission, varient. Dès lors quel prix faut-il retenir pour faire son évaluation ?

Rares sont les sites Internet de négociants français en métaux précieux qui offrent une réelle visibilité sur ces prix. La prime globale à l'achat et la vente est rarement affichée. Seul un prix pivot est donné le plus souvent. *A contrario*, certains sites étrangers comme le site de GFI[1], par exemple, permettent d'avoir une information complète sur les prix nets à l'achat et à la vente. Les pouvoirs publics français ont pris conscience très récemment de cette nécessité de transparence des prix en France. Ceci a été traduit par la loi du 13 février 2014[2] rendant obligatoire l'affichage des prix de rachat par les professionnels et complétant l'obligation existante de longue date d'affichage des prix de vente. Celle-ci n'étant toujours pas respectée, on peut s'interroger sur l'application de cette deuxième loi.

En résumé, c'est au contribuable de faire son travail de comparaison des prix. Le tableau ci-après montre les écarts qui sont possibles entre deux négociants.

---

1. www.goldforex.be.
2. Article L-121-99 du Code de la consommation.

UBS/GFI	Cours acheteur	Cours vendeur
Krugerrand 1 oz	− 2,05 %	0,95 %
Krugerrand ½ oz	− 2,11 %	3,38 %
Maple Leaf 1 oz	− 2,51 %	− 0,49 %
Maple Leaf ½ oz	− 2,11 %	3,38 %
American Eagle 1 oz	− 2,51 %	1,68 %
American Eagle ½ oz	− 2,11 %	3,38 %
Australian Nugget 1 oz	− 2,51 %	0,94 %
Philharmoniker 1 oz	− 3,49 %	0,48 %
Souverain (1 £) Elizabeth II	− 2,98 %	6,45 %
Souverain (1 £) Ancien	1,13 %	11,79 %
20 francs Vreneli	− 0,62 %	8,79 %
20 francs napoléon	− 3,66 %	6,17 %
50 pesos Centenario	2,35 %	4,99 %
Lingot or 1 000 g	− 0,02 %	0,05 %
Lingot or 500 g	− 0,02 %	− 0,41 %
Lingot or 250 g	− 0,02 %	− 0,63 %
Lingot or 100 g	− 0,02 %	− 0,48 %
Lingot or 50 g	0,01 %	− 0,57 %
Comparaison le 21 février 2014 à 16 heures		

Écart des prix d'UBS par rapport à ceux de GFI le 21/2/2014 à 16 heures

Pour évaluer son portefeuille de pièces et lingots dans le cadre de son imposition à l'ISF, un contribuable retiendra le prix acheteur le plus défavorable. Dans l'exemple donné au-dessus le prix d'achat par UBS est globalement le moins favorable. En revanche, le prix à l'achat du Centenario est défavorable chez GFI puisque ce commerçant le rachète ici moins cher que UBS.

Jetons et lingots ouvrés

Nous avons vu que les jetons et les lingots ouvrés entrent dans la catégorie fiscale des bijoux et assimilés (CFBA).

Pour l'évaluation de la base de calcul de l'ISF, l'administration fiscale a défini deux modes de calcul concernant les bijoux.

Si les jetons et autres objets assimilés à des bijoux sont détenus depuis plus de deux ans, ils seront estimés à la valeur déclarée dans un inventaire ou un contrat d'assurance en cours (si plusieurs estimations différentes existent, c'est la plus élevée qui sera retenue). À défaut le contribuable estimera les objets lui-même. Dans ce cas, le plus sage est de recourir à la cotation officielle des métaux précieux décrite dans les paragraphes précédents.

Selon des informations, qui n'ont pu être vérifiées concrètement, si les objets ont été acquis depuis moins de deux ans au 1er janvier de la déclaration, l'administration fiscale recommanderait de retenir le prix net d'achat pour la déclaration.

Si ces jetons ont été réalisés il y a plus de 100 ans[1], ils peuvent prétendre entrer dans la catégorie des antiquités et se trouvent de ce fait hors du champ des biens à évaluer : « *Quant aux médailles, elles ne sont susceptibles d'être exonérées qu'au titre d'objets d'antiquité ayant plus de cent ans d'âge.* »

Pièces de collection

Aux termes de l'article 885 I du CGI, les objets d'antiquité, d'art ou de collection ne sont pas compris dans les bases d'imposition à l'impôt de solidarité sur la fortune.

Entrent dans ce périmètre de l'article 885 I les pièces en métaux précieux frappées avant l'année 1801[2], considérées à ce titre comme objet de collection : « *S'agissant de la numismatique, seules les monnaies antérieures à 1800 sont des objets de collection dès lors que la plupart des pièces de métal précieux frappées après cette date et, notamment, la pièce d'or française de 20 francs dite napoléon font l'objet d'un marché important et d'une cotation officielle* »[3].

Les pièces de collection ne seront donc pas prises en compte pour l'évaluation du patrimoine dans le cadre du calcul de la base d'imposition à l'ISF.

Au passage, vous noterez que même l'administration fiscale ignore, en 2012, qu'il n'existe plus de « cotation officielle » des monnaies d'or depuis 2004.

---

1. Article 150 du BOI-PAT-ISF-30-40-20-20120912 du 12/09/2012.
2. L'administration fiscale française n'est pas très claire sur cette limite, 1800 ou 1801, se contredisant d'un *BOI* à un autre. Je suggère de retenir les dispositions de la directive du Conseil de l'UE qui écrit « ont été frappées après 1800 », ce qui de fait implique que l'autre catégorie de pièces répond au critère « ont été frappées avant 1801 ».
3. Article 130 du BOI-PAT-ISF-30-40-20-20120912 du 12/09/2012.

Succession et donation

Les cessions à titre gratuit dans le cadre de donation ou de succession ne sont pas soumises à la taxe forfaitaire[1].

Néanmoins, les métaux précieux entrent dans l'évaluation de la succession. Les méthodes d'évaluation proposées pour le calcul de la base d'imposition de l'ISF peuvent être appliquées de la même façon ici.

---

[1]. Article 170 du BOI-RPPM-PVBMC-20-10-20130423 du 23/04/2013.

Partie III

Les métaux précieux en pratique

Dans les parties précédentes ont été passés en revue d'une part les éléments qui motivent l'acquisition de métaux précieux, et, d'autre part, les quelques informations nécessaires pour intervenir sereinement sur ce marché atypique.

L'étape suivante est le passage à l'acte lui-même.

Dans ce chapitre vous seront proposées quelques réponses à des questions qui sont souvent posées.

- Quelle part de son patrimoine faut-il y consacrer ?
- Que faut-il acheter ?
- Sous quelle forme ?
- À quel prix ?
- Quelles sont les sources d'information fiables ?
- Comment déjouer les arnaques ?

QUELLE PART Y CONSACRER ?

Vous avez probablement déjà entendu parler de cette « règle des 5 % ». Interrogez n'importe quel banquier ou gestionnaire de patrimoine français sur le pourcentage qu'il est raisonnable d'allouer aux métaux précieux et, quelle que soit la conjoncture, vous obtiendrez cette réponse stéréotypée : 5 %.

Cette réponse n'a aucun sens. Non seulement il ne peut pas exister de réponse standard à ce genre de questions compte tenu de la diversité des patrimoines, des âges, des situations familiales, etc., des investisseurs et des épargnants, mais une allocation d'actifs dans un portefeuille dépend aussi de la conjoncture. Les conseils de diversification au sein des portefeuilles promus par les mêmes banquiers et gestionnaires sont le plus souvent des aveux d'impuissance sur leur capacité à discerner le contexte dans lequel ils évoluent. Dans le doute on y met un peu de tout… comme ça personne ne pourra dire qu'il n'y en avait pas, ni qu'il y en avait trop !

De la même façon faire de grands calculs pour comparer les rendements des placements en actions et en or en remontant à la nuit des temps ne ressemble à rien qui puisse aider un investisseur. Les actifs financiers sont comme les légumes, ils ont des saisons de prédilection pour pousser.

Posséder de l'or quand aucune perturbation monétaire ne pointe le bout de son nez relève de l'absurdité. En revanche, ne pas en posséder quand l'orage monétaire gronde relève de l'inconscience.

Après ce constat, le pourcentage que vous allez y allouer dépendra, comme rappelé plus haut, de votre situation personnelle. Ce pourcentage variera à mesure que votre perception de l'approche de l'orage croîtra. Certes il est impossible de savoir où et quand la foudre frappera mais les bulletins météorologiques ne manquent pas de nos jours.

Le célèbre gestionnaire de fonds Marc Faber donnait en juin 2013 sa propre allocation d'actifs : un quart en actions, un quart en obligations et en liquidités, un quart en immobilier, et enfin, un quart en or. Ce n'est qu'un exemple.

QUE FAUT-IL ACHETER ?

La réponse a été en partie donnée en tout début d'ouvrage. L'or ou l'argent doivent être acquis sous leur forme **physique** et en **pleine propriété.**

De ce fait sont écartées toutes les propositions relevant de la promesse de remise de produits physiques. Avec ces solutions l'acheteur n'est pas réellement propriétaire du produit ; il est créditeur de celui qui s'engage à remettre, sur demande de l'acheteur, une quantité de produit correspondant à cette obligation initiale. Le débiteur reste propriétaire du métal jusqu'à ce qu'il honore son obligation. Des faits récents montrent que ces promesses ne sont pas toujours tenues.

- Fin mars 2013, la banque néerlandaise ABN Amro annonce par courrier à ses clients qu'elle ne pourra désormais plus livrer de métal aux clients ayant souscrit à des certificats or.
- Fin juillet 2013, une autre banque néerlandaise, Rabobank, annonçait ne plus être en mesure de délivrer du métal. C'est la même banque qui écopait

quelques mois plus tard d'une amende de 774 millions d'euros pour sa participation active dans les fraudes sur l'établissement des taux Libor et Euribor.

En résumé, achetez du métal en pleine propriété et non des promesses d'en obtenir.

Or et argent : quelle allocation entre les deux métaux ?

La « capitalisation » mondiale de la production annuelle d'argent est absolument ridicule par rapport à celle de l'or ; d'un côté 2 600 tonnes d'or à 30 000 euros le kilogramme, soit 78 milliards d'euros ; de l'autre 24 000 tonnes d'argent à 470 euros le kilogramme, soit 11,3 milliards d'euros. L'argent est donc un nain dans le monde financier.

Mais l'or a deux spécificités par rapport à l'argent. Du fait de sa structure chimique et de l'usage qui en est fait, il se perd peu d'or. *A contrario* l'argent subit une certaine attrition. L'or est donc beaucoup plus accumulé et thésaurisé que l'argent. Les banques centrales ont, à quelques exceptions microscopiques près, liquidé tout leur stock d'argent hérité du bimétallisme et conservent en revanche aujourd'hui 32 000 tonnes d'or en coffre. Ces deux particularités font que l'or cumulé depuis des siècles reste présent et circule en tant qu'actif financier. C'est ainsi que le marché de l'or est parmi les produits d'investissement les plus liquides, comme évoqué dans la première partie.

Les investisseurs qui achètent de l'argent physique font donc tout simplement le raisonnement suivant : l'or est, selon eux, promis à de beaux jours, et le prix de l'argent « mime » celui de l'or ; mais, contrairement à l'or, l'argent ayant une liquidité très limitée, son prix devrait développer une très forte volatilité. Néanmoins comme tout produit à forte volatilité, il convient de ne lui accorder qu'une place accessoire et d'en assurer un suivi particulier. Il est raisonnable de considérer que l'argent ne devrait donc pas dépasser 25 % d'un portefeuille de métaux précieux pour être en mesure de conserver une bonne maîtrise de son risque.

SOUS QUELLE FORME ?

Les métaux précieux physiques recouvrent plusieurs possibilités en combinant or ou argent avec les différentes formes décrites dans les chapitres qui ont précédé.

En y incluant les pièces de collection, nous voici avec 12 formes possibles rassemblées dans le tableau suivant où sont notées les préférences vis-à-vis d'un objectif d'investissement. La notation peut sans doute être appréciée comme arbitraire mais elle prend en compte plusieurs critères, dont le critère fiscal, selon ce que nous ont appris les pages dédiées à la fiscalité.

	Lingots	Pièces démonétisées (>1800)	Pièces à cours légal	Jetons et lingots ouvrés	Pièces de collection (<1801)
Or	+	++	+++	+++	+
Argent	– –	–	++	++	+

Passons-les en revue.

Lingots d'or

Avantages	Inconvénients
Forte concentration de valeur Faible prime Traçabilité par n° de série Exonération de TVA si or d'investissement	Insécable/peu « liquide » Maintien de l'intégrité Taxe selon CFMP Si < 995 ‰ TVA au taux normal si neuf ou d'occasion

Lingots d'argent

Avantages	Inconvénients
Forte concentration de valeur Faible prime Éventuellement traçabilité par n° de série	Insécable/peu « liquide » Maintien de l'intégrité TVA au taux normal si neuf ou d'occasion Taxe à la vente selon CFMP

Pièces démonétisées en or

Avantages	Inconvénients
Bonne liquidité* Prix moyen international accessible Exonération de TVA si or d'investissement	Volume de stockage de valeur > lingot Pas de traçabilité par n° de série TVA normale si pas or d'investissement Prime selon effigie Taxe à la vente selon CFMP Effigies françaises peu connues à l'international

* Selon le volume des émissions d'origine.

Pièces démonétisées en argent

Avantages	Inconvénients
Bonne liquidité*	Volume de stockage de valeur > lingot Pas de traçabilité par n° de série Prime selon effigie Aucun marché international TVA au taux normal Taxe à la vente selon CFMP Prix moyen peu accessible Effigies françaises inconnues à l'international

* Selon le volume des émissions d'origine.

Pièces à cours légal en or

Avantages	Inconvénients
Très forte liquidité Exonération de TVA Prix moyen international très accessible Taxe à la vente selon CFBM avec exonération si cession < 5 000 € Marché international très actif	Volume de stockage de valeur > lingot Pas de traçabilité par n° de série Prime selon effigie et poids Effigies françaises hors du cadre de l'investissement

Pièces à cours légal en argent

Avantages	Inconvénients
Très forte liquidité Exonération de TVA* Prix moyen international très accessible Taxe à la vente selon CFBM avec exonération si cession < 5 000 € Marché international très actif	Volume de stockage de valeur > lingot Pas de traçabilité par n° de série Prime selon effigie et poids Effigies françaises hors du cadre de l'investissement

* Nota important : cette exonération est difficile à faire admettre. L'administration fiscale classe ces pièces dans les objets de collection alors que les critères de la CJUE ne le permettent pas. Le lecteur opiniâtre trouvera dans les pages consacrées à la fiscalité tous les éléments pour contester ce classement en collection si besoin.

Jetons et lingots ouvrés en or

Avantages	Inconvénients
Forte liquidité Traçabilité par n° de série Exonération de TVA si > 995‰ Prix moyen international très accessible Taxe à la vente selon CFBA. avec exonération si cession < 5 000 € Marché international actif	Volume de stockage de valeur > lingot Prime selon effigie et poids (Primes lingots parfois importantes) Si < 995‰ TVA au taux normal si neuf ou TVA sur la marge si d'occasion Si < 995‰ vérifier la présence d'un poinçon

Jetons et lingots ouvrés en argent

Avantages	Inconvénients
Forte liquidité Traçabilité par n° de série pour les lingots Prix moyen international accessible Taxe à la vente selon CFBA avec exonération si cession < 5 000 € TVA sur la marge si d'occasion Marché international actif	Volume de stockage de valeur > lingot Jetons : peu de traçabilité par n° de série Prime selon effigie et poids Primes lingots parfois importantes TVA au taux normal si neuf PS : Vérifier la présence d'un poinçon

Pièces de collection en or

Avantages	Inconvénients
Expertises disponibles au niveau national Prix moyen international accessible Marché international actif Taxe à la vente selon CFBA avec exonération si cession < 5 000 € Hors base de calcul de l'ISF	Liquidité à vérifier TVA sur la marge Si import : TVA réduite

Pièces de collection en argent

Avantages	Inconvénients
Expertises disponibles au niveau national Prix moyen international accessible Marché international actif Taxe à la vente selon CFBA avec exonération si cession < 5 000 € Hors base de calcul de l'ISF	Liquidité à vérifier TVA sur la marge Si import : TVA réduite

Dans cet inventaire, la pièce à cours légal se démarque nettement. C'est le produit d'investissement par excellence. Elle combine forte liquidité et notoriété internationale avec une fiscalité moins pénalisante que celle applicable aux pièces démonétisées ou aux lingots.

Quelles monnaies d'investissement choisir ?

Le choix doit être guidé par un volume d'émissions compatible avec l'exigence de liquidité comme tout produit d'investissement. Le tableau suivant rassemble quelques statistiques sur les trois familles de monnaies d'or et d'argent qui représentent les incontournables de l'investissement du fait de leur liquidité et de leur popularité internationale, deux éléments fondamentaux pour assurer une revente dans de bonnes conditions. Chacune de ces cinq pièces fait l'objet d'une fiche détaillée en annexe.

	Or Nb pièces Tonnage fin	Or Déclinaisons Valeur faciale	Argent Nb pièces Tonnage fin	Argent Déclinaisons Val. faciale
Krugerrand	60 millions 1 600 t	1 oz, ½ oz, ¼ oz et $^1/_{10}$ oz Contrepartie en rand de l'or fin	–	–
Feuille d'érable	40 millions 800 t	1 oz, ½ oz, ¼ oz, $^1/_{10}$ oz et $^1/_{20}$ oz 50 C$, 20 C$, 10 C$, 5 C$	110 millions 3 500 t	1 oz 5 C$
American Eagle	30 millions 600 t	1 oz, ½ oz, ¼ oz et $^1/_{10}$ oz 50 $, 25 $, 10 $, 5 $	354 millions 11 000 t	1 oz 1 $

Bien évidemment, cette liste restrictive ne doit pas empêcher l'investisseur, qui soit découvre une opportunité, soit souhaite se faire plaisir, de l'étendre.

Procurez-les-vous à l'état neuf et en « non circulé », ou BU pour *Brillant Uncirculated*, ou *Mint State* – tout ceci voulant dire la même chose, à savoir « directement sorti de la fabrication sans aucune manipulation ». Compte tenu des volumes annuels importants, les investisseurs n'auront aucun problème à se les procurer. Leur état neuf permet, si elles sont conservées dans de bonnes conditions, de préparer une revente sans problème.

Pour assurer une excellente conservation, et selon les quantités achetées, les monnaies peuvent être livrées dans leur tube plastique étanche d'origine ou, pour des quantités plus importantes encore, dans leur caisse plastique d'origine[1]

---

1. Ces caisses sont baptisées *monster boxes* dans la profession.

contenant de 10 à 25 tubes. Le tableau suivant consolide les informations rassemblées sur ces conditionnements.

	Module	Nb/Tube	Nb/Monster Box
Britannia Or	1 oz	10	
Britannia Argent	1 oz	20	500
Eagle Argent	1 oz	20	500
Eagle Or	1 oz	20	500
Eagle Or	½ oz	40	
Eagle Or	¼ oz	40	1 000
Eagle Or	⅒ oz	50	
Érable Argent	1 oz	25	500
Érable Or	1 oz	10	500
Érable Or	½ oz	Blister	
Érable Or	¼ oz	Blister	
Érable Or	⅒ oz	Blister	
Kookaburra Argent	1 oz	100	500
Krugerrand Or	1 oz	10 et 15	
Krugerrand Or	½ oz	15	
Krugerrand Or	¼ oz	50	
Krugerrand Or	⅒ oz	50	
Libertad Argent	5 oz	5	
Libertad Argent	1 oz	20	Sac de 500
Libertad Argent	½ oz	20	
Libertad Argent	¼ oz	50	
Libertad Argent	⅒ oz	50	
Panda Or	1 oz	Blister	
Panda Argent	1 oz	Plaque de 30	600
Philharmonic Argent	1 oz	20	500
Philharmonic Or	1 oz	10	
Philharmonic Or	½ oz	20	
Philharmonic Or	¼ oz	20	
Philharmonic Or	⅒ oz	20	

À QUEL PRIX ?

À quel prix faut-il acheter les métaux précieux d'investissement ?

Jusqu'en août 2004, la réponse à cette question était facile, du moins pour les investisseurs français cherchant à acquérir de l'or sous la forme de lingots ou de pièces. Les prix de l'or étaient en effet publiés tous les jours de Bourse par Euronext. Néanmoins, après la cessation de l'activité du Crédit du Nord sur le marché libre de l'or, Euronext annonçait le 30 juillet 2004 la suspension des cotations de l'or à Paris à partir du 2 août, suivie le 14 septembre 2004 par un communiqué mettant définitivement fin à ce marché ouvert à Paris depuis 1948[1]. Cette décision faisait ainsi disparaître la dernière place où étaient cotées de façon organisée et libre des pièces d'or d'investissement dans le monde.

Depuis l'été 2004 il n'existe donc plus sur la Terre de cotation organisée des pièces d'or à des fins d'investissement.

Tout ce qui vous est présenté comme cotation est un abus de langage. Désormais, le prix est une pure affaire de positionnement commercial des commerçants en métaux précieux. Pour l'acheteur (idem pour un particulier vendeur) il faut donc retenir que personne en France ou ailleurs dans le monde ne détient la vraie valeur à un instant donné de telle ou telle pièce. L'acheteur doit donc se méfier des discours tendant à faire croire qu'il existerait en France un organisme détenant la vérité sur la cote des pièces. Il suffit à cet acheteur de comparer les prix offerts ici ou là pour trouver la meilleure offre, en peu de mots, faites jouer la concurrence ! En tant qu'acheteur il vous faut absolument fuir les vendeurs qui sont incapables de vous donner immédiatement un prix[2] évoquant une soi-disant cotation attendue pour le lendemain et vous proposent de vous positionner dans un fantomatique carnet d'ordres. Ceci est tout à fait illégal puisqu'il n'existe pas de marché organisé et que la législation fait obligation d'afficher un prix pour toute chose proposée à la vente.

Dès lors comment déterminer le bon prix ?

Le prix des métaux précieux, or et argent, est déterminé à partir d'une cotation de référence donnant la valeur au jour le jour du métal, à laquelle s'ajoutera une

---

1. Voir notes fournies p. 94, « Monnaies d'investissement ».
2. Déjà évoqué : depuis la loi du 13 février 2014, il est fait obligation aux commerçants, en plus de celle existante de longue date pour l'affichage des prix de vente, d'afficher les prix d'achat (rachat aux particuliers).

majoration (prime[1]) qui fluctuera selon le type de produit, lingot ou pièce, et selon la marge commerciale que le vendeur imposera.

La cotation de référence

Cette base est, pour certains vendeurs, la cotation de l'or et de l'argent physique donnée par la LBMA (deux fois par jour pour l'or et une fois par jour pour l'argent, en dollars, euros et livres sterling), pour d'autres, en particulier pour les vendeurs sur Internet, le prix du contrat à terme de livraison immédiate (spot) donné par le groupe CME, de New York (code du contrat : GC). Vous trouverez ainsi des offres « spot + 15 $ » (par exemple), ce qui veut dire que pour cette pièce le prix de vente est le prix du contrat à terme, à l'instant de la transaction, auquel s'ajoute une prime de 15 dollars.

La prime

La prime est d'abord fonction du produit acheté. Plus la quantité de métal est grande, moins la répercussion des frais de fabrication sera importante en pourcentage. Une pièce d'or ou un lingot de quelques grammes afficheront systématiquement une prime plus importante qu'un lingot de 100 g, et ce dernier une prime supérieure au lingot de 1 kg.

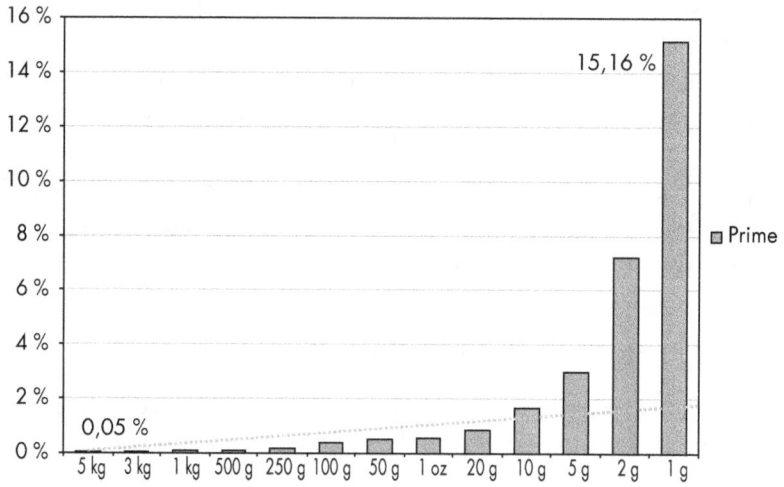

Évolution des primes sur les lingots d'or commercialisés par UBS en fonction du poids de fin

---

1. La prime (*premium* en anglais) peut être présentée sous deux formes : soit la différence en monnaie locale entre le prix de vente et le prix du métal contenu, soit exprimée en pourcentage, au-dessus ou au-dessous du prix du métal.

Comme le montre le graphique ci-dessus, la quasi-linéarité de la prime en fonction du poids est « perdue » à partir des modules inférieurs à 20 g. À partir de 5 g, celle-ci explose de façon exponentielle.

La prime est aussi influencée par la rareté, en particulier pour des produits recherchés, par exemple des pièces relativement rares qui se situent à la frontière de la numismatique (certains souverains ou roubles), ou des pièces récentes émises en nombre limité, ou bien encore pour certains lingots particulièrement prisés pour leur qualité et dont la production a été arrêtée. C'est aussi le cas des pièces destinées aux collectionneurs. Les ateliers monétaires émettent régulièrement des pièces réalisées avec une finition soignée dans des volumes limités (finition belle épreuve ou *proof* en anglais). Ces pièces présentent les mêmes gravures que les pièces d'investissement mais du fait du processus de fabrication sont vendues avec une prime exorbitante et donc dissuasive pour un investisseur.

La prime, en particulier pour les pièces, est donc une information à géométrie variable. Ce surcoût est souvent évoqué par les nouveaux arrivants sur ce marché pour s'orienter de préférence vers les lingots. Ce raisonnement, apparemment sensé, ne prend pas en compte le fait que la prime, que l'acheteur paie en premier, sera largement récupérée plus tard au moment de la vente. Si, comme il l'espère, le prix des métaux précieux reste orienté à la hausse, les x % de prime payé à l'achat se transformeront en x % sur un prix brut plus élevé à la vente. Il ne faut donc pas « avoir peur » de la prime dès lors que celle-ci reste raisonnable et justifiée.

Lorsque survient une crise mettant en cause la solidité de la monnaie, à l'instar de celles des années 1970-1980 ou 2007-2009, la prime des pièces est sujette à des accès de fièvre du fait de l'abondance de la demande vis-à-vis de l'offre. Ceci est particulièrement flagrant pour les pièces dont le marché est figé, c'est-à-dire qu'il n'est plus alimenté par de nouvelles productions (napoléon, pièces américaines pré-1933). Ces situations exceptionnelles sont révélatrices de la surprise, voire du choc traumatique, que suscitent ces crises auprès d'une population en ayant ignoré les prémices. À l'évidence ce n'est pas au moment où les primes explosent qu'il faut commencer à acheter. Ces situations sont plutôt des opportunités pour ceux qui cherchent à vendre.

Les trois graphiques qui suivent rassemblent, pour une journée ordinaire de novembre 2013, la situation des primes sur les monnaies d'or et d'argent, ainsi que pour quelques lingots d'argent, en fonction du poids de métal fin de ces différents produits.

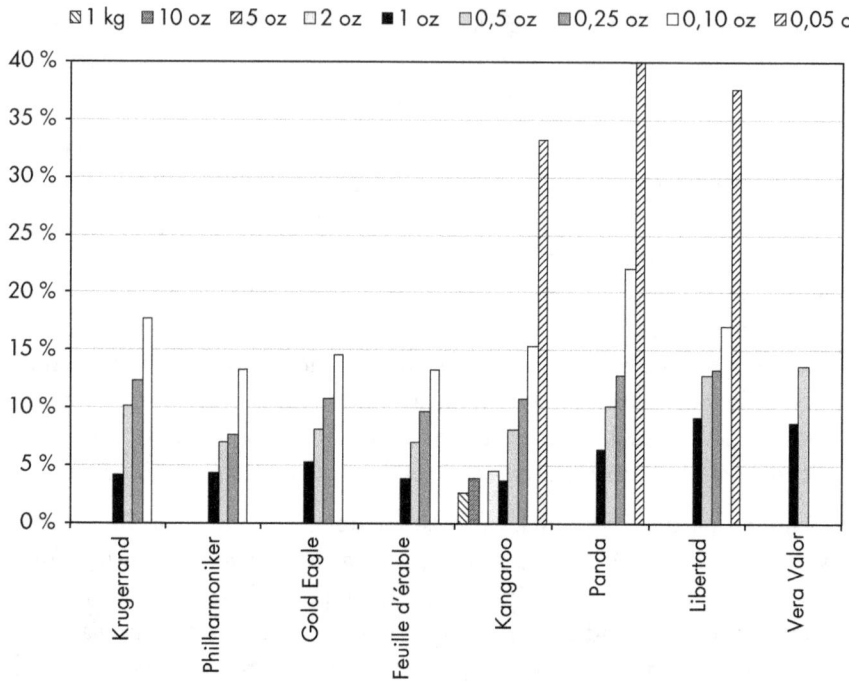

Primes (en %) sur les monnaies et jetons d'or

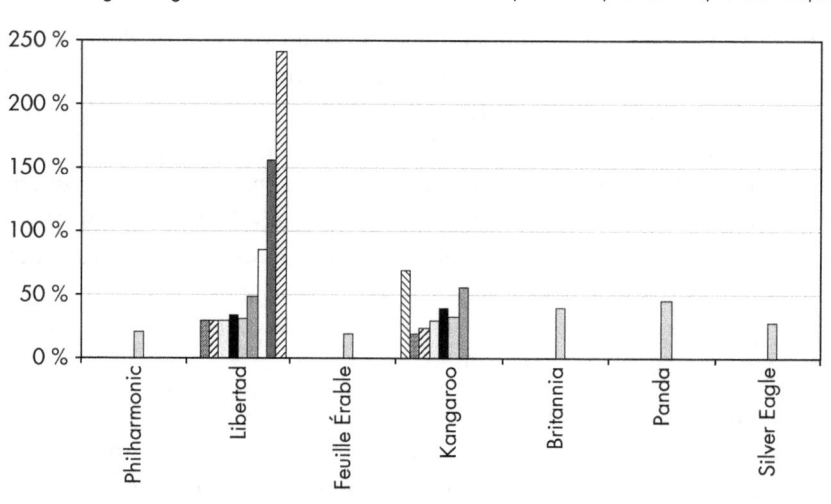

Primes (en %) sur les monnaies d'argent

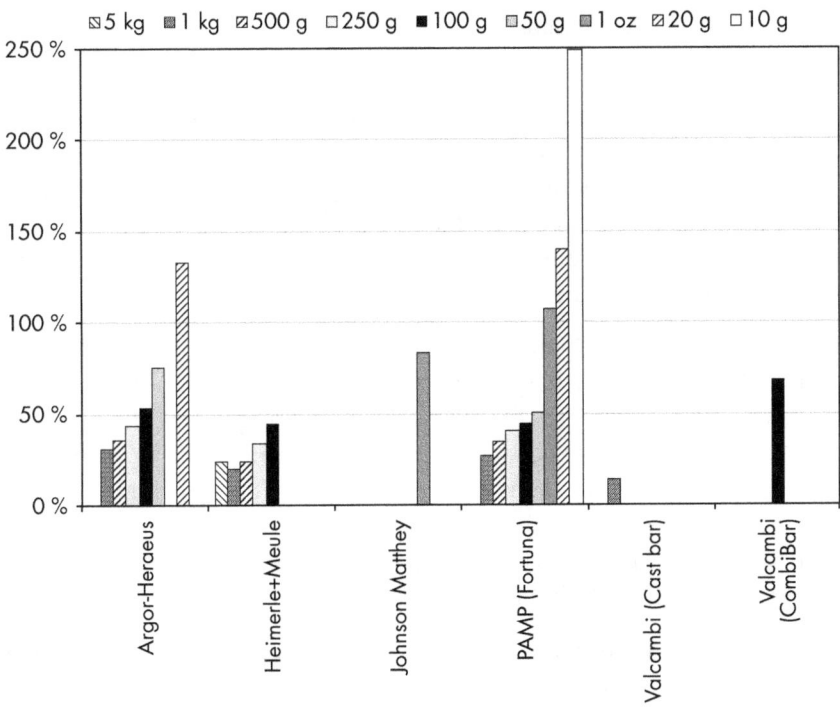

Primes (en %) sur les lingots d'argent

Comment faire pour savoir si le prix est correct ou totalement exagéré ?

Comparer systématiquement les prix entre les différents commerçants, qu'ils soient au coin de la rue ou sur Internet, est un principe élémentaire avant de faire un achat d'une certaine importance. C'est ce que vous faites pour l'achat d'un nouveau lave-vaisselle, alors pourquoi pas pour vos prochains achats de métaux précieux ?

Pour avoir une idée des tarifs pratiqués avant d'acheter, vous pouvez vous documenter via Internet, en parcourant les sites de vente aux enchères ou des sites de commerçants. Il n'est pas rare d'y constater des écarts de prix de l'ordre de 5 %, en particulier sur les petites fractions d'once. Néanmoins ces recherches sont longues et fastidieuses et nécessitent par ailleurs de comparer les prix au même instant (le soir après 22 heures lorsque le marché à terme de New York, le CME, est fermé) pour que la comparaison soit significative. Heureusement, les comparateurs de prix sur Internet se sont intéressés au sujet. Même s'ils sont loin d'être exhaustifs dans leur comparaison, ils constituent des aides très précieuses pour comprendre le marché.

Le site www.numibase.com est à notre connaissance le seul comparateur de prix de métaux précieux en français. La comparaison se fait selon plusieurs critères de recherche : par vendeur, par poids, par pays, par fabricant et par type (lingot, pièces, etc.). Le résultat n'est pas toujours probant (quelques pages vides en résultat) mais cet outil récent devrait s'améliorer avec l'expérience et devenir un bon outil pour les acheteurs français.

Pour les acheteurs anglophones le comparateur bullionsupermarket.com rassemble les prix en dollars (pour les États-Unis, le Canada, l'Australie et la Grande-Bretagne) et en euros (pour l'Allemagne) pratiqués sur eBay, Amazon, Apmex et GoldSilver.com). Les comparaisons réalisées par ce site sont moins larges que celles de Numibase mais présentent l'intérêt d'y inclure les enchères eBay et les offres avec stockage (Vaulted). Ces dernières sont pour le moment restreintes à BullionVault mais il est permis d'espérer qu'avec le temps les concurrents de BullionVault y figureront.

Les sites américains www.comparegoldandsilverprices.com et comparesilverprices.com offrent une comparaison des prix des pièces et des lingots d'or et d'argent pratiqués outre-Atlantique.

Le plus abouti des comparateurs est sans nul doute celui du site allemand www.Bullion-investor.com. Son seul véritable défaut est d'être réalisé uniquement en allemand, ce qui en rend la lecture difficile pour les non-germanophones. Cependant, avec l'aide de Google et de quelques « copier-coller », il est possible de s'y retrouver sans trop de difficultés. Ce comparateur s'intéresse principalement aux fournisseurs allemands et autrichiens de pièces et lingots d'or et d'argent ainsi qu'à quelques fournisseurs britanniques, estoniens, etc. Enfin, sur le plan pratique, chaque recherche est résumée dans un document au format Acrobat (pdf) imprimable. Ce comparateur deviendra rapidement incontournable pour préparer vos achats.

Quelques sites Internet publient le prix moyen des transactions commerciales de pièces et lingots d'or qu'ils ont réalisées ou qu'ils réalisent à l'instant. Trois sites sont particulièrement intéressants à ce sujet :

- Goldforex.be[1], le site de la société belge GFI (Gold & Forex International), qui présente l'avantage d'afficher clairement les prix en euros à l'achat (par

---

1. http://www.goldforex.be/servlet/javaparser?pgm=lst_or_new&lg=fr.

GFI) et à la vente ainsi que les primes correspondantes en pourcentage de la valeur en métal ;

- le site de la société française AuCOFFRE.com[1], qui affiche le prix moyen en euros des transactions réalisées entre clients sur sa plate-forme ainsi que les primes moyennes constatées ;
- enfin le site d'UBS Or / Métaux précieux[2] propose en temps réel un ensemble très complet de prix, à l'achat (par UBS) et à la vente, pratiqués aux comptoirs d'UBS à Genève, Bâle et Zurich, pour les pièces et les lingots d'or et d'argent de toutes tailles, ainsi que les « ristournes » pratiquées en fonction des volumes.

L'argent n'a pas de statut fiscal d'investissement vis-à-vis de la TVA. Les achats sont donc normalement majorés de la TVA au taux du pays dans lequel l'achat est réalisé. Néanmoins, l'article 103 de la directive 2006/112/CE dispose que les États membres peuvent prévoir que le taux réduit de TVA s'applique également aux importations d'objets de collection. En France cette disposition est reprise dans l'article 78-0 bis (I-1) du CGI. En jouant sur l'ambiguïté introduite par l'administration elle-même sur le classement en collection des monnaies neuves à cours légal en argent, cette disposition permet aux commerçants d'importer des monnaies en argent avec un impact minimal de la TVA sur le prix de revient final.

Seule l'Estonie, considérant les monnaies en argent à cours légal comme des devises, exonère de TVA les ventes de ces pièces.

L'argent, qu'il soit sous la forme de pièces ou de lingots, affiche généralement des primes importantes voire très importantes. Il y a plusieurs explications à ce phénomène :

- L'or étant près de deux fois plus lourd que l'argent[3] et aujourd'hui plus de 60 fois plus cher que le métal gris, l'amortissement des coûts de fabrication majore fortement le coût de l'argent ;
- pour un même montant investi le poids et le volume d'argent sont sans commune mesure avec ceux de l'or. L'amortissement des frais de stockage et de transport a donc là aussi un impact plus fort sur les coûts de production et de commercialisation des pièces et des lingots ;

---

1. https://www.AuCOFFRE.com/index.html.
2. https://quotes-public2.ubs.com.
3. Or : 19,3 g.cm^{-3}, argent : 10,5 g.cm^{-3}.

- enfin, l'argent ne bénéficiant d'aucun statut d'exonération de TVA dans l'Union européenne, la répercussion de celle-ci pèse lourd dans le prix final.

Le prix des pièces de collection

Acheter des pièces de collection est une démarche qui peut avoir du sens pour un investisseur mais qui nécessite de se plonger dans les arcanes de la numismatique. C'est une façon intelligente de combiner investissement, plaisir et culture.

Il est néanmoins difficile d'apprécier le véritable rendement d'un tel placement. Il existe aux États-Unis plusieurs indices des pièces rares (PCGS[1] et US Coin Values Advisor par exemple) qui permettent d'avoir une petite idée des performances passées de ces pièces. Sur la base des chiffres donnés par US Coin Values l'indice des 87 pièces rares américaines a été multiplié par 3,86 depuis janvier 2000. Sur la même période le prix de l'or a été multiplié, en dollars américains, par 4,5 et celui de l'argent par 4.

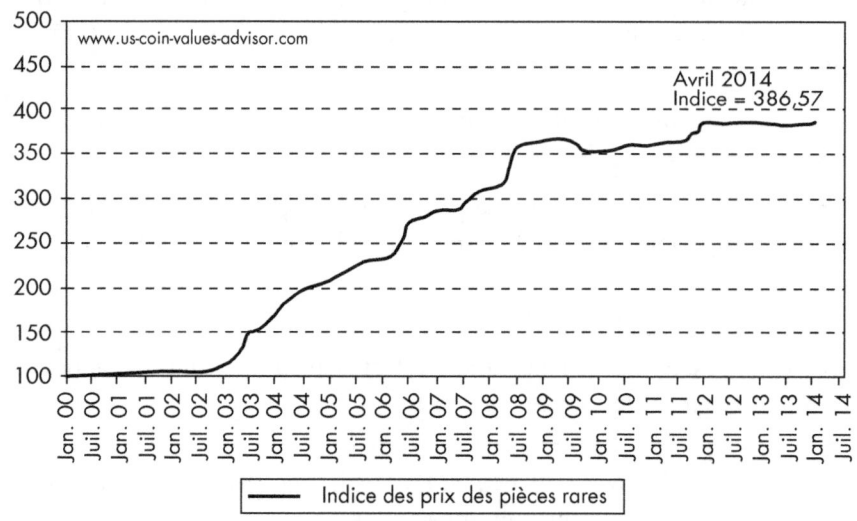

Indice des prix des pièces rares depuis 2000

Source : ©us-coin-values-advisor.com.

---

[1]. PCGS publie plusieurs indices : Generic Gold Coin Index, Mint State Rare Gold Coin Index, Proof Gold Coin Index, Mint State Type Coin Index, Proof Type Coin Index, Morgan and Peace Dollar Index, Silver and Gold Commemorative Index, 20th Century Coin Index, PCGS3000® Index, Key Dates and Rarities Index.

On peut dire que ces performances sont comparables. Néanmoins le prix des monnaies de collection, selon l'indice de US Coin Values, est moins volatil que celui de l'or dont les consolidations sont parfois profondes.

Selon Raymond Lombra[1], professeur d'économie à l'université de Pennsylvanie, sur une longue période le rendement des pièces rares serait comparable voire légèrement supérieur à celui des actions.

Les monnaies de collection sont un monde à part. Outre la rareté qui est le facteur essentiel du prix, celui-ci dépend de plusieurs autres facteurs, dont l'état de conservation et le marché national d'où ces pièces sont issues.

Par exemple, du fait de l'intérêt des collectionneurs domestiques, les pièces américaines cotent généralement plus outre-Atlantique qu'en Europe et inversement pour les monnaies européennes rares.

L'état de conservation a un impact majeur sur le prix. Pour l'apprécier les numismates ont développé des échelles d'état permettant selon certains critères d'attribuer à la pièce examinée un degré dans la gradation entre l'état originel et celui de savonnette. Ce mécanisme, d'apparence simple pour le profane, rencontre deux difficultés. La première vient de la multiplicité des échelles au niveau international, voire national, et des difficultés de correspondance entre ces échelles. La deuxième tient à la démarche elle-même. « Grader » une pièce fait appel à la perception humaine. Même si une échelle est plus normalisée, plus précise et étendue qu'une autre, la subjectivité reste de mise puisqu'une intervention humaine reste au centre du processus. Une enquête réalisée de façon anonyme a ainsi mis en évidence la dispersion des résultats obtenus, révélant le degré important de subjectivité de la démarche.

Plusieurs organismes nord-américains (ANACS, NGC, NCI, PCGS ou ACCGS par exemple aux États-Unis et CCCS au Canada) proposent une certification des pièces (*grading* en anglais) qui leur sont soumises. Ces services se sont développés majoritairement vers la fin des années 1980[2].

La démarche consiste à attribuer à la pièce une codification dans une échelle standardisée[3] et très détaillée permettant d'obtenir immédiatement et sans

---

1. Raymond E. Lombra, Ph.D, *The Investment Performance of Rare U.S. Coins*.
2. L'ANACS (American Numismatic Association Certification Service) est le premier service à avoir vu le jour en 1972, suivi du NCI (Numismatic Certification Institute) en 1984 et du PCGS (Professional Coin Grading Service) en 1986.
3. La quasi-totalité des entreprises américaines offrant des services de certification utilisent l'échelle de 70 degrés définie par l'ANA (American Numismatic Association) qui a adapté aux besoins modernes l'échelle originellement créée en 1949 par le Dr William H. Sheldon.

ambiguïté le descriptif de cette pièce et son état de conservation. L'expertise réalisée sur la monnaie se traduit par un enregistrement dans une base de données accessible aux éventuels acheteurs. La pièce est ensuite restituée à son propriétaire, scellée dans une coque plastique inviolable contenant les références permettant d'accéder à la base de données.

L'opération entraîne un surcoût qui restera attaché à la pièce (de l'ordre de 10 % pour une pièce d'une once d'or commune). Cette approche concerne principalement les pièces rares et s'adresse donc essentiellement aux numismates. En plus de cette codification, la plupart des organismes de certification fournissent des catalogues de prix élaborés sur la base des transactions réalisées sur des sites de vente ou dans des ventes aux enchères.

La démarche de *grading* présente, pour les pièces de collection, plusieurs atouts évidents : plus de confiance et donc plus de liquidité. En effet, le marché des pièces de collection est un marché actif mais relativement restreint. L'introduction du *grading* a fluidifié de façon importante le marché nord-américain en introduisant plus de confiance entre acheteurs et vendeurs.

Il n'existe pas en France de service équivalent. Historiquement, les pièces cotées à la Bourse de Paris étaient acceptées à la condition de répondre à des critères de qualité. On parlait alors de pièces « *boursables* » (certains, ignorant que la Bourse de Paris a cessé ses cotations en 2004, en parlent encore !). Pour s'assurer que ces pièces conservaient leur intégrité, elles étaient placées dans des sachets en plastique scellés. Certains commerçants ou courtiers peu scrupuleux n'hésitaient pas à pratiquer des décotes importantes pour toute reprise de pièces non ensachées quel que soit leur état.

De nos jours il n'y a plus qu'une seule raison pour laquelle la mise sous scellé pourrait présenter un intérêt. Cette raison est purement fiscale et n'a rien à voir avec la qualité des pièces. En effet, et de façon très mystérieuse, l'administration fiscale accorde la possibilité de choisir le régime de taxation de la plus-value réalisée pour les seules cessions pour lesquelles le vendeur peut prouver l'origine d'achat des pièces ou des lingots. Pour les lingots, ceux-ci ayant un numéro le plus souvent, il est facile pour le vendeur de produire la facture avec le numéro correspondant à celui du lingot. Pour les pièces, l'administration fiscale n'accorde cette option que s'il s'agit bien des mêmes pièces que celles vendues. Cette disposition (ridicule car il suffirait que l'administration fasse un rapprochement avec la facture pour éviter des fraudes aux doublons) conduit les acheteurs de pièces à faire mettre sous scellé leurs pièces comme avant 2004 mais pour une raison différente. Cette contrainte n'existe pas pour les monnaies ayant cours légal.

Les différentes solutions de stockage

Une fois la décision prise d'acheter des métaux précieux physiques, la question qui suit immédiatement toutes celles que nous avons traitées en amont est celle du stockage.

Faut-il garder les précieux objets dans ses murs ? Est-il raisonnable de les mettre dans un coffre loué ? Existe-t-il d'autres solutions ?

Chacune de ces solutions répond à la nécessité de s'affranchir de toute contrepartie entre soi et ses investissements. Néanmoins, chacune présente un risque qu'il conviendra de peser avant de la retenir.

Stocker chez soi

Avoir ses précieux lingots ou ses superbes pièces à portée de la main représente un fantasme qui hante certains investisseurs. D'autres, écartant catégoriquement toute autre solution, proposent des caches sophistiquées pour déjouer les recherches d'un éventuel monte-en-l'air. Car le risque principal est bien le cambriolage. Les statistiques récentes ont montré que ce risque est bien réel et que la flambée récente du prix des métaux a considérablement attisé l'activité des malfrats. Néanmoins, et les pages des faits divers malheureux sont là pour en attester, rien ne permet de lutter contre la détermination de certains voyous qui vont jusqu'à utiliser des méthodes barbares pour découvrir la cache miraculeuse ou la combinaison du coffre acheté à prix d'or à l'épreuve des chalumeaux.

Si malgré ce tableau sombre vous choisissiez néanmoins de stocker chez vous, voici quelques conseils élémentaires pour tenter de diminuer les risques qu'entraîne inévitablement la détention de métaux précieux chez soi.

Règle n° 1 : Le secret

Le renseignement est la base de la préparation d'un cambriolage (il ne s'agit pas des effractions réalisées à l'aveuglette pour un chapardage éclair). Alors soyez discret dans vos conversations privées et professionnelles, dans la vie courante et sur Internet. Votre facteur est sans aucun doute une personne de confiance, inutile de lui dire que ce colis qu'il vous remet contient la dernière Kookaburra de 1 kg d'argent. Ne dites à personne que vous détenez un magot chez vous. La discrétion est votre meilleure alliée.

Règle n° 2 : La paranoïa

Malgré votre discrétion, certains peuvent déduire que vous êtes en possession de biens de valeur. Il suffit par exemple de se poster dans une rue de Paris où abondent les commerces de métaux précieux et de suivre les manèges de clients bien ciblés.

Si vous devez réaliser une transaction d'un montant important avec un commerçant, préparez-la dans un premier temps par téléphone. Ne vous déplacez pas à pied ou en transports en commun avec vos biens sous le bras. Prenez un taxi et non votre véhicule, descendez quelques numéros avant votre domicile et non sur le pas de votre porte, etc. Si vous faites des transactions avec des particuliers, choisissez un lieu public et faites-vous accompagner discrètement par un ami qui se postera en observateur du bon déroulement de la transaction. En résumé, mettez-y un peu de paranoïa !

Règle n° 3 : L'assurance

Ne trichez pas avec votre assureur. Les contrats d'assurance excluent le remboursement des biens de valeur au-dessus d'un certain seuil. Veillez à actualiser ce seuil et surtout conservez vos factures d'achat dans un lieu aussi sûr que celui que vous avez mis en place pour vos biens.

Louer un coffre

L'autre solution consiste à louer un coffre. Contrairement à d'autres pays, en France il n'y a que les banques qui proposent ce service. Vous devez donc vous adresser à votre banque. Pour un loyer annuel de l'ordre de 70 à 100 euros, vous aurez à votre disposition un coffre d'environ 35 litres et une couverture en cas de vol de 30 000 à 40 000 euros. Ces chiffres sont des ordres de grandeur car les tarifs et les montants assurés varient d'une banque à une autre. Là aussi, comparez les prix et les termes des contrats qui vous sont proposés.

Le spectre d'une faillite bancaire fait peur et fait parfois porter un jugement erroné sur le service de location de coffres des banques, comme cela a été abordé dans le cadre de la confiscation.

Les faillites bancaires, islandaise, britannique, américaine, grecque ou chypriote, ont effectivement jeté l'ombre de la suspicion sur cette solution de stockage. Le fait que ces banques aient cessé leurs activités purement bancaires, c'est-à-dire les mouvements de crédit et de débit sur un livre de compte, n'a absolument rien à voir avec le fait qu'elles auraient été désertées par leur personnel d'une part, et, d'autre part, les activités de coffre étant essentiellement des activités de loueur, elles n'ont qu'un lointain rapport avec leur activité bancaire. Enfin, il n'y a aucun exemple de faillite bancaire ayant conduit à la fermeture des immeubles pendant des mois comme certains l'avancent hasardeusement. Toutes les faillites ou restrictions bancaires récentes n'ont entraîné que des gels de mouvements sur les comptes des clients mais en aucune manière un verrouillage définitif des accès aux coffres loués.

D'ailleurs, en temps normal, l'accès aux coffres loués est-il possible à chaque instant ? C'est-à-dire la nuit, les samedis, les dimanches et les jours fériés ? Si le locataire d'un coffre – que ce dernier contienne des lingots, des actes notariés, une collection de timbres ou simplement des photos d'êtres chers – n'est pas en mesure de patienter quelques jours pour accéder à ses cassettes, il doit avant toute chose se poser la question de la validité du choix qu'il a fait de mettre ses objets précieux (quels qu'ils soient) dans un coffre dont l'accès ne lui est pas ouvert 24 heures sur 24 et 7 jour sur 7.

Au plus fort d'une tempête financière, une personne qui investit dans les métaux précieux physiques se moque bien de savoir que ses lingots ne sont pas accessibles à l'instant, dès lors qu'il est possible d'y accéder à l'heure ou au jour suivant. Les Islandais locataires de coffres chez Landsbanki, qui ont attendu un jour, voire une semaine, avant d'accéder à leur coffre, n'ont eu ni à souffrir de cette situation, ni à regretter d'avoir choisi d'acheter de l'or et de l'avoir stocké dans un coffre loué dans cette banque. Alors que leur banque était fermée quelques jours, le prix des chers lingots qu'ils y détenaient grimpait inexorablement.

L'option du coffre de banque nécessite néanmoins de prendre quelques mesures de bon sens :

- bien lire le contrat de location pour s'assurer qu'aucune exclusion de stockage de métaux précieux n'y serait glissée ;
- s'assurer du plafond d'indemnisation en cas de vol. La jurisprudence a clairement statué sur le fait que le banquier a une obligation de résultat et non de moyens en la matière. C'est-à-dire qu'il est responsable quoi qu'il arrive à vos biens détenus dans son coffre. À lui de mettre les ressources nécessaires pour le protéger. Le contrat de location de coffres comporte pour la banque « *une obligation particulière de surveillance et le devoir de prendre toutes les mesures nécessaires pour assurer, sauf impossibilité majeure, la sauvegarde du coffre et des objets qu'il contient*[1] » ;

---

1. Cass. com. 15 janvier 1985 (D. 1985.Somm. Comm. 345).

- conserver hors du coffre les documents attestant de la propriété, de la description et de la valeur des biens déposés ;
- en cas de décès du locataire unique d'un coffre, l'accès à celui-ci est gelé jusqu'au règlement de la succession. Pour éviter cette situation il est conseillé de retenir une location conjointe avec solidarité, le colocataire peut ainsi continuer à accéder librement sauf en cas d'opposition formelle du notaire ou des héritiers ;
- avant de fermer le coffre, prendre une photo de l'intérieur de celui-ci et conserver l'inventaire précis de ce que l'on y a déposé ;
- enfin, fermer à clé et surtout conserver précieusement cette clé, car en cas de perte la banque facturera au locataire son remplacement et l'ouverture du coffre par un serrurier agréé.

Sous-traiter le stockage

La solution du stockage par un tiers se démarque de celle de la location de coffre par deux aspects.

Dans le cadre d'une location de coffre, le locataire accède à celui-ci selon son bon vouloir et en fonction des heures d'ouverture de l'établissement loueur. Lorsque le stockage est assuré par un tiers, l'accès est soumis à un protocole très strict, voire impossible.

L'investisseur gérant lui-même un coffre y dépose ses achats et procède à des retraits de façon libre. Le choix d'une sous-traitance pour assurer le stockage entraîne des contraintes importantes sur les entrées voire sur les retraits selon le type de contrat retenu. En effet, les sociétés proposant cette solution doivent assurer à leurs clients la qualité des produits stockés et le maintien de l'intégrité de ces produits pendant toute la durée où ils sont sous leur responsabilité. Aussi, la très grande majorité de ces entreprises ne prend en charge que des produits dont elles ont assuré l'achat et contrôlé la qualité. De la même façon les sorties de métaux sont soumises à des règles définissant la forme (lingot, pièce, etc.) et le poids minimum pour une livraison physique. Lorsque ces conditions ne sont pas remplies, la sortie se fait alors par une transformation du métal en liquidités dans la devise choisie par l'investisseur.

Cette contrainte s'explique par le mode de fonctionnement de ces entreprises. Historiquement la location de coffre pour de petites quantités de métal n'était pas économiquement viable. Lorsque James Turk a créé GoldMoney.com en 2001, il a conçu ce nouveau modèle économique sur deux concepts innovants :

la **mutualisation** des barres de métal et la mise à la disposition des clients d'une **plate-forme informatique sécurisée** de passation des ordres accessible via Internet à tout instant. Les clients peuvent ainsi investir de petites sommes et se « partager » une barre aux normes LBMA aisément négociable sur le marché international.

Ces idées ont ouvert la voie à une véritable démocratisation de ce service. *A contrario*, la mutualisation est une contrainte pour les sorties de métal. Néanmoins, les minima de poids imposés pour prendre livraison de son métal permettent de maintenir la viabilité économique et opérationnelle du modèle.

Un investisseur à la recherche d'un prestataire pour assurer l'achat et le stockage de ses métaux précieux devra, avant d'arrêter son choix, non seulement réaliser une comparaison des coûts, mais aussi s'efforcer d'examiner les offres qui lui sont proposées sous plusieurs aspects en cherchant à répondre à ces questions :

- Quels sont les actionnaires de l'entreprise ?

    La confiance naît de la transparence. Savoir avec qui vous traitez est la moindre des choses.

- Dans quelle juridiction l'entreprise a-t-elle été créée ?

    Certains pays ont une vision de la démocratie et une notion de propriété qui ne sont pas compatibles avec les intérêts d'un investisseur recherchant la sécurité de son épargne. De grandes démocraties telles que la Grande-Bretagne en 1931, les États-Unis en 1933, la France en 1936 ont montré ce dont elles étaient capables en matière de réquisition de l'or de leurs concitoyens.

- Où se situent ses implantations et en particulier les coffres ?

    Depuis la mauvaise surprise créée par la solution confiscatoire adoptée pour tenter de régler la crise bancaire chypriote, les implantations européennes ont de moins en moins la cote auprès des investisseurs qui se tournent de plus en plus vers l'Extrême-Orient, et plus particulièrement Singapour dont la cote de confiance est en passe de supplanter celle de la Suisse.

- Qui détient la propriété des métaux ?

    Parmi les points à examiner, le mode de détention des métaux est fondamental. L'entreprise assurant le stockage ne doit en aucun cas en avoir la propriété. Le client investisseur doit être propriétaire du produit physique sans promesse intermédiaire. Le stockage peut être :

    – alloué : un produit physique alloué est un produit identifié sans ambiguïté (par un numéro de série) et qui peut être rattaché à un ou plusieurs propriétaires ;

– non alloué : équivalent à une créance sur le gardien du produit physique. Le produit non alloué n'est pas identifié précisément voire n'est pas présent dans les coffres du gardien. Le débiteur s'engage à fournir, sur demande du créditeur, un produit répondant aux spécifications de la créance (exemple : achat et remise d'un certificat de dépôt par la banque pour 10 napoléons 20 F or). Ce mode d'allocation ne correspond pas au critère de détention sans contrepartie recherché.

- Sous quelle forme cette propriété est-elle exercée ?

Dans le cadre d'une détention de métal alloué, deux modes de propriété sont possibles :

– attribué : synonyme de pleine propriété d'un bien unique. Un lingot attribué est donc un lingot alloué en pleine propriété à un seul propriétaire ;

– copropriété : on parle aussi parfois de détention en pool ou de mutualisation. Un lingot mutualisé, ou détenu en pool, est donc un lingot alloué à plusieurs propriétaires selon un prorata.

- Les liquidités détenues sur le compte, qu'elles soient destinées à couvrir les frais de location ou qu'il s'agisse de disponibilités en attente d'être investies ou transférées, sont-elles sur un compte ségrégué ?

Il ne doit exister aucune interférence entre les comptes de l'entreprise responsable du gardiennage et ceux de ses clients.

Si des sommes sont déposées dans un compte ségrégué situé hors du territoire français, celui-ci devra faire l'objet d'une déclaration annuelle d'ouverture de compte à l'étranger (voir « Ouvrir un compte à l'étranger », p. 105).

- Est-il possible de demander la livraison de ses avoirs ? Sous quelles formes ?

La possibilité d'obtenir livraison de ses biens est intéressante à deux titres : d'abord, cette possibilité étant offerte par l'entreprise, cela sous entend qu'il y a bien *a priori* présence physique des biens, ensuite personne ne sachant de quoi demain sera fait, pouvoir récupérer ses biens sous cette forme doit être envisagé.

- Quelles sont les garanties de sécurité proposées ?

Dans ce domaine les informations ne sont pas limitatives. La sécurité d'accès aux services via Internet est un aspect, tout comme le recours à une sous-traitance spécialisée pour le gardiennage, la souscription d'une assurance spécifique ou la réalisation d'un audit externe régulier.

Depuis que GoldMoney a vu le jour en 2001, les offres similaires se sont multipliées et il est donc impossible d'être exhaustif sur le sujet (sauf à réaliser un ouvrage dédié). Compte tenu du nombre de nouveaux entrants et du peu de recul dont nous disposons sur leurs activités, seules quelques entreprises – choisies soit pour leur taille significative, soit pour leur proximité francophone – sont résumées dans les deux tableaux qui suivent.

Société	Actionnaires	Siège social	Coffres
AuCOFFRE	ABW et investisseurs-clients	Courbevoie (Fr)	Suisse, France et Belgique
BullionVault	Galmarley Ltd, Paul Tustain, World Gold Council, Augmentum LLP	Londres (GB)	Londres, Zurich, New York et Singapour
Euporos	Euporos Investment SA	Sion (Suisse)	Suisse
GoldBroker	FDR Capital LTD	Tas-Sliema (Malte)	Zurich
GoldMoney	James Turk, Geoff Turk, IAMGOLD, Eric Sprott, Doug Casey, David Tice[1]	St Helier (Jersey)	Londres, Zurich, Singapour, Hong Kong et Toronto.
Perth Mint Depository Program	Gold Corporation	Perth (Australie)	Australie

1. IAMGOLD : entreprise minière canadienne, Eric Sprott : président de Sprott Asset Management, Doug Cassey : président de Casey Research, David Tice : fondateur du fonds Prudent Bear Fund.

Société	Détention	Retrait	Observation
AuCOFFRE	Alloué/attribué et copropriété	Possible	Or et argent Pièces et lingots Audit disponible
BullionVault	Alloué/copropriété Attribué à partir de 400 oz pour l'or et de 1 000 oz pour l'argent.	Possible à partir de 400 oz détenues pour l'or. En deçà : délai et surcoût. Pour l'argent à partir de 1 000 oz détenues et paiement de la TVA (20 % de la valeur du jour).	Or et argent Lingots uniquement Inventaire et audit disponibles
Euporos	Alloué/attribué	Possible	Or et argent Pièces et lingots Audit disponible Pas de plate-forme automatique
GoldBroker	Alloué/attribué	Possible	Or et argent Lingots et monnaies Investissement minimum : 20 000 € Pas d'audit disponible Pas de plate-forme automatique

…/…

…/…

Société	Détention	Retrait	Observation
GoldMoney	Alloué/copropriété Attribué de 100 g à 400 oz pour l'or et de 1 kg à 1 000 oz pour l'argent	Possible sous la forme de lingots de 100 g, 1 kg et 400 oz pour l'or, et sous la forme de lingots de 1 kg et de 1 000 oz pour l'argent	Or, argent, platine, palladium Lingots uniquement Inventaire et audit disponibles
Perth Mint Depository Program	Alloué/Attribué et copropriété	Possible en lingots et pièces australiennes	Or, argent Lingots et pièces L'option « non-alloué » est à écarter Minimum : 50 000 $

DÉJOUER LES ARNAQUES

La contrefaçon au stade industriel

Le génie humain est tel que la contrefaçon de monnaie est très certainement apparue peu de temps après la création des toutes premières monnaies métalliques. Le sujet n'est donc pas nouveau mais la vulgarisation des outils de production informatisés combinée avec la vigueur et l'imagination des contrefacteurs asiatiques a fait sortir ce sujet de la simple anecdote. La contrefaçon est en effet passée au stade industriel et ceci devient véritablement un phénomène inquiétant.

L'accès de plus en plus aisé à des techniques de fabrication jusqu'alors prohibitives a en effet fait exploser en Extrême-Orient le nombre d'ateliers de faussaires. La qualité de leur production est de plus en plus éprouvée et leur catalogue de plus en plus étendu. Il suffit aux faussaires[1] de s'adresser par exemple à un fabricant chinois[2] de produits en tungstène (ayant pignon sur rue) qui réalise pour eux, ouvertement, une grande partie du travail de façon de faux lingots plus vrais que nature mais aussi de flans bruts pour la réalisation de pièces. Certes, tous ces fabricants annoncent la couleur en fournissant les spécifications réelles de leur production. Ils affirment ne pas vendre des pièces ou des lingots mais des souvenirs ou des objets promotionnels. Pour eux, peu importe, semble-t-il, que leurs pièces soient plus vraies que nature et que des personnes malintentionnées soient en mesure d'acheter aisément ces « souvenirs » et de les écouler auprès de particuliers voire chez certains professionnels.

---

1. Selon les associations numismatiques américaines les faussaires résident principalement en Chine, en Turquie et au Moyen-Orient.
2. http://www.tungsten-alloy.com/tungsten-alloy-gold-bullion.html.

Ces pièces ou ces lingots contrefaits présentés naïvement par des vendeurs chinois comme des « souvenirs » ou des produits « publicitaires » se commandent sans aucune difficulté. Le travail est remarquable et les volumes de production proposés sont effarants, de l'ordre du millier voire du million de pièces ou de lingots par mois très couramment. Tous les types de lingots et toutes sortes de pièces en or ou en argent sont susceptibles d'être copiés avec une finition proche de la perfection ; napoléon, souverain, krugerrand, American Eagle, etc., absolument aucune pièce n'y échappe[1].

Pour des raisons évidentes de rentabilité, les faussaires ont une nette préférence pour l'or (faux lingots et fausses pièces) même s'ils ne se privent pas de copier les pièces en argent. Le tungstène ayant une masse volumique proche de celle de l'or (à 0,3 % près), les contrefaçons de lingot sont relativement aisées à réaliser. Si bien qu'un lingot de tungstène revêtu d'une fine couche d'or pèse à peu près le poids d'un vrai lingot d'or réalisé en coulée. Les lingots de 400 oz au standard LBMA étant acceptés dans une fourchette de poids assez large, la supercherie est difficile dès lors à déceler par le seul poids. Les aventures malheureuses survenues à des banques centrales relatées par la presse en attestent. Les banques centrales éthiopienne (en 2008) et chinoise (2009 à Hong Kong) en ont fait les frais par exemple. D'autres ont connu des déboires similaires mais sont restées plus discrètes.

Néanmoins, lorsqu'on achète un lingot frappé de 1 kg, la différence de poids peut être éventuellement un indice pour détecter un faux. Un tel lingot doit en effet faire son poids avec une très faible tolérance grâce aux méthodes de fabrication utilisées. Un écart de 0,3 % correspondrait à 3 grammes, ce qui est important[2]. Mais les contrefacteurs arrivent à compenser ces écarts et réalisent des produits qui vont jusqu'à tromper les meilleurs professionnels.

En septembre 2012, un bijoutier de Manhattan avouait avoir été floué en achetant un lingot d'or de 10 oz qui s'était ensuite révélé être fabriqué en tungstène et simplement plaqué d'or. Cet événement était d'abord présenté comme un cas isolé. Néanmoins, quelques jours plus tard, un journaliste du *New York Post*[3] révélait que les professionnels de la 47e Rue, sensibilisés par cet incident, avouaient à leur tour en avoir trouvé une dizaine de plus après un examen attentif de leurs stocks motivé par l'annonce de ce bijoutier.

---

1. Pour accéder à un diaporama sur la contrefaçon de pièces, entrez cette phrase dans Google : « Inside a Chinese Coin Counterfeiting Ring ».
2. Si le contrefacteur respecte strictement les dimensions du lingot original, ce qui est généralement le cas.
3. http://nypost.com/2012/09/23/fake-gold-hits-nyc/

Si des professionnels aguerris se laissent ainsi berner, que faut-il penser qu'il arrivera à des particuliers confrontés aux mêmes escrocs ?

Faux lingots. Au premier plan faux lingot PAMP de 100 g

Source photo : auteur.

Plus la taille du produit diminue, plus l'écart de poids entre l'original et une imitation en tungstène diminue. Les mini-lingots en tungstène ou les imitations de monnaies en tungstène deviennent dès lors quasiment indétectables. Ainsi, ce faux krugerrand, découvert, par l'auteur, affiche une finition, un diamètre, une épaisseur et un poids dignes d'une pièce originale fraîchement sortie des ateliers de Pretoria.

Faux krugerrand (tungstène plaqué or) respectant les spécifications de la vraie pièce

Source photo : auteur.

Fort heureusement, la masse volumique est l'unique propriété que ces deux métaux ont en commun. Dès lors, le seul moyen de contrôle est d'utiliser la différence de résistivité électrique entre l'or et le tungstène ou bien encore la différence de vitesse de propagation du son au sein de ces deux métaux. L'or est un bien meilleur conducteur d'électricité (plus de deux fois) et inversement, dans le tungstène, le son se propage plus vite que dans l'or (plus de deux fois).

Il existe des appareils[1] permettant ainsi sans aucune dégradation des lingots de discerner la présence d'un métal ou d'un autre au sein de ceux-ci. Malheureusement, ces appareils coûtent très cher et ne sont donc pas à la portée des particuliers voire même des investisseurs (du moins, du point de vue de la rentabilité globale de l'investissement).

Pour les petits lingots et les pièces il existe un moyen simple de s'assurer de la présence d'or (ou d'argent). Ce moyen peu connu utilise la différence de propriété magnétique entre l'or (ou l'argent) et le tungstène. Le tungstène est un métal paramagnétique, et l'or et l'argent sont des métaux diamagnétiques. Le diamagnétisme est la propriété de certains métaux de générer un champ magnétique en opposition à un champ magnétique qui leur est soumis.

Il suffit donc de réaliser un petit pendule (une ficelle avec un petit aimant très puissant[2] attaché à un bout) pour détecter dans une pièce la présence d'une forte teneur d'or ou d'argent. Si ces métaux sont présents, le pendule sera freiné par la pièce de façon très notable. Ce procédé est surtout destiné à lever un doute à l'occasion d'achat sur des « marchés aux puces » ou auprès de particuliers.

La contrefaçon de pièces d'argent est une activité moins « rentable » du fait du faible bénéfice généré par pièce contrefaite. Néanmoins les faussaires compensent cette faiblesse par des volumes considérables de fausses pièces. Ainsi, Global Piracy & Counterfeiting Consultants, cabinet américain spécialisé dans la lutte contre la contrefaçon, dévoilait en novembre 2011 qu'un seul faussaire chinois écoulait à lui seul plus d'un million de faux Silver Eagle américains par an, chiffre confirmé par Thomas Martin président d'Americas Watchdog.

---

1. Analyse non destructive par fluorescence X (voir exemple sur TALInstruments.com) et contrôle non destructif par ultrasons.
2. Aimant néodyme de puissance N45 minimum (prix < 2 €). L'utilisation de ce procédé est illustrée par une vidéo sur le blog de l'auteur.

Fausse monnaie australienne 1 AUD$ en argent « Année du Dragon »

Source photo : ©NGC.

Les pièces de collection[1] à forte prime (années rares par exemple) en or ou en argent représentent le nec plus ultra de la contrefaçon. Les faussaires produisent non seulement des pièces très proches des pièces originales mais poussent leur art jusqu'à produire une patine équivalente à celles de ces vieilles dames. Cette fausse Silver Crown datée de 1922 achetée 2 euros sur le site Alibaba.com par l'auteur, port compris, en est un bel exemple. Une pièce authentique de ce millésime vaut selon sa qualité entre 500 et 1 000 euros. Celle-ci ne tromperait certainement pas un professionnel mais combien de particuliers s'y laisseraient prendre ?

Faux Silver Crown George IV de 1822

Source photo : auteur.

Les faussaires ne s'arrêtent pas là. Beaucoup de collectionneurs placent (ou faudrait-il plutôt dire désormais plaçaient !) une confiance aveugle dans les pièces qui leur sont présentées sous emballage plastique intégrant un certificat

---

1. www.wudacrafts.com.cn.

d'authenticité garantissant la qualité de la pièce selon des critères numismatiques. Des entreprises de *grading* comme PCGS ou NGC proposent ce type de service depuis le milieu des années 1980 essentiellement pour les pièces rares ou de qualité exceptionnelle. Désormais il faudra aussi se méfier de ces pièces qui pourtant semblent avoir reçu la bénédiction des experts. En effet, les faussaires chinois sont désormais passés maîtres dans l'art d'imiter non seulement ces emballages mais aussi les certificats, les logos et les hologrammes qui y sont apposés, allant jusqu'à donner à leur œuvre la même référence que celle introduite dans la base de données. Pour les faussaires l'opération permet de réaliser un effet de levier important par rapport à la vente d'une pièce nue.

Fausse Morgan dollar dans un faux blister GSA

Source photo : ©NGC.

Selon les experts de PCGS et de NGC la situation est telle que l'industrie numismatique même est menacée par cette fraude qui avoisinerait plusieurs centaines de millions de dollars par an. Sous la pression des associations numismatiques américaines, un projet de loi a été déposé en 2012[1] pour durcir les

---

1. HR-5977 : amendements au Hobby Protection Act de 1973.

mesures répressives à l'encontre de ces trafics mais il n'a pas abouti. Un nouveau projet d'amendement a été déposé en mai 2013[1]. À ce jour il en est au stade de l'examen en commission.

Se protéger

Même si cette solution n'est pas totalement infaillible (plusieurs professionnels s'étant fait eux-mêmes duper), la meilleure façon de se protéger de ces malversations reste d'acheter des produits neufs, et plus particulièrement des pièces de renommée internationale, via des commerçants réputés et spécialisés dans la vente de métaux précieux d'investissement dont la source d'approvisionnement est très proche des fabricants.

Néanmoins un achat entre particuliers est toujours possible et peut représenter une opportunité à saisir. Dans ce cadre quelques recommandations s'imposent.

1) Ne rêvez pas. Si une enchère ou une offre sur eBay ou Leboncoin est particulièrement alléchante, il est très probable qu'il y ait « un loup » quelque part. Les enchères eBay sont sans risque pour un vendeur (en tant que vendeur, vous n'expédierez rien tant que le plein paiement n'aura pas été obtenu), mais présentent un certain risque en tant qu'acheteur. Si vous payez votre achat via PayPal, vous bénéficierez d'une « assurance », PayPal s'engageant à rembourser les achats frauduleux (consultez néanmoins les conditions exigées pour être remboursé).

2) Avant de faire quoi que ce soit, sortez de votre poche un petit aimant. Si la pièce qui vous est proposée est fausse et réalisée avec un métal magnétique, vous le saurez immédiatement. Il s'agirait évidemment d'une contrefaçon bas de gamme. Avec le même aimant placé à l'extrémité d'un pendule il est possible d'utiliser la propriété de diamagnétisme de l'or et de l'argent pour s'assurer de la présence ou non de métal précieux. Ce test est imparable ! Si le pendule oscille sans cesse, passez votre chemin.

3) Documentez-vous préalablement sur la pièce en question. Ces six caractéristiques sont essentielles pour l'identifier : diamètre, épaisseur, poids, type de tranche, couleur et orientation de frappe[2]. Des fiches détaillant les caractéristiques des principales pièces d'investissement sont disponibles en fin d'ouvrage.

---

1. HR-1849 : Collectible Coin Protection Act (loi de protection des monnaie de collection amendant le Hobby Protection Act).
2. Voir fiche explicative en annexe de l'ouvrage.

Sans avoir besoin d'investir dans un matériel professionnel, avec ces seules informations vous allez pouvoir éliminer 90 % des canards boiteux. En cherchant sur eBay (ou ailleurs), vous trouverez à acheter un pied à coulisse numérique au 1/100 de millimètre pour 15 à 25 euros et une balance numérique de précision précise au 1/100 de gramme pour 15 à 20 euros. Ainsi armé, il vous sera possible de contrôler que les pièces qui vous sont proposées (y compris par des professionnels) respectent le poids et les dimensions de fabrication (diamètre et épaisseur).

4) À défaut d'avoir une pièce authentique en votre possession, cherchez sur Google Images des photographies haute définition de cette pièce (faites une recherche en tapant le nom anglais de la pièce suivi de « *coin* », par exemple « *maple leaf coin* », et cliquez dans la colonne de gauche pour sélectionner « grandes tailles »). Examinez la pièce qui vous est proposée avec une loupe de poche (10 euros environ) et comparez-la au « modèle » en vous attardant sur les détails les plus petits (chiffres, légendes, etc.).

5) Sur Internet le test de sonorité est souvent mentionné comme un moyen de détecter les fausses pièces. Le principe consiste à frapper la pièce avec un crayon ou un stylo en la soutenant du bout du doigt en son centre. La sonorité obtenue est censée renseigner sur la pureté du métal, mais chaque pièce « chante » à une fréquence qui lui est propre[1]. Si vous ne possédez pas ce l'on nomme « l'oreille musicale », il sera difficile de vous remettre entièrement à ce test, qui reste en effet assez subjectif.

6) Bien évidemment, il faut proscrire tous les tests qui pourraient endommager la pièce : test à l'acide, poinçonnage, grattage, etc. Ces tests permettent effectivement d'avoir une réponse fiable mais laissent des dégâts irréversibles qui condamnent la pièce au recyclage.

Avec ces quelques informations et moins de 50 euros de matériel, vous voilà armé pour faire des achats en toute sérénité.

Les faux officiels

Les faux ne sont pas l'œuvre des seuls contrefacteurs. Les États n'hésitent pas de temps à autre à s'adonner à cette activité. Contrairement aux contrefacteurs qui réalisent des vraies fausses monnaies, les États frappent des fausses

---

1. La Gold Eagle par exemple résonne à une fréquence de 4,498 Khz, la Silver Eagle à 6,145 Khz. Le site onlinetonegenerator.com vous permettra de créer un fichier de son à ces fréquences pour vous former l'oreille.

vraies monnaies ! De façon surprenante, certains pays, ayant démonétisé des monnaies, reprennent les émissions de ces mêmes pièces (on parle alors de façon impropre de refrappes) en utilisant les outils originaux et en y maintenant un millésime passé.

L'Autriche est le pays le plus prolifique en la matière, sans doute par nostalgie pour la glorieuse époque de l'Empire austro-hongrois. Ainsi, la Monnaie autrichienne frappe encore de nos jours des pièces, à l'identique des originales démonétisées en 1857, affichant le millésime 1915 (voir ci-dessous).

Refrappe ducat « 1915 » frappée en 2013

Source photo : ©Münze Österreich AG.

Les refrappes ne sont pas à proprement parler des arnaques car les pièces sont réalisées dans un métal conforme à l'original, mais la réédition de pièces à l'identique et portant un millésime passé peut induire en erreur un acheteur, peu au fait de ces pratiques, sur l'âge réel de son acquisition et le pousser à accepter un prix qu'il croit justifié par la qualité de conservation d'une pièce qu'il pense être d'une autre époque.

Selon la fiscalité française ces refrappes de pièces, démonétisées au moment de leur mise sur le marché, ne peuvent en aucun cas être considérées comme des monnaies démonétisées. Ce sont donc des jetons, avec la fiscalité qui s'y rattache. Pour y prétendre il faut être en mesure de faire la différence entre des pièces d'apparence identique soit grâce au millésime, soit grâce à une différence subtile par rapport au modèle original (cas du Vreneli de 1935).

Le tableau qui suit rassemble les jetons de refrappe les plus connus.

Pays	Valeur faciale	Année de démonétisation	Millésime apparent	Années de refrappe
Autriche	1 ducat	1857	1915	En cours[1]
Autriche	4 ducats	1857	1915	En cours
Autriche	20 couronnes	1915	1915	En cours
Autriche	100 couronnes	1915	1915	En cours
Autriche	10 couronnes	1910	1912	En cours
Autriche	4 florins- 10 francs	1892	1892	En cours
Autriche	8 florins- 20 francs	1892	1892	En cours
Autriche	thaler Marie-Thérèse	1858	1780[2]	En cours
France	20 francs	1928	1907 à 1914	1951-1953
Mexique	50 pesos	1931	1947	En cours
Mexique	20 pesos	1931	1959	En cours ?
Mexique	10 pesos	1931	1959	En cours
Mexique	5 pesos	1931	1955	En cours ?
Mexique	2,5 pesos	1931	1945	En cours ?
Mexique	2 pesos	1931	1945	En cours ?
Pérou	1 libra	1931	Année de frappe	Jusqu'en 1969
Pérou	½ libra	1931	Année de frappe	Jusqu'en 1969
Pérou	⅕ libra	1931	Année de frappe	Jusqu'en 1969
Suisse	20 F	1936	L1935B	1945
Suisse	20 F	1936	Année de frappe	1945 à 1949

1. Münze Österreich (Monnaie autrichienne).
2. Il existe de très nombreuses refrappes de thaler (155 variétés différentes) dont une réalisée à Paris. Chacune est identifiable des frappes originales. De nombreux ouvrages leur sont dédiés.

Cette qualification de jeton pour les refrappes ne peut pas s'appliquer à des pièces ayant conservé le statut de moyen de paiement, mais simplement frappées avec un millésime antérieur, ce qui est d'ailleurs la véritable définition d'une refrappe. C'est le cas par exemple des souverains frappés précipitamment en 1949 (ainsi qu'en 1950 et 1951), sous George VI, qui l'ont été avec les coins d'origine de 1925 et à l'effigie de George V. Tous les souverains depuis 1837 ayant conservé leur cours légal, cette émission « désordonnée » s'inscrivait dans un cadre légal. Ce qui n'est pas le cas des émissions réalisées alors que la démonétisation avait été actée.

Les lingots d'un autre temps

Suivant la loi du 2 février 1948, rétablissant la liberté de détention, de transport et de commerce de l'or en France, l'administration fiscale précisait[1] dans un Bulletin officiel la liste des barres, lingots et pièces admises à la Bourse de Paris pour les transactions (voir ci-dessous la liste des barres et des titres admis en 1948 à la négociation).

Titre	Poids mini	Poids maxi
995‰	10,000 kg	13,000 kg
899‰	12,109 kg	14,877 kg
901‰	12,082 kg	14,844 kg
915,5‰	11,891 kg	14,609 kg
917‰	11,871 kg	14,585 kg

La Bourse de Paris a arrêté toute cotation de l'or à l'été 2004. Depuis 1948, il a donc coulé beaucoup d'eau sous les ponts de la Seine, et les barres et lingots admissibles de nos jours comme produits financiers (or d'investissement) doivent désormais avoir un titre minimum de 995‰.

Néanmoins, et de façon inexpliquée, certains vendeurs affichent encore ces barres d'une autre époque sur leur site Internet et vont jusqu'à prétendre que celles-ci seraient négociables et cotées[2].

En tant qu'acheteur fuyez impérativement ces lingots d'or de titre inférieur à 995‰. En dessous de cette limite les lingots d'or ne sont pas reconnus dans l'Union européenne comme produit d'investissement. Dès lors, les acheteurs sont redevables de la TVA au taux plein[3]. Par ailleurs, en dessous de ce titre, ces barres sont destinées à la fonte. Aussi, un investisseur qui se hasarderait à acheter de tels produits à bas titre découvrirait au moment de la revente qu'une forte décote leur est appliquée pour couvrir les frais de recyclage.

---

1. Bulletin officiel n° 12 de l'administration des contributions indirectes du 15 mars 1948.
2. CPoR : « *Pour être négociable en Bourse, les titre et poids doivent être respectivement de...* » à la page : www.cpordevises.com/or/expertiser-evaluer/lingots-pieces-or-cotes/barre-bas-titre.
3. Article 60 du BOI-TVA-SECT-90-10-20120912.

FICHES DESCRIPTIVES

Cette partie est organisée en trois volets permettant aux lecteurs d'acquérir une bonne connaissance des produits suivants :

- les principales monnaies d'investissement en or et en argent à cours légal ;
- quelques monnaies démonétisées particulièrement populaires dans l'Hexagone ;
- quelques jetons et lingots d'investissement en or.

Cette liste est bien évidemment loin d'être exhaustive. Seules les monnaies présentant un réel intérêt en matière d'investissement sont examinées ici.

La liquidité, la notoriété et la possibilité de pouvoir les acquérir à l'état neuf, combinées avec une fiscalité avantageuse, sont les critères essentiels qui orienteront naturellement l'investisseur vers les monnaies à cours légal et certains jetons.

Principales caractéristiques d'une pièce ou d'un jeton

- Diamètre.
- Épaisseur de la tranche (entre listel).
- Poids brut.
- Type de tranche (cannelée, insculpée, en relief, lisse, etc.).
- Couleur.

Description :

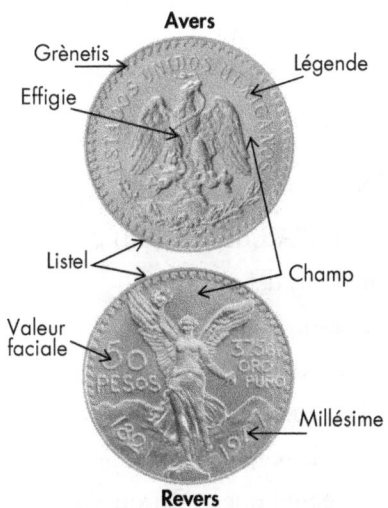

Détails d'une monnaie

Source photo : ©banxico.org.mx et auteur.

L'orientation de frappe (considérée selon un axe passant par un diamètre de la pièce) :

- frappe monnaie (ou 6 heures) : avers et revers tête-bêche,
- frappe médaille (ou 12 heures) : avers et revers dans le même sens.

Frappe en monnaie

Frappe en médaille

Orientations de frappe

Source photos : ©Wikipedia, ©Münze Österreich AG et auteur.

Monnaies à cours légal

- Krugerrand (République d'Afrique du Sud).
- American Eagle (États-Unis d'Amérique).
- Feuille d'érable (Commonwealth du Canada).
- Libertad (États-Unis mexicains).
- Wiener Philharmoniker (République d'Autriche).
- Panda (République populaire de Chine).
- Or de la République (République de Turquie).
- Séries australiennes (Commonwealth d'Australie).
- Sovereign/Souverain (Royaume-Uni).

Krugerrand

Le krugerrand sud-africain est la pièce d'investissement par excellence, et ce pour plusieurs raisons.

Cette pièce d'or, créée en 1967 et commercialisée à grande échelle à partir de 1970, a été la première pièce véritablement destinée à l'investissement. Son succès auprès des investisseurs, et plus particulièrement des investisseurs américains, en a fait une des pièces les plus répandues et connues dans le monde. À ce jour – soit après 43 années d'existence – environ 1 600 tonnes de krugerrands ont été frappées, soit près de 60 millions de pièces. En comparaison 3 000 tonnes de 20 francs Napoléon de tous types ont été frappés de 1803 à 1914 (soit en 111 ans). La production annuelle moyenne depuis 2009 est d'environ 23 tonnes.

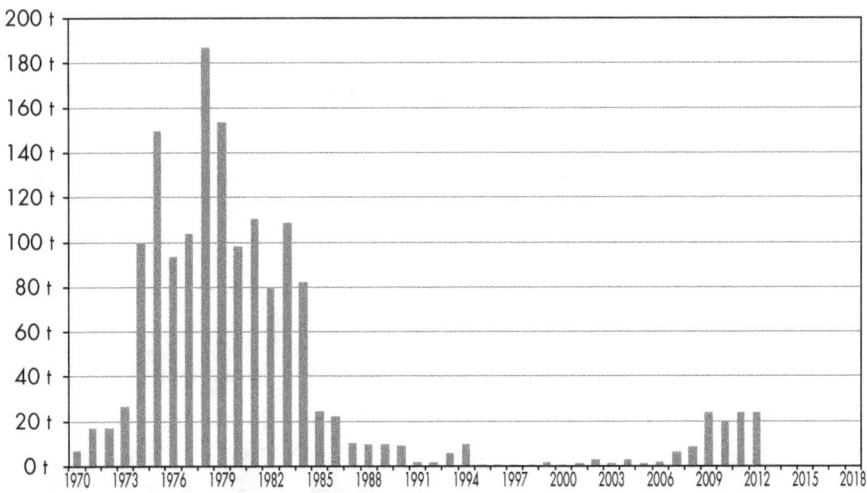

Production annuelle (tonnes) de krugerrands depuis 1970

Le krugerrand est fait d'un alliage d'or à 916,66‰[1] ($^{11}/_{12}$ d'or) et de cuivre pour le reste ($^{1}/_{12}$ de cuivre). Ce cuivre lui donne une teinte doré brunâtre très caractéristique, difficile à imiter par les faussaires, et lui confère par ailleurs une certaine immunité aux chocs et aux rayures.

Rand Refinery est le fondeur-affineur qui réalise les flans utilisés par la South African Mint (entreprise privée dont le seul actionnaire est la South African

---

1. En 2007, une émission spéciale a été réalisée à l'occasion du 40ᵉ anniversaire du krugerrand. 40 exemplaires d'un krugerrand de 1 kg ont été frappés sur des flans d'or pur à 999,9‰.

Reserve Bank) pour frapper les krugerrands. Rand Refinery assure également le marketing et la commercialisation de la production de krugerrands.

Krugerrand – 1 oz (1984)

Source photo : Wikipédia.

Le krugerrand existe en deux qualités, *bullion* (investissement) et *proof* (belle épreuve), et se décline depuis 1980 selon quatre poids d'or fin : 1 oz, $1/2$ oz, $1/4$ oz et $1/10$ oz.

Les deux faces de ces pièces sont exactement les mêmes, hormis l'indication d'or fin contenu qui varie selon la pièce. Sur l'avers apparaît le profil du président Paul Kruger (gravé par Otto Schultz), au revers la magnifique antilope springbok, symbole de la République d'Afrique du Sud (œuvre de Coert Steynberg). Le krugerrand est réalisé en frappe médaille.

Les caractéristiques techniques des pièces en qualité « investissement » sont les suivantes.

	1 oz	½ oz	¼ oz	⅒ oz
Poids brut (g)	33,930	16,965	8,482	3,393
Diamètre max (mm)	32,77	27,07	22,06	16,55
Diamètre mini (mm)	32,61	26,93	21,94	16,45
Épaisseur max (mm)	2,84	2,215	1,888	1,35
Épaisseur mini (mm)	2,74	2,115	1,788	1,25
Cannelures (nbre)	180	150	140	115

Il est parfois difficile de faire la différence entre les deux qualités de frappe, investissement et belle épreuve. Un détail permet néanmoins d'y arriver : le nombre d'indentations (ou cannelures) sur la tranche est de 180 pour la qualité « investissement » et de 220 pour la qualité « belle épreuve »[1].

Le krugerrand a une caractéristique originale. Cette pièce, quelle que soit sa déclinaison, a reçu le statut de moyen de paiement légal par le gouvernement sud-africain.

L'idée du krugerrand date du milieu des années 1960. À cette époque l'Afrique du Sud était le premier producteur d'or dans le monde. L'or était toujours la référence en matière monétaire depuis les accords de Bretton Woods mais subissait la concurrence « déloyale » du dollar américain reconnu comme actif de substitution pour la constitution de réserves de change. Les Sud-Africains cherchaient un moyen pour écouler leur production. Le plus grand pays de consommateurs de la planète, les États-Unis, était encore à cette époque sous le joug de la loi de 1933 interdisant la détention d'or[2]. Néanmoins, rien n'interdisant aux consommateurs américains de détenir des monnaies étrangères, le gouvernement sud-africain eut l'idée de fabriquer une pièce aux normes de l'investissement (la cotation de l'or à Londres se faisant en onces troy) et ayant cours légal.

La décision officielle a été publiée en 1966 (*South African Mint and Coinage Further Amendment Act* n° 40 publié le 12 octobre 1966). Les spécifications de la pièce d'une once, frappée pour la première fois en 1967, ont été arrêtées dans la proclamation n° 154 du 28 juin 1967 et publiées dans le n° 1793 du *Government Gazette* (équivalent de notre *J.O.*) en date du 21 juillet 1967.

Néanmoins, en octobre 1985, les États-Unis prenaient un ensemble de mesures d'embargo contre le gouvernement sud-africain et sa politique raciale (Executive Order 12532). Parmi celles-ci, le président Ronald Reagan arrêtait le 1er octobre 1985 l'interdiction d'importation du krugerrand (Executive Order 12535) à compter du 11 octobre. Cette mesure est restée en vigueur jusqu'au 10 juillet 1991, date à laquelle le président Bush l'a révoquée (Executive Order 12769), autorisant ainsi de nouveau l'importation du krugerrand aux États-Unis.

Avec la disparition de l'apartheid et la refondation de la République d'Afrique du Sud, le cours légal de cette pièce était réaffirmé en 1989 par la banque centrale d'Afrique du Sud dans le *South African Reserve Bank Act 90* en ces termes : « *Est monnaie légale, dans le cas de pièces d'or, en règlement de toute*

---

1. Suite à une erreur dans le processus de production, certaines pièces en qualité « belle épreuve » émises en avril et mai 2011 présentent un déficit de poids. Le lecteur s'abstiendra d'acquérir ce millésime.
2. Executive Order 6102 - Requiring Gold Coin, Gold Bullion and Gold Certificates to Be Delivered to the Government – 5 avril 1933.

somme, la valeur de chaque pièce d'or ainsi remise étant égale à la valeur nette à laquelle la banque est disposée à acheter cette pièce d'or le jour de ladite soumission de celle-ci. » Le krugerrand est donc par définition une pièce ayant une très faible prime entre son cours légal et sa valeur réelle au prix du métal contenu.

Le régime de taxation des métaux précieux (CFMP) ne s'applique pas aux cessions de moyens de paiement légaux. Dès lors c'est le régime des biens meubles (CFBM) qui est retenu à l'identique du régime qui s'applique aux transactions de change sur devises. Ce régime impose la taxation de la plus-value réalisée après un abattement de 5 % par an au-delà de la deuxième année et un plancher de 5 000 euros en deçà duquel aucune taxe n'est due.

Nota : cette spécificité de cours légal, en Afrique du Sud, n'est pas propre au seul krugerrand. En fait le texte attribue la fonction de moyen de paiement légal à toutes les pièces en or émises par la Banque centrale d'Afrique du Sud.

Pour un investisseur, seules les pièces dites rand de 1 et 2 rands sont intéressantes, les autres pièces présentant des primes qui les rendent prohibitives à des fins d'investissement.

Ces rands ont été frappés de 1961 à 2002. Les pièces présentent toutes un revers proche de celui du krugerrand. L'avers a changé à partir de 1994. Avant cette date à la place du profil de Paul Kruger, ces pièces affichaient le profil de Jan Van Riebeecks, fondateur de la ville du Cap. À partir de 1994 l'avers sera orné des armes de la République d'Afrique du Sud.

American Eagle

American Gold Eagle

Derrière le krugerrand, l'American Eagle Gold Bullion, ou plus communément Gold Eagle (Aigle d'or), est une pièce de premier choix pour les investisseurs. Cette pièce de 50 dollars est éligible aux États-Unis pour la constitution de comptes d'épargne retraite (*IRA* pour *Individual Retirement Accounts*).

La Gold Eagle doit le jour aux mesures prises en octobre 1985 par le président Ronald Reagan contre le régime sud-africain. Dans son ordonnance du 1er octobre 1985, Reagan mettait en place, entre autres choses, l'interdiction d'importation de la pièce sud-africaine krugerrand et demandait au secrétaire au Trésor de réaliser une étude pour remplacer cette pièce par l'émission d'une pièce américaine en or. Les résultats de l'étude de faisabilité lui furent soumis le 8 novembre 1985.

La frappe de cette pièce fut ensuite autorisée le 17 décembre 1985 après la promulgation du *Bullion Coin Act* (*Public Law 99-185*) par le président Ronald Reagan.

La Gold Eagle a été produite sans interruption depuis 1986 par l'United States Mint. Toujours avec l'objectif de lutter contre le régime racial de Pretoria, pour la fabrication de cette pièce, cette loi impose l'utilisation d'or extrait depuis moins d'un an sur le territoire américain et acheté au prix moyen du marché mondial. À défaut d'être en mesure de remplir cette condition, le secrétaire au Trésor est autorisé à utiliser les réserves d'or du Trésor pour y suppléer.

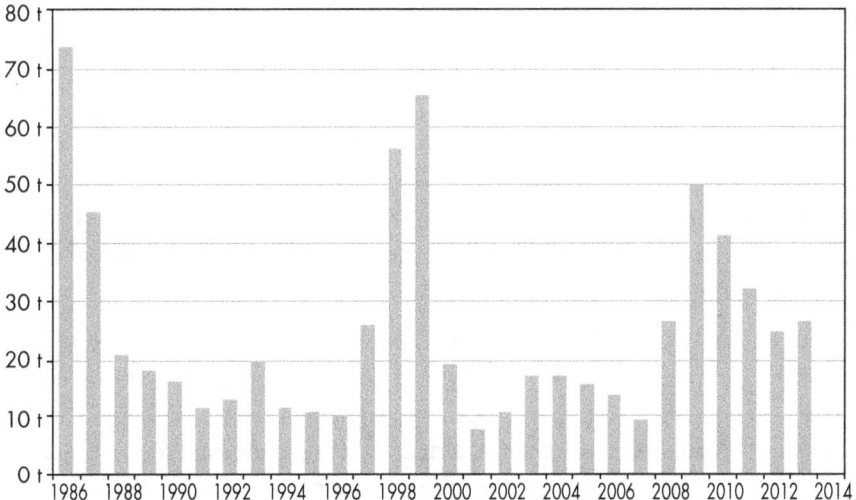

Production annuelle (tonnes) de Gold Eagle (1986-2013)

Fin 2013 plus de 690 tonnes de Gold Eagle[1] auront été frappées depuis son lancement en 1986 ce qui représente, en moyenne, une mise en circulation annuelle de 35 tonnes de pièces depuis 2008, soit 1 200 000 pièces par an.

À l'instar du krugerrand, cette pièce est réalisée à partir d'un alliage d'or à 916,66‰ ($^{11}/_{12}$ d'or) mais la part de cuivre est ici réduite à 53,3‰ et complétée par 30‰ d'argent, ce qui donne à la pièce un bel aspect jaune brillant.

Comme toutes les pièces américaines, la Gold Eagle est frappée selon une orientation en monnaie.

---

1. Pièces d'investissement, pièces belle épreuve et pièces non circulées comprises.

American Gold Eagle – 50 $- 2013

Source photo : Wikipédia.

L'avers de la Gold Eagle a été réalisé par Matthew Peloso en s'inspirant de la Liberté de l'avers de la Double-Eagle de 20 dollars produite de 1907 à 1933 (Liberté portant une torche et un rameau d'olivier sur fond de rayons de soleil), œuvre célèbre du sculpteur Auguste Saint-Gaudens. Le motif du revers, réalisé par Miley Busiek et Sherl Winteret, représente un aigle mâle tenant dans ses serres un rameau d'olivier qu'il ramène au nid familial.

La Gold Eagle existe en trois qualités, *bullion* (investissement), *proof* (belle épreuve) et *uncirculated* (non circulé), et se décline selon quatre poids d'or fin : 1 oz, 1/2 oz, 1/4 oz et 1/10 oz, ayant respectivement une valeur faciale de 50 dollars, 25 dollars, 10 dollars et 5 dollars. Les deux faces de ces pièces sont exactement les mêmes, hormis l'indication d'or fin contenu et la valeur faciale qui varient selon la pièce. Les pièces des années 1986 à 1991 se différencient des pièces des autres années par la date qui y est frappée en chiffres romains.

Les versions « belle épreuve » et « non circulé », réalisées à West Point, sont identifiables par la présence d'un W près de la date. La version « non circulé » est réalisée avec des flans brunis[1].

Les caractéristiques techniques des pièces en qualité « investissement » sont les suivantes.

---

[1]. L'utilisation du terme *uncirculated* par l'US Mint a été très contestée par la communauté numismatique américaine. L'appellation la plus appropriée pour ces pièces est flan bruni ou effet satiné.

	1 oz	½ oz	¼ oz	⅒ oz
Titre de fin	916,7‰	916,7‰	916,7‰	916,7‰
Poids brut	33,931	16,966	8,483	3,393
Diamètre (mm)	32,70	27,00	22,00	16,50
Épaisseur	2,87	2,15	1,78	1,26
Valeur faciale ($)	50	25	10	5
1re émission	1986	1986	1986	1986

Cette pièce, quelle que soit sa déclinaison, a reçu le statut de moyen de paiement légal par le gouvernement américain (*Gold Bullion Coin Act* de 1985).

La fiscalité qui s'applique à ces pièces pour les cessions est donc celle de la catégorie fiscale des biens meubles (CFBM).

Depuis le 25 mars 2011 et la promulgation de la loi HB 317 par le gouverneur de l'Utah, cet État reconnaît toutes les pièces d'or et d'argent émises par le gouvernement fédéral comme des moyens de paiement légaux à la valeur marchande de ces pièces et non à leur valeur faciale.

Plusieurs autres États ont des projets législatifs similaires à des stades plus ou moins avancés : Colorado, Géorgie, Montana, Missouri, Indiana, Iowa, New Hampshire, Oklahoma, Caroline du Sud, Tennessee, Vermont et Washington.

American Silver Eagle

L'American Eagle Silver Bullion Coin, ou Silver Eagle (Aigle d'argent), est fabriquée depuis le 24 novembre 1986.

Le programme de frappe de la Silver Eagle (*American Eagle Silver Bullion Program Act*) – autorisé par la loi *Liberty Coin Act* promulguée le 9 juillet 1985 – a été initié pour écouler les excédents de stock d'argent du *Defense Logistic Agency's Strategic and Critical Materials Stockpile*. Pour éviter que des ventes « sauvages » des stocks stratégiques puissent peser sur les cours de l'argent déjà forts déprimés, et après plusieurs projets de loi avortés en 1982 et 1983, la proposition d'amendement à la loi *Statue of Liberty-Ellis Island Commemorative Coin Act* du sénateur McClure en 1985 devait être reprise sous une forme propre et sous l'appellation d'*American Eagle Silver Bullion Program Act*.

En 2002, constatant que les stocks stratégiques d'argent arrivaient à épuisement, le Congrès autorisait le Trésor à acquérir le métal nécessaire sur le marché pour continuer le programme Silver Eagle (*Support of American Eagle Silver Bullion Program Act*).

Depuis 1986, environ 360 millions de pièces ont été frappées, représentant plus de 11 000 tonnes d'argent (en moyenne 1 100 tonnes par an depuis cinq ans, soit de l'ordre de 31 millions de pièces chaque année).

Décembre et janvier sont les mois où la demande de Silver Eagle est la plus forte et donc tout naturellement ceux où généralement la prime est la plus élevée.

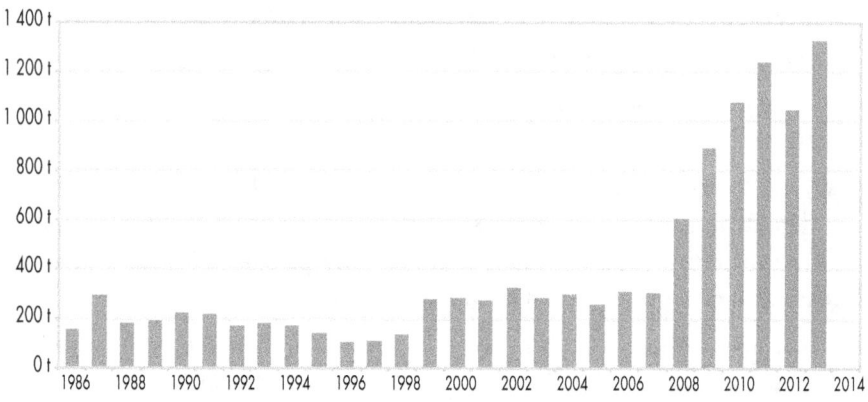

Production annuelle (tonnes) de Silver Eagle (1986-2013)

La Silver Eagle est, après la Libertad mexicaine, une des toutes premières pièces d'investissement en argent. Elle est réalisée en argent à 999 ‰ et en cuivre.

Elle existe en trois qualités, *bullion* (investissement), *uncirculated*[1] (non circulé) et *proof* (belle épreuve). Elle se décline en une seule valeur faciale de 1 dollar et pesant 1 once.

L'avers représente la Liberté en marche (*Walking Liberty*), œuvre d'Adolph A. Weinman réalisée pour l'avers du demi-dollar 1916 (Silver half-dollar frappé jusqu'en 1947). Le revers est une réalisation contemporaine de John M. Mercanti. Il représente une aigle héraldique derrière un blason tenant dans ses serres d'une part des flèches et d'autre part un rameau d'olivier. La pièce est réalisée en frappe monnaie.

---

1. De 2006 à 2008 et depuis 2011.

American Silver Eagle – 1 $-2014

Source photo : Wikipédia.

Les dimensions de la Silver Eagle se rapprochent de celles du « dollar historique », lui-même héritier de la pièce espagnole de 8 reales[1].

Poids brut	Diam.	Épaiss.	Argent	Val. faciale
31,103 g	40,60 mm	2,98 mm	999‰	1 $

Les pièces d'investissement sont produites par les ateliers de West Point et de San Francisco (récemment) sans marque distinctive. Celles de qualité « non circulé » sont produites par les ateliers de Philadelphie et West Point, également sans marque distinctive[2].

En revanche, les pièces de qualité « belle épreuve » affichent une marque identifiant l'atelier de fabrication sur le revers à 7 heures (en bas à gauche de l'aigle) :

- **P** : Philadelphie (1993 à 2000).
- **S** : San Francisco (1986 à 1992).
- **W** : West Point (depuis 2001).
- **D** : Denver (à ce jour pas de pièce émise).

Les Silver Eagle de qualité « investissement » ont cours légal aux États-Unis[3] et sont éligibles à l'épargne retraite (*IRA* pour *Individual Retirement Accounts*).

---

1. En 1785 la monnaie mexicaine est adoptée dans les nouveaux États-Unis d'Amérique en renommant le peso dollar. Après la création de l'US Mint en 1792, de 1793 à 1857, les monnaies mexicaines continueront d'avoir cours légal sur le territoire américain.
2. 1986-1988 : Philadelphie ; 1999-2000 : Philadelphie ; West Point, depuis 2001 : uniquement West Point.
3. Public Law : 99-61.

Ces pièces sont vendues à l'unité, en tube de 20 ou en « *monster box* » de 500 pièces (25 tubes).

Depuis le 25 mars 2011 et la promulgation par le gouverneur de l'Utah du *Utah Legal Tender Act*[1], cette pièce – au même titre que toutes les pièces d'or ou d'argent émises par le gouvernement fédéral – est reconnue comme moyen de paiement légal (cours légal) pour la valeur du métal fin qu'elle contient.

La fiscalité qui s'applique à ces pièces pour les cessions est donc celle de la catégorie fiscale des biens meubles (CFBM).

Feuille d'érable ou Maple Leaf

La Feuille d'érable – *Maple leaf* en anglais – de la Monnaie royale canadienne est une famille de pièces en or, argent, palladium et platine dont les premières frappes, en or, remontent à 1979.

Plusieurs auteurs avancent que la Feuille d'érable a été créée pour se substituer au krugerrand sud-africain qui aurait fait à cette époque l'objet d'un embargo. C'est une mauvaise interprétation de la décision des Nations unies de 1977 qui se limitait à un embargo sur les livraisons d'armes. Les mesures prises par le gouvernement américain pour faire abandonner l'apartheid par l'Afrique du Sud ne sont entrées en vigueur qu'en octobre 1985[2].

En réalité, la Monnaie royale canadienne a produit cette pièce pour profiter de l'ouverture du marché américain après l'abrogation[3], le 31 décembre 1974, par le président Gerald Ford de l'ordonnance de 1933 bannissant la détention d'or aux États-Unis. Après 41 ans d'interdiction, les citoyens américains recouvraient la possibilité de détenir de l'or. Pour la Monnaie royale et l'industrie minière canadiennes un grand débouché commercial s'ouvrait à la frontière sud.

Il existe de multiples versions de Feuille d'érable tant en or, argent, platine ou palladium. Ces versions se distinguent par des styles différents de feuilles d'érable sur le revers, des finitions émaillées, l'introduction d'hologrammes, des versions produites pour des commémorations (jeux Olympiques de 2010 à Vancouver, par exemple), des versions poinçonnées (*privy mark* pour

---

1. House Bill 317.
2. Executive Order 12532 (50 Fed. Reg. 36861, Sept. 10, 1985) mis en œuvre par l'Executive Order 12535 du 1er octobre 1985 avec prise d'effet au 11 octobre 1985 (... prohibited the importation of the South African Krugerrands into the United States effective October 11, 1985 - 50 Fed. Reg. 40325, Oct. 3, 1985).
3. Executive Order 11825 - Revocation of Executive Orders Pertaining to the Regulation of the Acquisition of, Holding of, or Other Transactions in Gold.

la 100ᵉ commémoration du naufrage du *Titanic*), etc.[1]. Toutes ces variations autour du thème initial de la feuille d'érable s'adressent principalement aux collectionneurs qui doivent s'acquitter d'une prime généreuse pour accéder à ces pièces magnifiques.

Un investisseur se limitera aux pièces d'investissement dont la prime reste raisonnable.

Feuille d'érable en or (1 oz à 999,9 ‰) – 2011

Source photo : ©AuCOFFRE.com.

Depuis la première émission ces pièces se présentent toutes selon les mêmes spécifications :

- tranche cannelée ;
- frappe médaille ;
- sur l'avers le profil de la reine Elizabeth II est encadré de la légende « Elizabeth II », de la valeur faciale et du millésime ;
- sur le revers une feuille d'érable à sucre, œuvre de Walter Ott, est encadrée de la légende « Canada » et des mentions de pureté et de poids en français et en anglais.

Le revers est resté le même[2] depuis la création de la pièce, mais l'effigie de l'avers a évolué avec l'âge de la souveraine.

---

1. En 2007 la MRC frappait une pièce de valeur faciale 1 million de dollars de 100 kg d'or.
2. Néanmoins la gravure de la feuille d'érable a été reprise en 1983 et 1990 pour chaque fois offrir plus de détails.

Période	Avers	Dessinateur/Graveur
1979-1989	Reine jeune coiffée d'une tiare (39 ans)	Arnold Machin/Walter Ott
1990-2004	Reine couronnée (64 ans)[1]	Dora de Pédery-Hunt/idem
2005- xxxx	Reine sans couronne (79 ans)	Susana Blunt/Susan Taylor

1. Cette effigie diffère légèrement de l'effigie officielle britannique réalisée par Raphael David Maklouf.

Toutes les Feuilles d'érable, or ou argent, ont cours légal au Canada selon les termes de l'article 7 de la Loi sur la monnaie LRC (1985), ch. C-52[1].

La fiscalité qui s'applique à ces pièces pour les cessions est donc celle de la catégorie fiscale des biens meubles (CFBM).

Feuille d'érable or

La Feuille d'érable en or est la toute première pièce d'investissement produite à ce niveau de pureté de 999‰. Elle a immédiatement rencontré un grand succès. La Monnaie royale canadienne décida d'ailleurs en 1982 d'en faire un atout et sa marque de fabrique en repoussant toujours plus loin les limites de la pureté. Ainsi, en 1982, la Feuille d'érable était produite avec une pureté de 999,9‰ d'or fin (24 carats). Enfin la quête du Graal de la pureté continuait en 2007 avec la production d'une série spéciale de Feuilles d'érable dont la pureté garantie est de 999,99‰ d'or fin. Cette magnifique pièce d'une once de 200 C$ est connue par les *aficionados* sous le petit nom de « cinq neuf[2] ».

La pureté de la Feuille d'érable est aussi son principal défaut. À ce niveau de titre, l'or est extrêmement « mou » et le moindre choc peut marquer la pièce. Beaucoup de vendeurs s'en sont plaints. Depuis, la Monnaie royale canadienne a modifié son processus de production et de contrôle qualité pour y remédier.

Enfin, toujours à la recherche d'innovations permettant d'assurer une différenciation de son offre, la Monnaie royale canadienne introduisit fin 2012 (production du millésime 2013) une gravure de sécurité sur tous les revers des Feuilles d'érable en or d'une once, compliquant ainsi le travail des faussaires. Cette gravure au laser représente une microscopique feuille d'érable affichant en son centre les deux derniers chiffres du millésime de frappe (13 pour l'année 2013), uniquement visible avec une loupe.

Les spécifications techniques de ces pièces en finition investissement (*bullion*) sont les suivantes.

---

1. laws-lois.justice.gc.ca/PDF/C-52.pdf.
2. En anglais *Five nines*. Le revers de ces pièces est spécifique.

	1 oz	½ oz	¼ oz	¹⁄₁₀ oz	¹⁄₂₀ oz
Or fin (oz)	1	0,5	0,25	0,10	0,05
Pureté	999,9‰	999,9‰	999,9‰	999,9‰	999,9‰
Poids brut (g)	31,15	15,584	7,797	3,131	1,581
Diamètre (mm)	30	25	20	16	14,1
Épaisseur (mm)	2,87	2,23	1,78	1,13	0,92
Valeur faciale	50 C$	25 C$	10 C$	5 C$	1 C$
1ʳᵉ émission	1979	1986	1982	1982	1993

Outre les émissions courantes décrites dans le tableau ci-dessus, la Monnaie royale canadienne a émis de 1994 à 1996 des pièces de ¹⁄15 oz à la valeur faciale de 2 C$ (7 400 exemplaires), puis en 2007 et 2008 une pièce de 100 kg à la valeur faciale de 1 000 000 C$ produite en 4 exemplaires.

La production totale de Feuilles d'érable (toutes pièces confondues) représente fin 2012 environ 789 tonnes d'or fin.

Depuis 2008, chaque année, sont produites en moyenne 31 tonnes de pièces d'or, dont 1 million de pièces d'une once par an. Ces chiffres placent la Feuille d'érable sur la troisième marche du podium des pièces d'or d'investissement au niveau mondial derrière la Gold Eagle américaine et les deux pièces turques Meskuk et Ziynet[1].

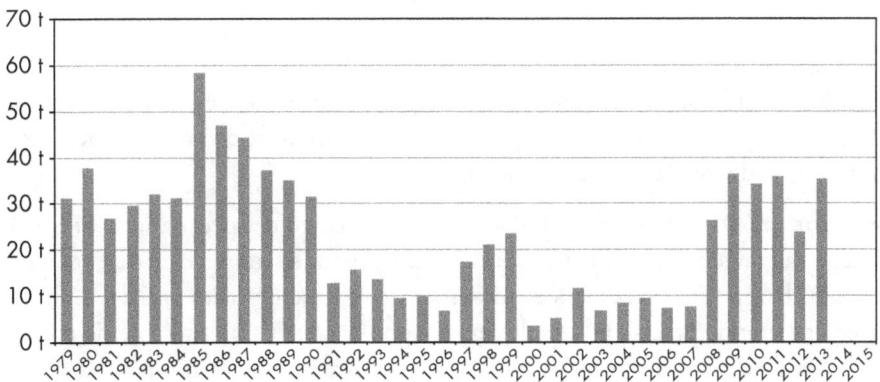

Production annuelle (tonnes) de Feuilles d'érable or

---

1. En réunissant les chiffres de production des deux pièces turques, celles-ci arrivent en tête avec en moyenne 45 tonnes par an depuis 2002.

Feuille d'érable argent

La version en argent de la Feuille d'érable est apparue pour la première fois en 1988.

À l'instar de son aînée en or, elle a été déclinée (et continue de l'être) dans différentes versions pour le plus grand bonheur des collectionneurs (dans des formats de 10 oz, 1 1/2 oz, 1 oz, 1/2 oz, 1/4 oz, 1/10 oz et 1/20 oz).

La Feuille d'érable destinée aux investisseurs affiche les mêmes avers et revers ainsi que le même poids (1 oz) que sa consœur en or. Seule la légende relative à la pureté et au métal contenu change.

Cette pièce est réalisée depuis son origine avec une pureté inégalée[1] de 999,9 ‰ d'argent. Toutes les autres pièces d'investissement en argent ont une pureté de « seulement » 999 ‰.

Poids brut	Diam.	Épaiss.	Or	Valeur faciale
31,104 g	38 mm	2,69 mm	999,9 ‰	5 C$

La Feuille d'érable en argent, à l'image de sa consœur en or, est produite par la Monnaie royale canadienne sous des formes et des finitions diverses. Ces émissions sont essentiellement destinées aux collectionneurs, à l'instar de la Feuille d'érable en argent de 10 oz émise en 1998 à 13 533 exemplaires pour célébrer le 10e anniversaire du lancement de cette pièce.

Pendant plusieurs années la Feuille d'érable en argent a été la cible de critiques du fait de la présence de traces laiteuses (*milk spots*) sur certaines pièces. Selon la Monnaie canadienne ces traces provenaient de la résurgence d'un produit de finition qui était, au moment du passage au four, absorbé partiellement par l'argent. Depuis, le processus de production a été modifié en conséquence pour la plus grande satisfaction des acheteurs.

À partir de 2014 la Feuille d'érable en argent change d'aspect. D'une part elle intègre la gravure de sécurité introduite en 2013 pour sa consœur en or, et d'autre part le champ[2] des deux faces est désormais constitué de stries radiales réalisées avec une grande précision – quelques microns –, créant un ensemble de reflets. Avec ces deux modifications la Feuille d'érable en argent devient une pièce extrêmement difficile à contrefaire !

---

[1]. La Royal Silver Company revendique cette place sur le podium avec une pureté de 999,99 ‰ pour l'once Andean Cat. Néanmoins celle-ci n'est pas une monnaie mais un jeton.
[2]. Partie d'une monnaie où rien n'est gravé, le fond d'où se détachent l'effigie ou les légendes (Wikipédia).

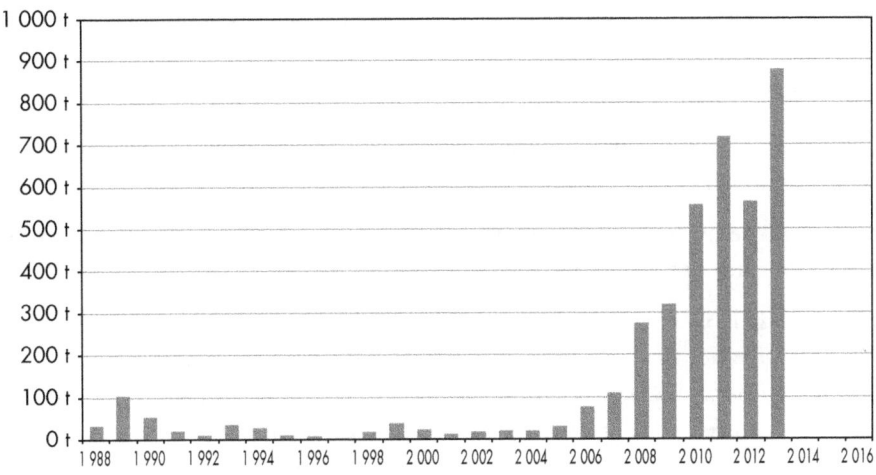

Production annuelle (tonnes) de Feuilles d'érable argent

Feuille d'érable en argent 2014. Gravure de sécurité et stries radiales sur champ

Source photo : Auteur.

Libertad

Libertad (liberté en espagnol) est la désignation d'une famille de pièces mexicaines d'investissement qui se déclinent en or et en argent. Leur originalité est de ne pas avoir de valeur faciale apparente. À l'instar du krugerrand, ces pièces affichent uniquement le poids de métal fin contenu.

Elles sont fabriquées en or depuis 1981 et en argent depuis 1982. Aucune Libertad en or n'a été frappée de 1995 à 1999 ni en 2001.

Les Libertad existent en deux qualités, brillant non circulé (*satín* en espagnol) et belle épreuve ou miroir (*espejo* en espagnol).

La Libertad est l'héritière de la célèbre pièce de 50 pesos en or de la série Centenario qui a été émise pour la première fois en 1921 pour célébrer le centenaire de l'indépendance du Mexique.

Ces pièces sont fabriquées par la Casa de Moneda de México (Maison de la monnaie du Mexique), établissement créé en 1535 par la Couronne espagnole.

Selon l'année de frappe les avers et revers des Libertad varient mais toutes les pièces sont frappées avec une orientation en monnaie.

Le revers de la Libertad a d'abord été frappé à partir de 1981 en utilisant celui de la Centenario, *El Ángel de la Independencia* (l'Ange de l'Indépendance, aussi nommé *Victoria Alada* ou Victoire ailée par la Casa de Moneda de México). Au cours de l'année 1991, une première modification est apportée à la typographie des légendes et au drapé de la robe de l'ange. Une deuxième modification intervient sur le revers en 1996. L'Ange de l'Indépendance, tiré de la Centenario, est remplacé par un motif différent reprenant toujours cette allégorie mais cette fois de profil et surplombant la *Columna de la Independencia* dont on aperçoit le sommet avec, à l'arrière-plan, les volcans Iztaccihuatl et Popocatepetl.

Type I	Type II	Type III
Argent : 1982-1995	1991-1995	1996-xxx
Or : 1981-1991	1991-1994	2000-xxxx

Les revers de type I et II sont inspirés de la Centenario et se différencient par les légendes. Le revers du type III, adopté depuis 1996 (Libertad argent) et 2000 (Libertad or), est celui en vigueur aujourd'hui.

Source photo : auteur.

L'avers des Libertad n'a connu qu'une seule modification. Les pièces étaient initialement frappées des armoiries officielles du Mexique, œuvre de Francisco Eppens Helguera et de l'architecte Pedro Moctezuma (1968) – une aigle de profil, inspirée de celle de José María Guerrero présente sur l'avers du « *peso de*

Victoria »[1], perchée sur un figuier de Barbarie, dévorant un serpent surmonté de l'inscription *Estados Unidos Mexicanos* (cette inscription, « États-Unis mexicains », apparaît avec la réforme monétaire de 1905).

En 1996 les premières pièces Libertad en argent de 2 et 5 onces voient le jour avec un avers modifié. Celui-ci reprend les armes du Mexique en réduction au centre. Elles sont entourées des dix aigles symboliques du Mexique ayant été utilisées dans les armoiries des gouvernements qui se sont succédé dans l'histoire du pays.

Cet avers s'appliquera à partir de l'année 2000 aux pièces d'une once d'or et d'argent[2]. Compte tenu de la finesse du motif difficile à reproduire sur des pièces plus petites, l'ancien avers sera maintenu pour toutes les pièces divisionnaires en dessous de l'once.

À gauche avers défini en 1981, à droite avers défini en 1996

Source photo : ©Banco de México – banxico.org.mx.

La tranche des Libertad subira une seule évolution. Elle était initialement lisse avec en incrustation la devise « Independencia y Libertad », dont la réalisation imposait de procéder à des manipulations après la frappe qui ont été à l'origine de beaucoup d'altérations sur les pièces. C'est probablement pour cette raison que cette tranche lisse sera remplacée en 1992 par une tranche cannelée.

L'argent a toujours occupé une place de choix dans la culture mexicaine[3]. Les monnaies divisionnaires en argent y existent depuis très longtemps. De 1920 à 1945, environ 458 millions de pièces en argent d'un peso, ou « Peso 0,720 »

---

1. Guadalupe Victoria, premier président de la République du Mexique.
2. Communication Banco de México n° 49 du 26 avril 2000.
3. « Un calcul très sérieux fondé sur des données officielles a été fait par Ottomar Haupt, publié en 1894 dans son livre *Arbitrages et Parités* (édité à Vienne), celui-ci donne le chiffre de 3 292 217 390 pesos d'argent frappés entre 1537 et 1892 au Mexique » (extrait de Wikipédia).

auront été frappées (pièce baptisée ainsi en référence à ses 12 grammes d'argent représentant 72 % de son poids).

Néanmoins, après une longue période de stabilité, le prix de l'argent s'envolait. Dès lors la valeur du métal contenu dans la pièce d'un peso dépassant la valeur faciale, ces pièces étaient négociées pour leur valeur de refonte. Pour éviter une pénurie de monnaie circulante le gouvernement mexicain retira ces pièces de la circulation en 1945.

Pour contourner le problème et réintroduire une monnaie d'argent à des fins de thésaurisation, le gouvernement promulgua en 1980 une loi autorisant la frappe de monnaies d'or et d'argent sans valeur nominale.

Selon l'article 2 bis de cette loi[1] ces pièces sans valeur faciale *« ont cours légal pour l'équivalent en pesos de leur cotation journalière »*. Par ailleurs, *« la Banque du Mexique détermine chaque jour la cotation de ces monnaies, sur la base du prix international du métal fin qu'elles contiennent »*[2].

Toutes les pièces Libertad, or et argent, ont donc cours légal, à l'instar du krugerrand, pour la valeur du métal qu'elles contiennent. La fiscalité qui s'applique à ces pièces pour les cessions est donc celle de la catégorie fiscale des biens meubles (CFBM).

Libertad or

Les volumes de Libertad en or émis chaque année sont très faibles. En moyenne 200 kg de Libertad sont émis chaque année depuis 2002, ce qui représente un total d'environ 600 000 pièces d'or en circulation depuis 1981. En comparaison, environ 35 tonnes de Gold Eagle sont mises en circulation tous les ans par le Trésor américain.

Les Libertad en or ont été initialement réalisées en alliage à 900 ‰ d'or et 100 ‰ d'argent et déclinées selon trois poids différents : 1 oz, 1/2 oz et 1/4 oz. À partir de 1991, deux pièces divisionnaires de 1/10 oz et 1/20 oz leur ont été ajoutées et la fabrication de toutes les pièces est réalisée en alliage à 999,9 ‰ d'or fin depuis cette date.

Les multiples avers et revers rendent l'identification des Libertad délicate. Les deux tableaux suivants résument la situation.

---

1. Ley monetaria de los Estados Unidos Mexicanos -Nueva Ley publicada en el Diario Oficial de la Federación el 27 de julio de 1931 - Última reforma publicada DOF 20-01-2009 - Art. 2 Bis.
2. www.diputados.gob.mx/LeyesBiblio/pdf/152.pdf.

Type	Période	Pièces (oz)	Pureté	Avers	Revers
1	1981-1991	1 oz, ½ oz, ¼ oz	900‰	Idem 50 pesos	1981
2	1991-1994	1 oz, ½ oz, ¼ oz, 1/10 oz, 1/20 oz	999‰	Idem 50 pesos + modif.	1981
3	2000- xxx	½ oz, ¼ oz, 1/10 oz, 1/20 oz	999‰	1996	1981
4*	2000- xxx	1 oz	999‰	1996	1996

* Le type 4 correspond à l'introduction de l'avers de 1996.

Les dimensions de ces pièces varient selon le type considéré :

Type	Pièce	Diam.	Épaiss.	Poids brut
1	1 oz	34,50 mm	2,50 mm	34,56 g
1	½ oz	29 mm	1,76 mm	17,28 g
1	¼ oz	23 mm	1,40 mm	8,64 g
2, 3 et 4	1 oz	34,50 mm	2,10 mm	31,13 g
2 et 3	½ oz	29 mm	1,75 mm	15,55 g
2 et 3	¼ oz	23 mm	1,32 mm	7,77 g
2 et 3	1/10 oz	16 mm	1,00 mm	3,11 g
2 et 3	1/20 oz	13 mm	0,83 mm	1,55 g

Libertad argent

Les volumes de Libertad en argent frappés chaque année sont en moyenne, sur les cinq dernières années, de 39 tonnes. Au total, 950 tonnes de Libertad en argent ont été émises depuis 1982.

La Libertad en argent d'une once, surnommée « *onza* », a été réalisée dès 1982 en argent à 999‰. Elle a été rejointe en 1991 par les pièces divisionnaires de 1/2 oz, 1/4 oz, 1/10 oz et 1/20 oz. En 2002 a été introduite la pièce de 1 kg d'argent pur. De 1991 à 1995, les pièces d'une once ont été frappées indifféremment avec des avers de type 1 ou 2.

Type	Période	Pièces (oz)	Pureté	Avers	Revers
1	1982-1995	1 oz	999‰	Idem 50 pesos	1981
2	1991-1995	1 oz, ½ oz, ¼ oz, 1/10 oz, 1/20 oz	999‰	Idem 50 pesos + modif.	1981
3	1996-1999	1 oz	999‰	1996	1981
3	1996-xxxx	½ oz, ¼ oz, 1/10 oz, 1/20 oz	999‰	1996	1981
4	1996-xxxx	2 et 5 oz	999‰	1996	1996
4	2000- xxx	1 oz	999‰	1996	1996

Type	Pièce	Diam.	Épaiss.	Poids brut
1	1 oz	36 mm	3,5 mm	31,13 g*
1	½ oz	30 mm		15,57 g
1	¼ oz	25 mm		7,78 g
1	⅒ oz	20 mm		3,11 g
1	1/20 oz	16 mm		1,57 g
2	½ oz	33 mm		15,57 g
2	¼ oz	25 mm		7,78 g
2	⅒ oz	20 mm		3,11 g
2	1/20 oz	16 mm		1,57 g
3	½ oz	33 mm	2,35 mm	15,57 g
3	¼ oz	27 mm	1,70 mm	7,78 g
3	⅒ oz	20 mm	1,30 mm	3,11 g
3	1/20 oz	16 mm	1,00 mm	1,57 g
3 et 4	1 oz	40 mm	3,00 mm	31,13 g
4	2 oz	48 mm	3,95 mm	62,27 g
4	5 oz	65 mm	5,30 mm	155,67 g
4	1 kg	11 mm	11,5 mm	1 001,00 g

* Sur un lot de 20 pièces le poids mesuré varie de 30,84 g à 31,39 g.

Wiener Philharmoniker

Wiener Philharmoniker, ou Philharmonique de Vienne, est une série de pièces créée par la Münze Österreich AG, la Monnaie autrichienne, en octobre 1989 en hommage à l'Orchestre philharmonique de Vienne.

Affichant initialement des valeurs faciales en schillings, elles sont désormais toutes libellées en euros depuis le 1er janvier 2002.

Toutes les pièces, or et argent, ont les mêmes avers et revers frappés en médaille à l'instar de toutes les pièces de la zone euro.

L'avers représentant l'orgue de la grande salle du Musikverein et le revers représentant un ensemble d'instruments de musique utilisés par l'orchestre sont l'œuvre de Thomas Pesendorfer.

Philharmonique de Vienne argent (1,50 € – 1 oz)

Source photo : ©Münze Österreich AG.

Toutes les Wiener Philharmoniker ont cours légal selon un décret du gouvernement de novembre 1988 : *Gesamte Rechtsvorschrift für Scheidemünzengesetz 1988*[1], modifié le 18 août 2010.

Bien que l'Euro soit la monnaie légale en France la fiscalité qui s'applique, *a priori*, à ces pièces pour les cessions est celle de la catégorie fiscale des biens meubles (CFBM).

Wiener Philharmoniker or

La Philharmonique de Vienne en or a été frappée pour la première fois en 1989 en deux formats : 1 oz et $^{1}/_{4}$ oz. Ces deux pièces sont rejointes en 1991 par une pièce au format $^{1}/_{10}$ oz, en 1994 par celle de $^{1}/_{2}$ oz et enfin par celle de $^{1}/_{25}$ oz en 2014.

Cette pièce d'or au titre de 999,9 ‰ est réalisée en qualité non circulé pour l'investissement et en qualité belle épreuve à l'occasion d'événements.

Les Philharmonique de Vienne en or ont toutes une tranche à cannelures.

Les spécifications de ces pièces sont les suivantes.

---

1. Loi sur la monnaie de 1988. Publiée dans le *Journal officiel fédéral de la République d'Autriche* n° 221 (Référence 597 Sous-section référence 12-2) le 17 novembre 1988.

	20 oz	1 oz	½ oz	¼ oz	⅒ oz	¹⁄₂₅ oz
Or fin (oz)	20	1	0,5	0,25	0,10	0,04
Pureté	999,9‰	999,9‰	999,9‰	999,9‰	999,9‰	999,9‰
Poids brut (g)	622,1	31,13	15,56	7,78	3,12	1,24
Diamètre (mm)	74	37	28	22	16	13
Épaisseur (mm)		2	1,60	1,20	1,20	
Valeur faciale	2 000 €	100 €	50 €	25 €	10 €	4 €
1ʳᵉ émission	2009	1989	1994	1989	1991	2014

Deux éditions commémoratives ont été frappées, l'une pesant 1 000 oz de valeur faciale 100 000 euros en 2004 et l'autre 20 oz de 2 000 euros en 2009.

Depuis les premières émissions en 1989, plus de 15 millions de pièces, représentant 305 tonnes d'or, ont été émises. Sur les cinq dernières années la production moyenne a été d'un million de pièces par an, soit 22 tonnes d'or.

Wiener Philharmoniker argent

La version en argent de la Philharmonique de Vienne a été introduite à la vente en février 2008 pour la première fois.

Elle est produite à des fins d'investissement et en un seul format d'une once avec une valeur faciale de 1,50 euros. Cette version en argent reprend les mêmes avers et revers que sa consœur en or, mais contrairement à cette dernière sa tranche est lisse et brillante.

Poids brut	Diam.	Épaiss.	Or	Valeur faciale
31,103 g	37 mm	3,2 mm	999‰	1,50 €

Cette pièce est devenue extrêmement populaire. Sa production rivalise avec la Silver Eagle et la Feuille d'érable.

Depuis 2008, 55 millions de Philharmonique de Vienne, représentant plus de 1 700 tonnes d'argent, ont été émises par la Münze Österreich. Sur les cinq dernières années, en moyenne 11 millions de pièces, soit 341 tonnes d'argent, ont été commercialisées chaque année.

Les métaux précieux en pratique

Or de la République (Turquie)[1]

La série Or de la République, frappée par Darphane[2], la Monnaie turque, est composée de deux familles de pièces en or : Meskûk, créée en 1944, et Ziynet en 1898.

L'or en Turquie, comme d'une façon générale au Moyen-Orient, occupe une place essentielle dans tous les événements de la vie familiale, religieuse, voire professionnelle. La pièce Meskûk est considérée comme une pièce de thésaurisation, alors que la Ziynet, nom dérivé de « décoration » en arabe, est destinée à être offerte pour les célébrations[3].

Meskûk (en bas) et Ziynet (en haut)
Source photo : © Degussa Goldhandel AG (degussa-goldhandel.ch).

Chaque famille de pièces est déclinée en cinq tailles représentant les fractions $1/2$, $1/5$, $1/10$, et $1/20$, du poids de la plus grosse pièce.

---

1. Nom d'origine : Cumhuriyet Altini.
2. Direction générale de la Monnaie et l'Imprimerie nationale.
3. On la trouve souvent agrémentée d'une boucle pour être portée en pendentif.

Ces pièces n'affichent pas de valeur faciale, mais une valeur symbolique leur est donnée en unité monétaire (en lira ou en kurush ancienne dénomination).

La Meskûk affiche sur l'avers le profil de Kemal Atatürk, entouré des légendes « Hakimiyet Milletindir » et « Ankara », et au revers une couronne de lauriers entourant la légende « Türkiye Cumhuriyeti », ou République de Turquie, surmontant la date de 1923, année de naissance de la République de Turquie, et du nombre d'anniversaires célébrés depuis cette date[1].

Le design de la Ziynet est moins sobre que celui de la Meskûk. L'avers reprend le profil du fondateur de la Turquie moderne mais entouré d'étoiles et de motifs fleuris. Le revers reprend les mêmes motifs et les étoiles entourent cette fois un monogramme surmontant l'année d'émission.

Les spécifications de ces deux familles de pièces sont les suivantes.

Meskûk

Kurush	500	250	100	50	25
Pureté	916,6‰	916,6‰	916,6‰	916,6‰	916,6‰
Poids brut (g)	36,08	18,041	7,216	3,608	1,804
Diamètre (mm)	35	26	22	18	15

Ziynet

Kurush	500	250	100	50	25
Pureté	916,6‰	916,6‰	916,6‰	916,6‰	916,6‰
Poids brut (g)	35,08	17,54	7,016	3,5080	1,7540
Diamètre (mm)	46,50	40	30	22	18

Très peu connues en dehors du Moyen-Orient et de l'Europe de l'Est, ces pièces n'en sont pas moins les pièces les plus frappées au monde, devant les monnaies en or américaines et canadiennes.

Depuis 2000, Darphane a frappé plus de 182 millions de ces pièces, ce qui représente un tonnage de 561 tonnes d'or fin[2].

---

1. Ce nombre change le 29 octobre de chaque année.
2. Sur la même période, l'American Gold Eagle, la pièce star des investisseurs, a été frappée à 15 millions d'exemplaires (toutes valeurs faciales confondues) et ne totalise « que » 314 tonnes de fin.

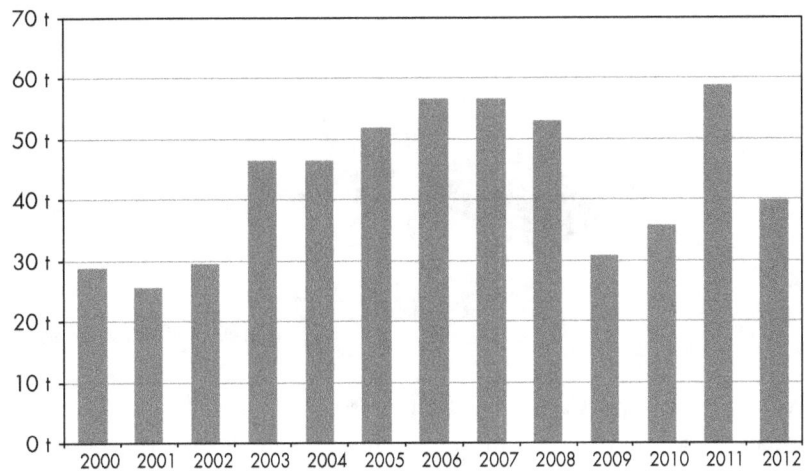

Production annuelle (en tonnes) de Ziynet et Meskük

Près des 3/4 de cette production sont réalisés par les émissions de Ziynet. Dans ces émissions les 100 et les 25 Kurush représentent à elles seules les 3/4 du tonnage émis.

Ces deux familles de pièces ont reçu cours légal le 8 août 1951[1].

La fiscalité qui s'applique à ces pièces pour les cessions est donc celle de la catégorie fiscale des biens meubles (CFBM).

Panda

Panda est le nom donné à une série de pièces en or et en argent émises par la République populaire de Chine et réalisées par les ateliers Shenzhen Guobao, Shenyang et Shanghai. China Gold Coin Incorporation est l'organisme responsable de la conception, de la réalisation et de la commercialisation de ces pièces.

Elles sont réalisées en frappe médaille et caractérisées par un revers dont le motif change chaque année mais affiche toujours au moins un panda, animal fétiche des Chinois.

L'avers des pièces représente la « salle des prières pour la récolte », un des éléments du Temple du ciel de Pékin, surplombée de la légende « République populaire de Chine » en idéogrammes chinois, et affiche, en dessous du Temple, le millésime de la pièce.

---

1. Décision n° 1738.2 du décret-loi n° 234 / b.

Panda argent 1 kg (2014)

Source photo : ©China Gold Coin Incorporation.

Outre les Panda frappés à des fins d'investissement, il existe chaque année de nombreuses variations de ces pièces produites pour des commémorations et en qualité belle épreuve. Les amateurs de Panda trouveront une information détaillée sur ces deux sites : *www.pandawiki.net* et *china-mint.info*.

La Panda a le douloureux privilège d'être particulièrement prisée par les faussaires chinois.

Toutes les pièces, d'investissement et commémoratives, réalisées en métaux précieux ont cours légal en République populaire de Chine selon la loi monétaire adoptée à la 3ᵉ session du 8ᵉ congrès national du peuple, le 18 mars 1995, et promulguée par décret n° 46 du président de la RPC le 18 mars 1995.

La fiscalité qui s'applique à ces pièces pour les cessions est donc celle de la catégorie fiscale des biens meubles (CFBM).

Panda or

Outre les pièces en or émises aux formats décrits dans le tableau ci-dessous, la Monnaie chinoise frappe exceptionnellement des pièces d'un format de 5 oz (2 000 yuans de valeur faciale et 32 mm de diamètre, 5 000 exemplaires par an maximum) et de 1 kg (10 000 yuans de valeur faciale et 90 mm de diamètre, 500 exemplaires par an maximum).

	1 oz	½ oz	¼ oz	⅒ oz	1/20 oz
Or fin (oz)	0,999	0,4999	0,2496	0,0999	0,0499
Pureté	999‰	999‰	999‰	999‰	999‰
Poids brut (g)	31,105	15,5518	7,7	3,11	1,5552
Diamètre (mm)	32	27	22	18	14

…/…

.../...

	1 oz	½ oz	¼ oz	⅒ oz	1/20 oz
Épaisseur (mm)	2,70	1,85	1,53	1,05	0,83
Valeur faciale (Yuan)	500	200	100	50	20
1re émission	1982	1982	1982	1982	1983

Tous les Panda en or ont une tranche à cannelures.

Panda argent

Les émissions de Panda argent ont commencé en 1983. À la lecture des statistiques officielles, il semble qu'elles se soient interrompues en 1986 et 1988 pour les monnaies d'investissement.

Après plusieurs années d'évolution, les spécifications définitives sont désormais celles-ci :

	1 kg	5 oz	1 oz
Arg. fin (oz)	32,117	4,9942	0,999
Pureté	999 ‰	999 ‰	999 ‰
Poids brut (g)	1 000	155,5	31,105
Diamètre (mm)	100	70	40
Épaisseur (mm)	13	6	2,98
Valeur faciale (Yuan)	300	50	10
1re émission	1998	2003	1983

Tous les Panda en argent présentent une tranche à cannelures.

La production de Panda argent a littéralement explosé, passant de 500 000 oz par an (moyenne de 2002 à 2010) à 6 millions d'oz en 2011, puis, en 2012, à 8 millions d'oz. La raison principale de cette explosion tient à la liberté de détenir de l'argent, recouvrée en 2011 par les citoyens chinois. Les statistiques chinoises sur les productions sont relativement opaques, mais les professionnels américains commercialisant ces pièces depuis longtemps estiment qu'en 2013 la Chine devrait commercialiser de l'ordre de 10 millions d'oz d'argent, soit 300 tonnes d'argent.

Séries australiennes

Un des deux établissements australiens habilités à frapper des monnaies, le Perth Mint, émet depuis 1987 des monnaies d'or et d'argent destinées à l'investissement, dont la qualité et les particularités d'émission en font des produits très recherchés non seulement par les investisseurs mais aussi par les collectionneurs.

Deux familles de monnaies d'or sont produites :

- la série **Australian Kangaroo**, ou kangourou australien ;
- la série **Australian Lunar**, ou calendrier lunaire célébrant les 12 signes du zodiaque chinois.

Trois familles de monnaies d'argent sont émises :

- la série **Australian Lunar**, reprenant le même thème que celui des pièces en or ;
- la série **Australian Kookaburra** ;
- la série **Australian Koala**.

Koala, Lunar (année du Cheval), kookaburra en argent (2014)

Source photo : ©Perth Mint.

La particularité de toutes ces pièces est d'afficher un revers spécifique, chaque année mettant en scène un ou plusieurs kangourous[1], koalas ou kookaburras selon la série. La série Lunar affiche sur les revers de ses pièces un animal zodiacal différent chaque année en fonction du calendrier chinois. Compte tenu de l'aspect cyclique du calendrier, chaque série dure 12 années. Perth Mint frappe aujourd'hui la série Lunar II depuis 2008.

---

1. Kangourou désignant ici un des 63 membres de la famille des macropodidés.

Australian Kangaroo, or 999,9‰ 1 oz (2014)

Source photo : ©Perth MInt.

L'avers est commun à toutes les pièces de toutes les séries et représente, depuis 1998, l'effigie de la reine Elizabeth II réalisée par Ian Rank-Briadley. Toutes les séries sont frappées en orientation médaille.

La série **Australian Nugget** (pépite australienne) est la première à avoir vu le jour par une émission de quelques rares pièces en qualité belle épreuve en 1986. De 1986 à 1989 les revers des Nuggets représentaient tour à tour, et selon les déclinaisons, les 12 découvertes les plus célèbres d'Australie, dont l'incroyable pépite Welcome Stranger de 71 kg découverte en 1869. Le tableau suivant résume les périodes d'émissions de chaque série.

Série	Métal	Début	Fin
Nugget	Or	1986	1989
Kangaroo	Or	1990	En cours
Kangaroo	Argent	1993	En cours
Lunar I	Or	1996	2007
Lunar I	Argent	1999	2007
Lunar II	Or	2008	En cours
Lunar II	Argent	2008	En cours
Kookaburra	Argent	1990	En cours
Koala	Argent	2007	En cours

Chaque série est émise selon une déclinaison spécifique de pièces, ce qui complique un peu plus le suivi des émissions. Le tableau ci-après les résume.

	Métal	10 kg	1 kg	½ kg	10 oz	5 oz	2 oz	1 oz	½ oz	¼ oz	¹⁄₁₀ oz	¹⁄₂₀ oz
Kangaroo	Or		X		(1)	(2)	(1)	X	X	X	X	(3)
Kangaroo	Arg.							X				
Lunar I	Or	X	X		X		X	X	X	X	X	X
Lunar I	Arg.	X	X	(4)	(5)	(4)	X	X	(5)			
Lunar II	Or	X	X		X		X	X	X	X	X	X
Lunar II	Arg.	X	X	(6)	X	X	X	X	X			
Kooka.	Arg		X		X		(2)	X				
Koala	Arg		X		X			X	X		X	

X : émissions sans discontinuité sur la période ou toujours en cours ; (1) : 1992-2009 ; (2) : 1991 ; (3) : 1990-2009 ; (4) : 2004-2007 ; (5) : 1999-2007 ; (6) : 2008-2010.

Les spécifications techniques de ces pièces ont varié avec le temps. Les tableaux ci-dessous rassemblent les spécifications contemporaines des pièces en finition investissement.

Kangaroo (or)

	1 kg	1 oz	½ oz	¼ oz	¹⁄₁₀ oz
Pureté	999,9‰	999,9‰	999,9‰	999,9‰	999,9‰
Poids brut (g)	1 000	31,10	15,55	7,78	3,111
Diamètre (mm)	75,60	32,60	25,60	20,60	16,60
Épaisseur (mm)	13,90	2,80	2,40	2,00	1,50
Valeur faciale (AUD)	3 000	100	50	25	15

Lunar II (or)

	1 kg	10 oz	2 oz	1 oz	½ oz	¼ oz	¹⁄₁₀ oz	¹⁄₂₀ oz
Pureté	999,9‰	999,9‰	999,9‰	999,9‰	999,9‰	999,9‰	999,9‰	999,9‰
Poids brut (g)	1 000,1	311,067	62,215	31,112	15,554	7,777	3,111	1,556
Diamètre (mm)	100,60	75,60	41,10	39,34	30,60	22,60	18,60	14,60
Épaisseur (mm)	9,00	6,00	3,90	2,50	2,50	2,20	2,00	1,40
Valeur faciale (AUD)	3 000	1 000	200	100	50	25	15	5

En complément à ces pièces, Perth Mint frappe de façon exceptionnelle des Lunar II de 30 kg (valeur faciale 30 000 AUD, diamètre 180,6 mm, épaisseur 25 mm).

Kookaburra et Koala (argent)

	1 kg	10 oz	1 oz	½ oz	⅒ oz
Pureté	999‰	999‰	999‰	999‰	999‰
Poids brut (g)	1 001,002	311,347	31,135	15,591	3,135
Diamètre (mm)	100,60	75,60	40,60	36,60	20,60
Épaisseur (mm)	14,60	8,70	4,00	2,30	2,00
Valeur faciale (AUD)	30	10	1	0,5	0,1

Lunar II (argent)

	10 kg	1 kg	10 oz	5 oz	2 oz	1 oz	½ oz
Pureté	999‰	999‰	999‰	999‰	999‰	999‰	999‰
Poids brut (g)	10 010,00	1 001,002	311,347	155,673	62,270	31,135	15,591
Diamètre (mm)	221	100,60	85,60	65,60	55,60	45,60	36,60
Épaisseur (mm)	33,00	14,60	6,60	5,80	3,60	2,60	2,30
Valeur faciale (AUD)	300	30	10	8	2	1	0,5

Toutes les pièces de toutes les séries sont réalisées avec une tranche cannelée.

Selon la loi australienne toutes les pièces émises, quel que soit le métal utilisé, sont des moyens de paiement. Le cours légal est attribué à ces pièces par la loi monétaire australienne ou Australian Currency Act n° 95 de 1965[1]. La fiscalité qui s'applique à ces pièces pour les cessions est donc celle de la catégorie fiscale des biens meubles (CFBM).

Souverain

Les racines de la célèbre pièce britannique Sovereign, ou souverain, remontent à 1489. Néanmoins, la pièce contemporaine fait partie d'une lignée dont les caractéristiques ont été arrêtées en 1817. La pièce originale de 1817 est l'œuvre du graveur italien Benedetto Pistrucci, dont le revers, saint George terrassant le dragon[2], a été repris, à quelques exceptions près, sur toutes les pièces frappées jusqu'à ce jour.

---

1. www.comlaw.gov.au/Details/C2007C00565.
2. Allégorie de l'Angleterre terrassant Napoléon.

Pièce en or Souverain 2014

Source photo : ©chards.co.uk.

Initialement frappée exclusivement à la Royal Mint de Londres, cette pièce a été émise à partir du règne de Victoria en Australie, puis sous les règnes suivants les émissions ont été progressivement étendues à l'Inde, le Canada et l'Afrique du Sud.

Au total, depuis 1817, environ 1 145 millions de pièces ont été mises en circulation, représentant 8 370 tonnes d'or fin. Arrêtées de 1933 à 1956 (à l'exception de quelques émissions très réduites), les émissions de souverains reprirent en 1957. Depuis cette date jusqu'à nos jours, environ 616 tonnes de souverains ont été émises. Ces chiffres de production impressionnants doivent néanmoins être pris avec prudence. En effet, au XIXe siècle, il était d'usage courant de retirer de la circulation les pièces usées pour les refrapper. En 1891 le gouvernement britannique opéra ainsi une vaste campagne de retrait pour renouveler la monnaie. Le même métal est donc comptabilisé dans plusieurs émissions de monnaie. À ceci s'ajoute le fait que les deux guerres mondiales ont beaucoup sollicité le Trésor britannique et qu'ainsi de nombreuses pièces ont terminé leur vie refondues en lingots de 400 oz de l'autre côté de l'Atlantique. Il est donc impossible d'apprécier la quantité de souverains encore réellement en circulation.

Depuis les années 1980, la production annuelle de souverains est insignifiante. La Monnaie britannique oriente désormais les émissions de cette pièce vers les collectionneurs.

Les caractéristiques de cette pièce légendaire sont les suivantes :

Poids brut	Diam.	Épaiss.	Or	Autre
7,98805 g	22,05 mm	1 à 1,4 mm	916,666 ‰	Inconnu

La tranche est cannelée et, depuis 1887, les pièces sont frappées en orientation médaille.

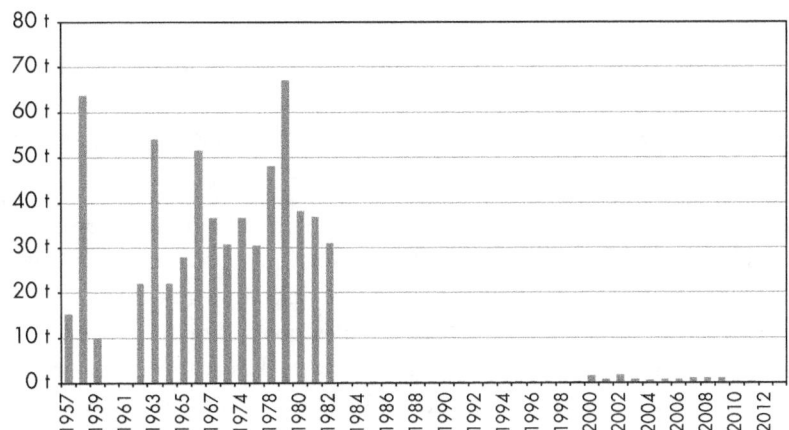

Production annuelle de souverains depuis 1957 en tonnes (émissions belle épreuve incluses)

Sa valeur faciale, non mentionnée sur la pièce, est d'une livre sterling. Cette pièce est d'ailleurs complétée par des pièces de 5 livre sterling, 2 livre sterling, $1/2$ livre sterling et $1/4$ de livre sterling émises dans de très faibles volumes et de façon discontinue.

Selon la loi monétaire britannique, le Coinage Act de 1971[1], tout les souverains émis depuis 1837[2] (à l'effigie de William IV) ont cours légal et sont exemptés au Royaume-Uni non seulement de TVA mais également d'impôt sur la plus-value.

Pour conserver leur propriété de moyen de paiement les pièces éligibles doivent répondre à une condition définie par la loi monétaire :

- pour la pièce de 1 livre sterling : avoir une masse brute minimum de 7,93787 grammes ;
- pour celle de $1/2$ livre sterling : une masse brute minimum de 3,96083 grammes.

Dans l'Hexagone, la fiscalité qui s'applique à ces pièces pour les cessions est donc celle de la catégorie fiscale des biens meubles (CFBM).

Monnaies d'investissement démonétisées

- Centenario (États-Unis mexicains).
- 20 francs or, dit napoléon (République française).

---

1. www.legislation.gov.uk/ukpga/1971/24/pdfs/ukpga_19710024_en.pdf.
2. Voir HM Revenue & Customs – CG78308.

Centenario

Centenario est le nom d'une pièce ayant été frappée pour la première fois en 1921[1] pour commémorer le centenaire de l'accession à l'indépendance du Mexique. Cette célèbre pièce en or avait une valeur faciale de 50 pesos avant d'être démonétisée en 1931.

Cette pièce commémorative a été principalement un produit d'épargne très recherché à partir de 1975 par les Américains qui venaient de recouvrer la liberté de détenir de l'or. Après une brève période de succès, elle a été rapidement délaissée pour les pièces affichant des poids d'or fin en onces, unité de mesure plus lisible pour le public anglo-saxon. Les autorités mexicaines en tireront des enseignements et émettront dès 1981 la Libertad d'une once et ses déclinaisons en fractions d'once.

Sa fabrication et les refrappes en jeton dont elle fait encore l'objet aujourd'hui visent à en faire une pièce à faible prime précisément pour en faciliter la thésaurisation.

La Centenario est une superbe et imposante pièce de 41,67 grammes contenant 900‰ d'or fin, soit 37,5 g ou 1,2057 oz, et 100‰ de cuivre, ce qui lui donne une coloration légèrement cuivrée.

Poids brut	Diam.	Épaiss.	Or	Autre
41,667 g	37 mm	2,69 mm	900‰	Cuivre

De 1921 à 1931 le Mexique a frappé 4 941 000 Centenario.

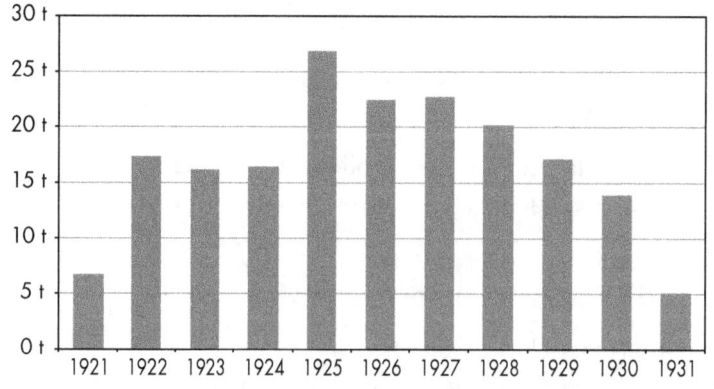

Production annuelle (tonnes) de Centenario démonétisées

---
1. Décret du 14 septembre 1921.

L'avers de la pièce reproduit les armoiries de la République mexicaine définies en 1823 : l'aigle mexicaine représentée de face, perchée sur un figuier de Barbarie et tenant dans son bec et ses serres un serpent. L'ensemble est surmonté de la légende « Estados Unidos Mexicanos » (« États-Unis mexicains »). La symbolique est reprise de l'avers du peso d'origine, mais le dessin de cette aigle n'est pas sans rappeler l'aigle essorante napoléonienne.

À gauche aigle Second Empire, à droite aigle mexicaine (1823 modifiée en 1867)

Source photos : Wikipédia.

Le revers de la Centenario est l'œuvre du graveur Emilio del Moral. Il représente *El Ángel de la Independencia*, l'Ange de l'Indépendance (aussi nommé *Victoria Alada* ou Victoire ailée par la Casa de Moneda de México) brandissant une couronne de lauriers dans la main droite et tenant des chaînes brisées dans la gauche. L'ange est encadré, à gauche, par la mention de la valeur nominale de la pièce « 50 pesos » et par l'année de l'indépendance, 1821. À droite apparaît la légende « 37,5 g oro puro » évoquée plus haut au-dessus du millésime d'édition de la pièce. À l'arrière-plan l'artiste a représenté les deux volcans légendaires, l'Iztaccihuatl et le Popocatepetl.

La pièce a une orientation de frappe en monnaie.

Centenario or 50 pesos (1928)

Source photo : ©AuCOFFRE.com.

La Centenario a une tranche lisse dans laquelle est incrustée la devise « Independencia y Libertad ». Cette pièce, ainsi que celles en or de 2, 2.5, 5, 10 et 20 pesos, a été démonétisée par la loi monétaire du 27 juillet 1931. De ce fait, toutes les Centenario frappées de 1921 à 1931 entrent dans la catégorie fiscale des métaux précieux (CFMP).

20 francs or dit napoléon

La pièce de 20 francs or, ou napoléon, ou louis, est la pièce mythique de thésaurisation en France depuis le XIXe siècle.

Créée avec le franc de germinal par la loi du 7 germinal an XI (28 mars 1803 – article 6), et reprenant les spécifications de la livre tournois, la pièce en or de 20 francs est la plus courante des pièces d'or émises au XIXe siècle en France. De Bonaparte à la IIIe République, elle a été frappée à plus de 514 millions d'exemplaires par la Monnaie de Paris avec une grande diversité d'effigies.

Nombre de pièces	100 F	50 F	40 F	20 F	10 F	5 F	Total
Bonaparte et Napoléon 1er			3 317 247	19 766 728			528 024 440 F
Louis XVIII			539 486	18 387 681			389 333 060 F
Charles X			478 824	1 688 298			52 918 920 F
Louis-Philippe			775 252	9 245 136			215 912 800 F
Génie (1848-1849)				2 846 061			56 921 220 F
Cérès (1849-1851)				16 720 353	3 595 458		370 361 640 F
L.N. Bonaparte				10 493 758			209 875 160 F
Napoléon III	443 467	931 374		232 002 209	97 768 703	46 688 026	5 942 086 440 F
IIIe République	437 284	26 947		203 367 615	26 259 533		4 375 023 380 F
TOTAL 1re émission	880 748	958 321	5 110 809	514 517 839	127 623 694	46 688 026	12 140 457 060 F
Pièces refondues	60	24	622	5 559 392	11 721 927	24 463 892	350 758 650 F
Net des fabrications	880 688	958 297	5 110 187	508 958 447	115 901 767	22 224 134	11 789 698 410 F
Poids de fin (tonnes)	25,57	13,91	59,34	2 955,24	336,49	32,26	3 423

Frappes de monnaie d'or par la Monnaie de Paris de 1803 à 1914

Source : ministère des Finances (1919).

De 1803 à 1914, le site Internet de CGB[1], référence internationale en matière de numismatique, recense 25 types différents de 20 francs or auxquels on pourrait ajouter les nombreuses pièces de 20 francs or des pays de l'Union latine réalisées avec des spécifications similaires. Pour l'essentiel ces pièces relèvent de la numismatique et ne seront donc pas évoquées ici, hormis celles émises par la IIIe République.

Émise avec la pièce de 40 francs or, la 20 francs a été rejointe au fil des ans par des pièces de 100, 50, 10 et 5 francs. Elle représente à elle seule 78 % des pièces en or émises de 1803 à 1914 et 86 % du poids d'or fin mis en circulation pendant cette période. Bien que, du fait de leur valeur intrinsèque, elles ne soient plus utilisées comme moyen de paiement depuis 1915, toutes ces pièces n'ont été démonétisées que le 25 juin 1928[2] avec l'arrivée du franc Poincaré.

Compte tenu des appels au patriotisme lancés par le gouvernement (1 080 tonnes d'or collectées de 1915 à 1918[3]) et des différentes restrictions mises en place durant la Grande Guerre (pour lutter contre la vente de pièces pour refonte vers la bijouterie à un prix supérieur au cours officiel – 600 tonnes de 1914 à 1928), le volume réel de pièces en or encore disponibles à ce jour est très inférieur aux chiffres donnés plus haut. Au sortir de la guerre, on estime qu'il n'y avait plus en circulation qu'environ 900 tonnes d'or sous forme de pièces et quelque 1 100 tonnes d'or d'encaisse au sein de la Banque de France, principalement sous forme de lingots. Dans le cadre de la « stabilisation Poincaré » la Banque de France est autorisée à acheter du métal sur le marché pour refaire son encaisse, réduisant ainsi les avoirs privés à 400 tonnes de pièces en 1932[4].

En résumé, des 2 955 tonnes de 20 francs or initialement frappés il doit rester en circulation à ce jour moins du sixième, soit de l'ordre de 400 à 450 tonnes, c'est-à-dire environ 70 à 75 millions d'exemplaires.

---

1. http://www.lefranc.net/piece,20-francs-or.html.
2. Loi monétaire votée le dimanche 24 juin 1928 : « Article 9 - À partir de la promulgation de la présente loi [25 juin] cesseront d'avoir cours légal entre particuliers et d'être reçues dans les caisses publiques toutes les monnaies d'or et d'argent frappées antérieurement à la date de cette promulgation. »
3. René Sédillot, *Histoire de l'or* (1972).
4. René Sédillot, *Du franc Bonaparte au franc de Gaulle* (1959).

Affiche d'Abel Faivre pour l'emprunt français de 1915

Source : BnF.

Aujourd'hui la pièce de 20 francs or la plus courante est celle à l'effigie de Marianne coiffée d'un bonnet phrygien ceint de feuilles de chênes[1] et présentant au revers un coq entouré de la devise « Liberté-Égalité-Fraternité ». Cette pièce de 20 francs or émise sous la IIIe République est l'œuvre de Jules-Clément Chaplain.

Elle a été frappée de 1898 à 1914 selon deux types se distinguant uniquement par la devise insculpée sur la tranche :

- de 1899 à 1906 : « Dieu protège la France » ;
- de 1907 à 1914 : « Liberté-Égalité-Fraternité ».

20 F Marianne-Coq 1909

Source photo : auteur.

---

1. Modèle inspiré de l'effigie d'une médaille réalisée par Chaplain pour l'Exposition universelle de Paris en 1900.

Elle présente les mêmes spécifications techniques que toutes les autres pièces de 20 francs, c'est-à-dire :

Poids brut	Diam.	Épaiss.	Or	Autre
6,452 g	21 mm	1,25 mm	900‰	Cuivre

Ces pièces ont été frappées en orientation monnaie.

Les 20 francs or émises de 1803 à 1914, au même titre que les autres valeurs faciales émises pendant cette période, ont été démonétisées à l'avènement du franc Poincaré le 25 juin 1928.

De ce fait, toutes les 20 francs frappées de 1803 à 1914 entrent dans la catégorie fiscale des métaux précieux (CFMP).

Jetons d'investissement

- Jetons AuCoffre :
  - jeton Vera Valor ;
  - jeton Vera Silver.
- Jeton 20 francs Refrappe Pinay.
- Jeton refrappe Vreneli.
- Jeton refrappe Centenario.

Jetons AuCoffre

Jeton Vera Valor

Le jeton Vera Valor a été créé fin 2011 par la société AuCOFFRE.com. C'est le premier produit de son genre sur le marché français réalisé à partir d'or respectant pour sa production des critères de protection de l'environnement.

Réalisé par le fondeur-affineur-essayeur Valcambi et le médailleur Faude & Huguenin en or de 999,9‰, il présente la particularité d'afficher un code Datamatrix ou code QR[1] permettant d'être lu par un lecteur de code-barres ou un téléphone portable.

---

1. *Quick Response.*

Vera Valor – 1 oz d'or et ½ oz à 999,9 ‰

Source photo : ©twinphotographie pour AuCOFFRE.com

Chaque jeton porte le titre de pureté, un numéro d'essai et le poinçon de l'essayeur Valcambi. Le certificat d'essai est fourni sous la forme du code QR identifiant chaque produit et permettant ainsi d'accéder au certificat d'essai via Internet.

Détails des caractéristiques du jeton Vera Valor

Source photo : ©twinphotographie pour AuCOFFRE.com

La fabrication de ce jeton reprend, en l'améliorant considérablement, l'idée introduite par le jeton Gold Rose. Néanmoins ce dernier ne comporte qu'un numéro de lot gravé sur le revers ne permettant pas d'identifier l'objet lui-même contrairement à la solution adoptée pour la réalisation de Vera Valor.

Pour obtenir le statut d'or d'investissement, l'identification par lot suffit pour attester du titre, mais le fait d'être traçable à l'unité permet aux détenteurs de jetons Vera Valor de choisir au moment de la cession l'option de taxation de la plus-value.

En 2013 le jeton d'une once a été rejoint par un jeton d'une demi-once réalisé à partir d'or recyclé par le fondeur-affineur-essayeur Allgemeine, filiale du groupe belge Umicore, et frappé dans les ateliers du médailleur suisse Faude & Huguenin.

Les spécifications techniques de ces deux jetons sont les suivantes :

	Poids brut	Diam.	Épaiss.	Or
1 oz	31,103 g	32 mm	2 mm	999,9‰
½ oz	15,55175 g	26 mm	1,6 mm	999,9‰

Tous ces jetons ont une tranche striée et une orientation de frappe en monnaie.

Par sa forme, son poids et son titre, le jeton Vera Valor relève de l'or d'investissement et est donc éligible à l'exonération de TVA.

Pour les cessions ces jetons sont classés dans la catégorie fiscale des bijoux et assimilés (CFBA).

Jeton Vera Silver

Le jeton Vera Silver d'une once d'argent est né en 2014. Il reprend beaucoup des caractéristiques innovantes du jeton Vera Valor : code Datamatrix, numérotation, etc. Ses caractéristiques propres sont les suivantes :

	Poids brut	Diam.	Épaiss.	Or
1 oz	31,11 g	40 mm	2,63 mm	999,7‰

Ce jeton a été gravé par Sarah Sadki et réalisé dans l'atelier Faude & Huguenin au Locle à partir de flans produits par le fondeur-affineur-essayeur Allgemeine.

Vera Silver – 1 oz d'argent à 999,7‰

Source photo : ©twinphotographie pour AuCOFFRE.com.

Pour les cessions ces jetons en argent sont classés dans la catégorie fiscale des bijoux et assimilés (CFBA).

Jeton 20 francs refrappe Pinay

Aux 25 types de napoléons recensés par CGB s'est ajouté un 26e type en 1952 de façon très étrange.

À l'issue de la Seconde Guerre mondiale, le gouvernement décidait en 1948 de l'ouverture d'un marché organisé de l'or à Paris. En mai 1952 (puis plus tard en 1958), pour sortir la France du marasme financier, Antoine Pinay faisait appel à l'épargne des Français avec un grand emprunt[1] indexé sur le prix du napoléon. Dans ces conditions le Trésor devait veiller à ce que le prix du napoléon ne s'envole pas outre mesure pour limiter le coût du remboursement de cet emprunt.

Pour minimiser au mieux la prime du napoléon le ministère des Finances, par l'entremise de l'organisme en charge d'intervenir sur les changes[2], décida d'utiliser les stocks de monnaies d'or dégradées et refondues en lingots pour

---

[1]. La « rente Pinay », emprunt à 3 % indexé sur le cours officiel du 20 francs or, émis à 36 francs, remboursé jusqu'à 1 880 francs en 1981, exemptant de droits de succession, proposant une amnistie aux évadés fiscaux si les fonds rapatriés étaient investis dans l'emprunt. La tranche « algérienne » de la rente Pinay n'a été entièrement remboursée que le 1er juin 2012.

[2]. Fonds de stabilisation des changes créé par l'article 3 de la loi du 1er octobre 1936 sur les modèles britannique de 1931 et américain de 1934 et doté à sa création de 441 tonnes d'or. Toujours sur ces modèles, le rôle opérationnel de ce fonds était assuré par la banque centrale, en l'occurrence ici la Banque de France (convention du 25 septembre 1936 entre la Banque de France et le ministère des Finances).

refrapper des 20 francs Napoléon à l'identique (en utilisant les coins d'époque de la 20 francs Marianne-Coq) et fournir ainsi de la liquidité au marché pour peser sur les prix.

Ces napoléons sont connus sous le nom de refrappes Pinay. Ils sont apparus sur le marché parisien à partir de janvier 1952[1].

Il est difficile, voire impossible, de déterminer combien de ces refrappes Pinay ont été mises sur le marché. Les archives[2] de la Banque de France donnent quelques indications chiffrées mais ne révèlent pas le scénario retenu à l'époque pour mettre ces refrappes Pinay en circulation. Le communiqué de la Banque de France de janvier 1952 annonçant ces émissions évoque l'utilisation d'un stock de napoléons démonétisés refondus en lingots sans préciser le volume de ce stock ni la part utilisée[3].

Par ailleurs, les chiffres tirés des archives de la Banque de France montrent qu'à l'occasion des souscriptions aux emprunts Pinay, en 1952 et 1958, les volumes d'achat de napoléons par la Banque de France ont été extrêmement forts (10 millions de pièces sur ces deux années). Mais il serait très osé de retenir l'hypothèse que ces achats auraient été transformés intégralement en refrappes Pinay. De 1952 à 1968, la Banque de France a vendu 42 585 000 pièces (soit 247 tonnes de fin). Faut-il considérer que toutes ces ventes l'ont été sous la forme de refrappes Pinay ? La question reste sans réponse mais il est certain que ces refrappes Pinay ont été émises en très grand nombre et qu'elles restent à ce jour très nombreuses.

Ces nouvelles frappes ne se distinguent pas des originales (type 1907-1914 avec « Liberté-Égalité-Fraternité » sur la tranche) par le graphisme dont elles ont repris tous les attributs. Ces pièces présentent néanmoins un aspect neuf et une teinte légèrement rougeâtre. Elles sont donc identifiables de façon relativement aisée avec peu d'expertise, surtout si vous disposez d'une monnaie originale comme étalon.

---

1. *Du franc Bonaparte au franc de Gaulle, op. cit.*
2. Thèse de Thi Hong Van Hoang (2010).
3. *Histoire du Franc, op. cit.* : « Communiqué de la Banque de France : Il a été procédé, depuis six mois, à la frappe de pièces d'or démonétisées de type Coq. La Banque de France possédant à la fin de la guerre une encaisse en pièces considérable dont une large partie a été, à l'époque, fondue en lingots, il a paru opportun de reconvertir en pièces une partie de ces lingots afin de faciliter la mission régulatrice que le Fonds de stabilisation exerce sur le marché de l'or. »

Revers de 20 F. À gauche refrappe Pinay, à droite 20 F Coq 1909

Source photo : auteur (deux pièces de même qualité photographiées ensemble sous le même éclairage).

Une analyse par fluorescence X[1], pratiquée par la société TAL Instruments sur des pièces originales d'une part et des pièces sélectionnées sur ces deux critères d'autre part, a permis de mettre en évidence une différence notoire de composition des pièces. Les refrappes Pinay présentent deux caractéristiques chimiques par rapport aux pièces originales :

- une plus faible teneur en or : les pièces contemporaines des millésimes qu'elles affichent présentent en moyenne un titre en or de 902,63 ‰, alors que les refrappes Pinay titrent en moyenne 900,39 ‰ ;
- la présence d'argent : alors que les monnaies originales ne présentent aucune trace d'argent, ces pièces frappées en 1952-1953 en affichent en moyenne 3,48 ‰, compensant ainsi le déficit d'or par rapport aux pièces originales.

Le tableau ci-dessous résume, sur un échantillon d'une douzaine de pièces, les résultats fournis par TAL Instruments.

	Or	Cuivre	Argent	Or +/−	Cu +/−	Ag +/−
Originale	90,263	9,737	0	0,080	0,080	0,060
Refrappe	90,039	9,615	0,348	0,066	0,065	0,025

---

1. Wikipédia : « La spectrométrie de fluorescence X est une méthode d'analyse chimique utilisant une propriété physique de la matière, la fluorescence de rayons X. Lorsque l'on bombarde de la matière avec des rayons X, la matière réémet de l'énergie sous la forme, entre autres, de rayons X ; c'est la fluorescence X, ou émission secondaire de rayons X. Le spectre des rayons X émis par la matière est caractéristique de la composition de l'échantillon, en analysant ce spectre, on peut en déduire la composition élémentaire, c'est-à-dire les concentrations massiques en éléments. »

Or, les 20 francs émis de 1803 à 1914 ont été démonétisés à l'avènement du franc Poincaré en 1928. Les pièces d'origine sont donc, fiscalement, des pièces ayant eu cours légal et à ce titre sont classées dans la catégorie fiscale des métaux précieux. Ce qui n'est absolument pas le cas des refrappes Pinay.

Dans l'absolu, les refrappes Pinay ne sont pas des monnaies, et ne sont pas non plus des monnaies démonétisées. En effet, le statut de monnaie est hérité d'une décision souveraine, loi ou décret, et le retrait de ce statut est le privilège d'une décision de même nature. Dans le cas des refrappes Pinay, les monnaies fondues étaient démonétisées depuis 1928 et certaines étaient même retournées à l'état de lingot. Aucune décision souveraine connue n'a jamais autorisé la frappe de ces nouvelles pièces. Il s'agit bien de nouvelles pièces puisque les spécifications sont différentes (alliage).

À l'instar des refrappes de Centenario mexicains, encore émises de nos jours sous le statut de jeton et aisément identifiables par un millésime postérieur à 1931, les refrappes Pinay constituent un type distinct de celui des pièces d'époque identifiable par la couleur et la qualité de frappe.

Ces pièces sont donc tout sauf des monnaies démonétisées[1]. Il s'agit bien de jetons imitant presque à la perfection la 20 francs Marianne mais certainement pas de pièces ayant eu cours légal.

La fiscalité qui s'applique à ces refrappes Pinay est donc celle du jeton, c'est-à-dire celle de la catégorie fiscale des bijoux et assimilés (CFBA).

Jeton 20 francs refrappe Vreneli

La célèbre pièce en or de 20 francs suisses, très populaire sous le nom de Vreneli en français (diminutif de Verena), ou Marengo en italien, mais baptisée officiellement « tête d'Helvetia », a été frappée de 1897 à 1935.

La pièce a été conçue par Fritz Ulysse Landry. L'avers représente un profil féminin sur un fond de paysage alpin et le revers affiche les armes de la Confédération suisse. La tranche est ornée de 22 étoiles symbolisant les cantons suisses.

Démonétisée le 27 septembre 1936[2], à l'occasion de la dévaluation de 30 % du franc suisse en même temps que les pièces de 10 et 100 francs, les avers et revers

---

1. René Sédillot (1959) : « Celle-ci [la pièce de 20 francs] porte faussement un millésime d'avant guerre. Mais elle n'est même pas de la monnaie, puisque l'or n'a plus cours légal. »
2. http://www.swissmint.ch/upload/_pdf/dokumentationen/d/KGuNKG-CHMuenzen.pdf (démonétisation confirmée le 29 juillet 1944 par la DFFD).

de cette pièce ont été repris à l'identique pour la frappe (dite refrappe Vreneli) de près de 40 millions de jetons de 1945 à 1949.

Le jeton reprend les caractéristiques techniques de la pièce d'origine.

Poids brut	Diam.	Épaiss.	Or	Autre
6,452 g	21 mm	1,25 mm	900‰	Cuivre

Les refrappes de 20 francs Vreneli sont aisément identifiables. Les jetons frappés de 1945 à 1947 avec un « faux » millésime 1935 ont pour particularité de présenter un L, pour lingot, à gauche du millésime (voir illustration ci-dessous). En 1947, une série de jetons avec le millésime 1947 et une tranche avec une devise insculpée font leur apparition. La même opération est renouvelée en 1949 avec la frappe de 10 millions de nouveaux jetons.

Année	Nombre d'émissions	Identifiant
1945	3 500 000	L 1935 B
1946	7 108 813	L 1935 B
1947	9 400 000	L 1935 B
1947	9 200 000	1947 B et tranche : Ad Legem Anni MCMXXXI
1949	10 000 000	1949 et tranche : Ad Legem Anni MCMXXXI
TOTAL	**39 208 813**	

Jeton Vreneli *L 1935 B* frappé entre 1945 et 1947

Source photo : Wikipédia.

La Vreneli ayant été démonétisée en 1936, toutes les émissions postérieures à cette date sont des jetons. La fiscalité qui s'applique aux cessions est donc celle de la catégorie fiscale des bijoux et assimilés (CFBA).

Jeton refrappe Centenario

Démonétisées par la loi du 27 juillet 1931, toutes les émissions de Centenario qui ont suivi cette date ne peuvent pas être considérées comme des émissions de monnaies démonétisées[1]. Ce sont donc des jetons.

Après leur arrêt en 1931, les émissions de Centenario reprirent en 1943, année au cours de laquelle fut émise une pièce particulière par sa taille et ses inscriptions sur le revers, « *El Tejo* » (le palet).

En effet, le jeton Centenario de 1943 ne comporte aucune valeur faciale car étonnamment la légende « 50 pesos », située normalement à gauche de l'ange, a été remplacée par « 37,5 g oro puro » (« 37,5 g d'or pur »). Si bien que cette inscription se trouve répétée de chaque côté de l'ange. En outre, les 89 000 pièces de 1943 ont un diamètre plus grand de 2 mm par rapport à leurs consœurs des autres années. Ce millésime est donc très prisé des collectionneurs.

De 1944 à 1947, les émissions reprirent avec le dessin original du revers. 3 502 000 jetons sont ainsi frappés. À partir de 1949 et jusqu'à aujourd'hui, environ 4 millions de jetons Centenario sont sortis de la Casa de Moneda de México.

Au total 8 millions de jetons ont été mis en circulation (à rapprocher des 5 millions de pièces de 50 pesos démonétisées en 1931).

Le plus commun de ces jetons refrappe Centenario est celui portant le millésime 1947.

Jeton Centenario (frappe contemporaine)

Source photo : ©Banco de México.

---

1. Confirmation Banco de México : réf. OFI006-10099 du 09/12/2013.

D'un point de vue fiscal, ce jeton, reproduisant une monnaie démonétisée en 1931, ne peut prétendre entrer dans la catégorie fiscale des métaux précieux. Les jetons refrappe Centenario portant les millésimes de 1943 à 1947 entrent dans la catégorie fiscale des bijoux et assimilés (CFBA).

Le même statut fiscal s'applique aussi aux refrappes de pièces en or de 2, 2.5, 5, 10 et 20 pesos démonétisés en 1931.

Valeur faciale	Démonétisée en	Millésime apparent
50 pesos	1931	1947
20 pesos	1931	1959
10 pesos	1931	1959
5 pesos	1931	1955
2,5 pesos	1931	1945
2 pesos	1931	1945

Lingots ouvrés

Dans les pages dédiées à la fiscalité un large développement a été offert à la distinction entre les lingots semi-ouvrés, qui relèvent de la catégorie fiscale des métaux précieux (CFMP), et les lingots ouvrés, qui relèvent de la catégorie fiscale des bijoux et assimilés (CFBA).

De nombreux fabricants proposent aujourd'hui ce type de lingots d'investissement, artistiquement conçus et magnifiquement réalisés. Il n'est donc pas possible de dresser une liste exhaustive de ces produits.

Lingot or Lunar, année du Cheval, de 1 oz (PAMP)

Source photo : ©PAMP.

La description se limitera à donner les noms des principaux fabricants de ces produits, sachant que leur conception évolue au gré des modes et des fantaisies de leurs créateurs.

Fabricant	Métal	Série	Variations
APMEX*	Or	Minted	1, 5, 10 g, 1 et 10 oz
CPoR*	Or	CPoR	5, 10, 20 g et 1 oz
Crédit Suisse*	Or	Liberty	1, 2, 5, 10, 20 g
Crédit Suisse*	Or	Minted	1, 2, 5, 5, 10, 20 g et 1, 10 oz
Heimerle + Meule	Argent	Combibar	100 × 1 g
Heimerle + Meule	Argent	Minted	1 g – 100 g
Heimerle + Meule	Or	Combibar	50 × 1 g et 100 × 1 g
Heimerle + Meule	Or	Minted	1 g – 100 g
Heraeus	Argent	Minted	250 g – 5 g
Heraeus	Or	Kinebar	1 g - 20 g et 1 oz
Heraeus	Or	Minted	100 g – 1 g
Kitco*	Argent	Minted	100 oz
Kitco*	Or	Minted	1 oz
Münze Österreich	Or	Lipizzan Kinebar	1, 5 et 10 g
Münze Österreich	Or	Minted	2, 20, 50, 100 g
PAMP	Argent	Lady Fortuna	1 kg - 2,5 g et 1 oz
PAMP	Argent	Lunar	100 g – 10 g et 1 oz
PAMP	Argent	Happiness	1 oz
PAMP	Argent	Rosa	100 g - 2,5 g
PAMP	Or	Lady Fortuna	1 kg - 0,3 g et 1 oz
PAMP	Or	Lunar	100 g – 5 g et 1 oz
PAMP	Or	Happiness	10 et 5 g
PAMP	Or	Rosa	100 g – 1 g
Perth Mint	Or	Kangaroo	5 g – 100 g et 10 oz
Rand refinery	Or	Minted	10, 50 et 100 g
SAAMP	Or	SAAMP	5 g – 100 g
UBS*	Or	UBS Kinebar	1 à 100 g
Umicore	Argent	Minted	De 10 à 100 g

…/…

…/…

Fabricant	Métal	Série	Variations
Umicore	Or	Minted	De 1 à 100 g
Valcambi	Argent	Minted	50 g – 1 kg et 1 oz
Valcambi	Argent	Combibar	$100 \times 1\,g - 10 \times 10\,g$
Valcambi	Or	Minted	1 g – 1 kg
Valcambi	Or	Combibar	$50 \times 1\,g - 20 \times 1\,g$

* La fabrication est sous-traitée.

Vous pourrez obtenir plus d'informations sur les sites des fabricants :

- Heraeus : *heraeus-precious-metals.com*
- Münze Österreich : *www.muenzeoesterreich.at*
- Rand Refinery : *www.randrefinery.com*
- PAMP : *www.pamp.ch*
- Perth Mint : *www.perthmint.com.au*
- SAAMP : *www.saamp.com*
- Umicore precious metals : *metalsmanagement.umicore.com*
- Valcambi : *www.valcambi.com*

Conclusion

Personne ne peut réellement savoir de quoi demain sera fait mais, ainsi que la première partie de cet ouvrage l'a résumé, nous vivons aujourd'hui une expérience monétaire sans précédent dans l'histoire de l'humanité, du fait de sa magnitude et de la proximité de deux autres facteurs déstabilisants, et dont l'aboutissement n'augure rien de très bon pour l'épargne en général.

Cet ouvrage n'a pas l'ambition de faire de la prospective sur l'évolution du prix des métaux précieux. Dans cet environnement monétaire ceux-ci doivent désormais être considérés plus comme une assurance qu'un placement.

Dans cet ouvrage, je me suis attaché à proposer au lecteur tout ce que ma modeste expérience d'autodidacte des métaux précieux m'a apporté en la matière. Qu'il en fasse bon usage et n'hésite pas à me solliciter pour expliciter tel ou tel point.

Ce livre demeure certainement incomplet mais, à mon sens, il offre au lecteur les principales clés afin d'approfondir ses recherches. Je l'invite d'ailleurs à partager le résultat de ses propres découvertes sur mon blog[1] pour le plus grand profit de tous.

---

1. accescafebourse.wordpress.com

Annexes

STATUT DES MONNAIES ET JETONS LES PLUS COURANTS

Pays	Type	Métal	Statut
Afrique du Sud	Krugerrand	Or	Cours légal
Afrique du Sud	Rand	Or	Cours légal
Allemagne	Mark (5/10/20)	Or	Démonétisé
Australie	Koala et Kookaburra	Argent	Cours légal
Australie	Lunar I et II	Argent	Cours légal
Australie	Lunar I et II	Or	Cours légal
Australie	Nugget et Kangaroo	Or	Cours légal
Autriche	Glücksjeton	Argent	Jeton
Autriche	Wiener Philharmoniker	Argent	Cours légal
Autriche	Thaler refrappe (1780)	Argent	Jeton
Autriche	1 et 4 ducats (<1858)	Or	Démonétisé
Autriche	1 et 4 ducats refrappe (1915)	Or	Jeton
Autriche	10 korona (<1910)	Or	Démonétisé
Autriche	10 korona refrappe (1912)	Or	Jeton
Autriche	100, 20 korona (<1915)	Or	Démonétisé
Autriche	20/100 korona refrappe (1915)	Or	Jeton
Autriche	4 et 8 florins (<1892)	Or	Démonétisé
Autriche	4 et 8 florins refrappe (1892)	Or	Jeton
Autriche	Wiener Philharmoniker	Or	Cours légal
Belgique	20 F (<1915)	Or	Démonétisé

…/…

…/…

Pays	Type	Métal	Statut
Canada	Feuille d'érable	Argent	Cours légal
Canada	Scotiabank 5 oz	Argent	Jeton
Canada	Scotiabank ½, ¼ oz et 8 g	Or	Jeton
Canada	Feuille d'érable	Or	Cours légal
Chili	Libertad (100/50/20)	Or	Démonétisé
Chine	Panda	Argent	Cours légal
Chine	Panda	Or	Cours légal
Colombie	20 pesos	Or	Démonétisé
États-Unis	A-Mark Liberty	Argent	Jeton
États-Unis	American Silver Eagle	Argent	Cours légal
États-Unis	APMEX ½ oz, 1 oz et 10 oz	Argent	Jeton
États-Unis	APMEX Eagle Eye	Argent	Jeton
États-Unis	APMEX Lunar (1,2 5 et 10 oz)	Argent	Jeton
États-Unis	APMEX Mercury	Argent	Jeton
États-Unis	APMEX Standing Liberty	Argent	Jeton
États-Unis	APMEX Star & Stripes	Argent	Jeton
États-Unis	APMEX Walking Liberty	Argent	Jeton
États-Unis	Engelhard Prospector	Argent	Jeton
États-Unis	Goldenstate Mint Buffalo	Argent	Jeton
États-Unis	Goldenstate Mint Indian	Argent	Jeton
États-Unis	Goldenstate Mint Morgan	Argent	Jeton
États-Unis	Goldenstate Mint St Gaudens	Argent	Jeton
États-Unis	Goldenstate Mint Stand. Liberty	Argent	Jeton
États-Unis	Goldenstate Mint Walk. Liberty	Argent	Jeton
États-Unis	Highland Mint	Argent	Jeton
États-Unis	Liberty silver	Argent	Jeton
États-Unis	Ohio Precious Metals	Argent	Jeton
États-Unis	SilverTowne Mint	Argent	Jeton
États-Unis	Sunshine Minting	Argent	Jeton
États-Unis	20 $ Saint-Gaudens	Or	Démonétisé
États-Unis	American Buffalo	Or	Cours légal

…/…

…/…

Pays	Type	Métal	Statut
États-Unis	American Gold Eagle	Or	Cours légal
États-Unis	APMEX ½ oz, ¼ oz et ⅒ oz	Or	Jeton
États-Unis	Indian	Or	Démonétisé
États-Unis	Liberty	Or	Démonétisé
France	Hercule 10 et 50 F	Argent	Démonétisé
France	Marianne ½, 1, 2 et 5 F	Argent	Démonétisé
France	Vera Silver 1 oz	Argent	Jeton
France	20 F Napoléon	Or	Démonétisé
France	20 F Refrappe Pinay	Or	Jeton
France	Vera Valor 1 oz et ½ oz	Or	Jeton
Hongrie	100 et 20 korona	Or	Démonétisé
Italie	20 lira	Or	Démonétisé
Mexique	Libertad	Argent	Cours légal
Mexique	10 pesos refrappe (>1931)	Or	Jeton
Mexique	2 pesos refrappe (>1931)	Or	Jeton
Mexique	2,5 pesos refrappe (>1931)	Or	Jeton
Mexique	20 pesos refrappe (>1931)	Or	Jeton
Mexique	50 pesos refrappe (>1931)	Or	Jeton
Mexique	50 pesos refrappe (>1931)	Or	Jeton
Mexique	50/20/10/5/2,5/2 pesos	Or	Démonétisé
Mexique	Libertad	Or	Cours légal
Panama	Royal Silver Anaconda	Argent	Jeton
Panama	Royal Silver Andean Cat	Argent	Jeton
Panama	Royal Silver Leoncito	Argent	Jeton
Panama	Royal Silver Macaw	Argent	Jeton
Panama	Royal Silver Blue – Throated	Or	Jeton
Pays-Bas	10 florins	Or	Démonétisé
Pérou	1, ½, ⅕ Libra	Or	Démonétisé
Pérou	1, ½, ⅕ Libra (>1931)	Or	Jeton
Pérou	Sol de oro 100/50/20/10/5	Or	Démonétisé
Royaume-Uni	Britannia	Argent	Cours légal

…/…

…/…

Pays	Type	Métal	Statut
Royaume-Uni	Silver Rose	Argent	Jeton
Royaume-Uni	Britannia	Or	Cours légal
Royaume-Uni	Gold Rose	Or	Jeton
Royaume-Uni	Souverain (<1837)	Or	Démonétisé
Royaume-Uni	Souverain (>1836)	Or	Cours légal
Russie	5/ 7,5/ 10/ 15 RUB	Or	Démonétisé
Russie	St Georges Victorieux 50 RUB	Or	Cours légal
Russie	St Georges Victorieux 3 RUB	Argent	Cours légal
Russie	Chervonet 10 RUB	Or	Cours légal
Suisse	Il viandante 5 oz	Argent	Jeton
Suisse	Cervin argent	Argent	Jeton
Suisse	Helvetia 1 oz d'argent	Argent	Jeton
Suisse	Silberhans	Argent	Jeton
Suisse	100 et 10 F	Or	Démonétisé
Suisse	20 F (<1936)	Or	Démonétisé
Suisse	20 F (>1935) et L1935B	Or	Jeton
Suisse	Argor-Heraeus KineRound	Or	Jeton
Suisse	Cervin or	Or	Jeton
Suisse	Finemetal China Gold Tael	Or	Jeton
Suisse	Goldhans	Or	Jeton
Suisse	Helvetia 1 oz et $1/5$ oz	Or	Jeton

Productions totales en tonnes

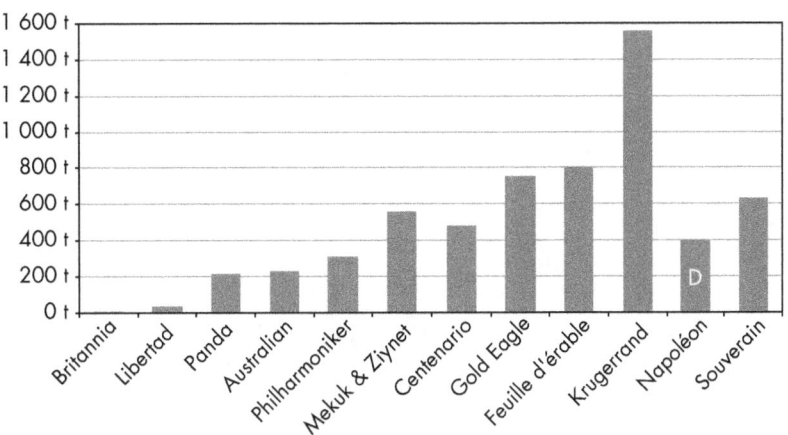

Productions totales en tonnes de pièces d'or. *D* = monnaie démonétisée.
Souverain : production depuis 1957.
Napoléon : selon estimation par René Sédillot du tonnage détenu en 1932.

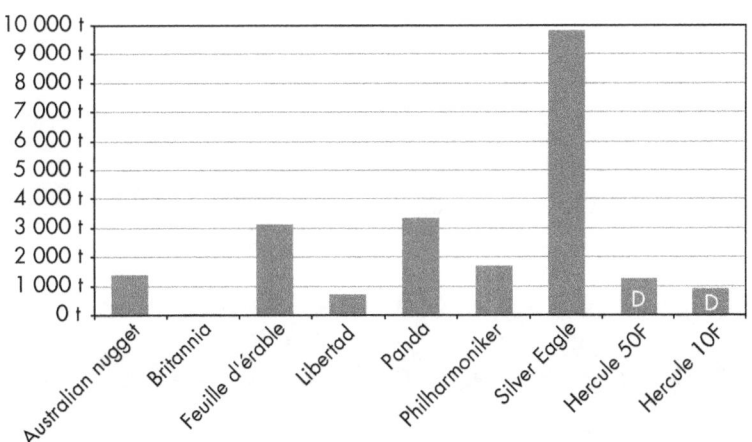

Productions totales en tonnes de pièces d'argent. *D* = monnaie démonétisée.

Productions annuelles moyennes

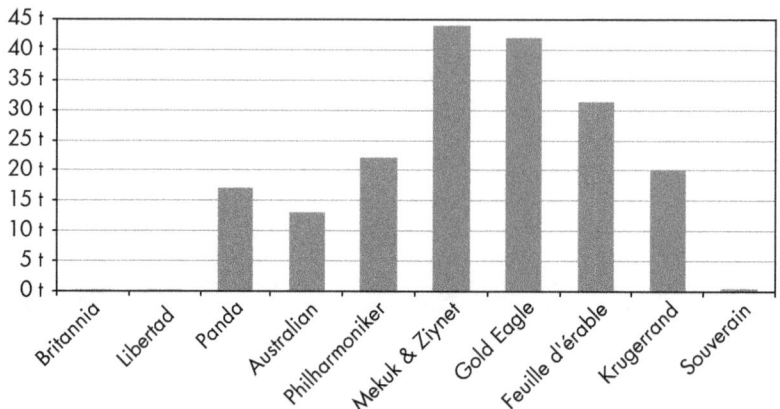

Productions annuelles moyennes (2008-2012) en tonnes de pièces d'or

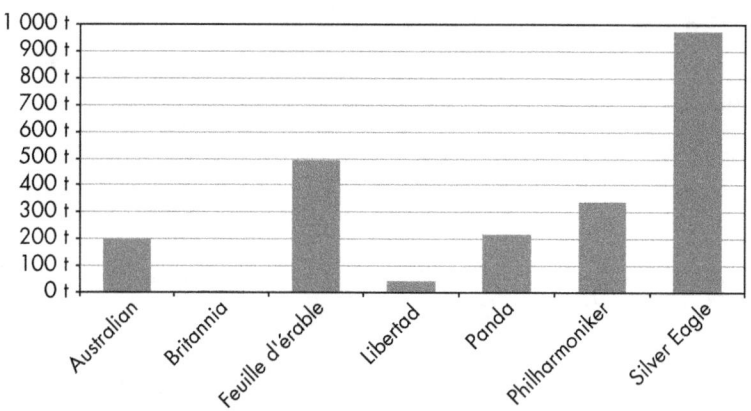

Productions annuelles moyennes (2008-2012) en tonnes de pièces d'argent

Liste des formulaires fiscaux cités dans l'ouvrage :

Imprimé n°	N° Cerfa	Objet
3916	N° 11916 * 03 N° 50869 # 03	Déclaration par un résident d'un compte ouvert hors de France.
-	N° 13426 * 04	Déclaration d'argent liquide.
2091	N° 11294 * 05	Taxe forfaitaire sur les métaux précieux et objets de collection.
2092	N° 10251 * 09	Déclaration d'option pour le régime général de taxation des plus-values sur les métaux précieux, bijoux, objets d'art, de collection ou d'antiquité.
2048-M	N° 12358 * 06	Déclaration de plus-value sur les cessions de biens meubles.
2725	N° 11284 * 11	Déclaration de l'impôt de solidarité sur la fortune.

Glossaire des termes numismatiques

Le site *Numicanada.com* propose un glossaire très étendu des termes numismatiques français accompagnés de leur traduction anglo-saxonne :

www.numicanada.com/glossaire-definitions.php

Lexique du monnayage et de la technologie de placage des pièces de monnaie établi en anglais, français, espagnol et portugais par le Bureau de traduction du Canada à la demande de la Monnaie royale canadienne :

www.bt-tb.tpsgc-pwgsc.gc.ca/publications/documents/monnaie-coin.pdf?archived=true

Glossaire de la numismatique :

fr.wikipedia.org/wiki/Glossaire_de_la_numismatique

Bibliographie réduite

Jean BOURGET, Arcangelo FIGLIUZZI et Yves ZENOU, *Monnaies et systèmes monétaires*, Bréal, 2002.

Jean DAUTUN, *La Relève de l'or*, Seuil, 1966.

Nicolas MAYHEW, *Stirling, The History of a Currency*, Wiley, 1999.

James RICKARDS, *Currency Wars*, Penguin, 2011.

René SÉDILLOT,
Du franc Bonaparte au franc de Gaulle, Calmann-Lévy, 1959.
Histoire de l'or, Fayard, 1972.
Histoire du franc, Sirey, 1979.

Matthew SIMMONS, *Twilight in the Desert*, Wiley, 2005.

Ronald STOEFERLE, *In Gold We Trust*, Incrementum AG Lichtenstein, 2013.

Robert TRIFFIN, *L'Or et la crise du dollar*, PUF, 1962.

Pierre VILAR, *Or et monnaie dans l'histoire*, Flammarion, 1974.

George S. CUHAJ et Thomas MICHAEL, *Standard Catalog of World Coins*, Krause Publications, 2012.

Bulletin numismatique (CGB/CGF – mensuel).

D'or et d'argent, Comité pour l'histoire économique et financière de la France, 2005.

Liste des principaux ateliers monétaires dans le monde : *www.mintsoftheworld.com*

Index

A

Achat, 14, 41, 77, 103, 105, 106, 107, 111, 113, 116, 117, 128, 132, 137, 141, 145, 147, 159, 161, 162, 168, 171, 180, 229

Acheter, 13, 27, 36, 54, 106, 107, 116, 118, 128, 129, 141, 149, 150, 159, 164, 167, 169, 180, 184, 190

Afrique du Sud, 45, 47, 77, 81, 85, 96, 186, 188, 189, 196, 218

Allemagne, 27, 41, 47, 48, 51, 60, 68, 106, 110, 162

Alloué, 109, 122, 171, 172, 173

American Eagle, 97, 155, 175, 186, 190, 193

Anonymat, 115, 119

Assurance, 147, 168, 172, 180, 237

B

Balance des paiements, 25, 27, 96, 100

Banque centrale européenne, 48, 75, 92

Banque de France, 49, 52, 75, 94, 111, 112, 128, 223, 229

Banque des règlements internationaux, 44

Bijou, 55, 59, 62, 118, 120, 122, 124, 127, 138, 139, 140, 146, 147, 227, 231, 232, 234, 245

Blog, 17, 115, 237

Bourse de Paris, 63, 66, 94, 95, 96, 127, 166, 184

Britannia, 85, 87, 98, 156

Brown Gordon, 48

Bullion bank, 46, 51

C

Cambriolage, 114, 167

Catégorie fiscale des bijoux et assimilés (CFBA), 123, 127, 129, 136, 138, 139, 143, 146, 154, 227, 228, 231, 232, 234

Catégorie fiscale des métaux précieux (CFMP), 119, 120, 121, 122, 127, 140, 222, 225, 231, 234

Centenario, 74, 86, 97, 146, 202, 220, 221, 225, 231, 233

Central Bank Gold Agreement, 49

Certification, 165, 166

Chine, 29, 31, 32, 34, 38, 81, 86, 97, 186, 211, 213

Circulation, 76, 83, 87, 90, 92, 100, 103, 108, 109, 191, 204, 218, 223, 233

CME, 14, 15, 32, 51, 58, 158

Code de la consommation, 118
Coffre, 42, 44, 113, 114, 141, 167, 168, 169, 170, 172, 173
Coin, 57, 82, 183, 229
CombiBars™, 68
Commémorative, 91, 208, 212
Commerçant, 62, 75, 90, 104, 116, 119, 123, 133, 136, 144, 157, 161, 166, 180
Comparateur, 161, 162
Confédération française des travailleurs chrétiens (CFTC), 51
Confiscation, 102, 108, 109, 110, 113, 114
Conservation, 58, 65, 155, 165, 166, 182
Contrefaçon, 70, 174, 175, 177, 178
Contrôle des changes, 100, 101, 105
Convertibilité, 16, 25, 27, 34, 42, 43, 45, 83
Copropriété, 172, 173
Cotation, 54, 62, 66, 94, 128, 131, 144, 145, 147, 157, 158, 166, 184, 204
Coulée, 57, 62, 65, 82, 175
Cours de justice de l'Union européenne (CJUE), 93, 126, 130, 131, 153
Cours légal, 71, 75, 76, 77, 79, 81, 82, 91, 93, 95, 103, 104, 116, 117, 119, 121, 125, 126, 127, 128, 130, 131, 133, 140, 152, 153, 163, 166, 183, 185, 186, 189, 195, 198, 211, 217, 219, 231

Crise, 13, 15, 16, 21, 24, 27, 35, 37, 43, 49, 51, 96, 109, 111, 159, 171

D

Daiber, 93, 126
Datamatrix, 70, 72, 225, 227
Déclaration, 49, 100, 101, 102, 104, 105, 106, 108, 111, 136, 138, 139, 140, 141, 144, 147, 172, 245
Défaut, 27, 28, 42, 51, 101, 114, 130, 147, 162, 198
Déflation, 25, 36, 51
Démographie, 39
Démonétisée, 74, 88, 91, 93, 95, 96, 97, 117, 118, 127, 132, 133, 152, 153, 155, 182, 185, 219, 220, 222, 223, 225, 231, 232, 234, 243
Détention, 33, 45, 77, 97, 99, 109, 112, 113, 137, 138, 140, 142, 143, 167, 171, 173, 184, 189, 196
Dette, 13, 22, 29, 31, 33, 35, 37, 40, 41, 43, 75, 77, 134
Dévaluation, 25, 27, 44, 112, 231
Devise, 29, 33, 34, 45, 53, 112, 116, 127, 130, 163, 170, 190, 203, 222, 224, 232
Directive, 100, 102, 103, 121, 122, 129, 130, 163
Dollar, 14, 24, 25, 27, 28, 29, 31, 33, 34, 35, 36, 42, 44, 46, 48, 52, 73, 79, 109, 158, 164, 179, 189, 195
Doré, 56, 120

E

Embargo, 27, 28, 97, 189, 196
Engagement, 28, 30, 40, 48, 50, 54, 114

Espèce, 95, 101, 115, 117, 121

Étalon de change-or, 24, 25, 26, 29, 42, 43, 45, 96

Étalon-or, 24, 29, 44

ETF, 50, 51

Euro, 28, 33, 43, 48, 49, 52, 54, 59, 75, 76, 82, 88, 89, 91, 92, 93, 117, 128, 144, 158, 162, 206

Exchange Stabilization Fund (ESF), 46, 47, 109

Exonération, 94, 121, 129, 130, 140, 143, 152, 153, 164, 227

Exportation, 24, 32, 44, 102, 108, 111, 112, 135, 139

F

Faillite, 43, 66, 113, 168

Fausse monnaie, 90, 124, 178

Feuille d'érable, 97, 155, 186, 196, 197, 198, 199, 200, 201, 208

Fiscalité, 16, 55, 94, 102, 103, 105, 106, 108, 116, 119, 127, 130, 133, 135, 143, 152, 153, 182, 185, 193, 196, 198, 204, 211, 212, 217, 219, 231, 232, 234

Flans, 57, 65, 71, 82, 83, 85, 174, 187, 192, 227

Fondeur-affineur, 57, 59, 70, 72, 86, 187

Fonds monétaire international (FMI), 48

Franc, 25, 29, 43, 44, 76, 88, 111, 228, 231

Franc de germinal, 88, 111, 112, 222

France, 13, 16, 26, 38, 40, 44, 59, 66, 72, 82, 83, 87, 88, 94, 96, 100, 103, 107, 108, 110, 111, 117, 121, 123, 124, 128, 133, 144, 145, 157, 163, 166, 168, 173, 184, 222, 228, 245

Franc Poincaré, 88, 112, 223, 225, 231

Frappe, 47, 57, 65, 71, 83, 84, 86, 182, 183, 186, 188, 191, 194, 198, 202, 211, 214, 217, 221, 222, 227, 231, 232, 233

G

Gaulle Charles de, 26, 112

Gokhale Jagadeesh, 41

Gold Eagle, 97, 190, 192, 199, 204, 241

Gold leasing, 46

Graeber David, 22, 23

I

Incrementum, 32, 52

Inflation, 14, 51, 88

Instrument financier, 116, 121

Investissement, 14, 16, 19, 56, 61, 62, 67, 71, 85, 86, 94, 95, 99, 107, 116, 117, 119, 125, 129, 151, 152, 155, 157, 163, 180, 184, 188, 192, 197, 198, 216, 225

J

Jeton, 55, 71, 73, 74, 76, 85, 97, 117, 122, 128, 129, 133, 139, 143, 146, 152, 154, 160, 182, 185, 225, 227, 228, 231, 232, 233

Jeton Vera Silver, 225, 227

Jeton Vera Valor, 72, 225, 226, 227

K

Kangaroo, 98, 214, 215, 216, 235

Kinegram®, 69
Krugerrand, 77, 81, 85, 95, 96, 97, 128, 155, 156, 175, 176, 186, 187, 188, 189, 190, 196, 204

L

Law John, 110
Libertad, 86, 97, 131, 132, 133, 156, 186, 194, 201, 202, 203, 204, 205, 220, 240
Lingot, 44, 55, 56, 57, 58, 60, 61, 62, 63, 64, 65, 66, 67, 68, 69, 70, 71, 85, 94, 102, 107, 115, 117, 118, 120, 129, 132, 133, 137, 144, 152, 155, 157, 161, 167, 172, 173, 174, 175, 176, 184, 232, 234
Lingot d'épargne, 62, 65, 67
Lingot d'investissement, 62, 185, 234
Lingot orphelin, 66
Lingot ouvré, 67, 122, 129, 133, 139, 146, 152, 154, 225, 234
Liquidité, 13, 31, 35, 69, 95, 100, 103, 105, 114, 151, 152, 153, 155, 170, 172, 185, 229
Livraison, 15, 28, 58, 129, 132, 158, 170, 172, 196
Location, 46, 47, 50, 113, 168, 169, 170
Location d'or, 46
London Bullion Market Association (LBMA), 32, 51, 58, 59, 63, 64, 65, 66, 71, 94, 144, 145, 158, 171, 175

M

Matriçage, 57, 71
Meuble, 93, 126, 130, 140, 190, 196, 198, 207, 219, 245

Monnaie, 14, 22, 24, 25, 34, 41, 43, 48, 52, 55, 71, 75, 76, 78, 79, 82, 85, 88, 96, 100, 110, 116, 117, 118, 120, 126, 130, 132, 133, 140, 145, 163, 185, 214, 221, 229
Monnaie commémorative, 89, 90
Monnaie de collection, 91, 92, 93, 124, 125, 132, 139, 143, 165
Monnaie de réserve, 24, 25, 28, 37, 40, 49
Monnaie d'investissement, 83, 86, 93, 96, 97, 155, 185, 213, 219
Moyen de paiement, 23, 42, 71, 75, 81, 88, 92, 116, 119, 125, 183, 190, 196, 219, 223

N

Nixon Richard, 28, 44, 45
Non alloué, 122, 172, 174
Non-système, 21, 28, 52
Numismatique, 84, 85, 86, 90, 93, 95, 96, 109, 125, 147, 164, 179, 223

O

Once troy, 19, 56, 65, 96, 189
Or de Bourse, 94
Or de la République, 186, 209
Or d'investissement, 121
Or physique, 27, 32, 33, 42, 50, 51, 94
Ouvrée, 55, 120

P

Palladium, 54, 69, 116, 117, 120, 140, 174, 196

Panda, 86, 97, 156, 186, 211, 212, 213, 240

Patrimoine, 40, 134, 144, 147, 149

Personne âgée, 38, 40, 78

Pétrole, 37, 38, 40, 41, 45

Pièce commémorative, 89, 91, 220

Pièce de Bourse, 93, 94

Pièce de collection, 93, 126

Platine, 23, 54, 69, 85, 116, 117, 118, 120, 123, 129, 132, 133, 174, 196

Population, 22, 38, 40, 52, 159

Prime, 70, 87, 95, 96, 122, 124, 125, 133, 145, 152, 153, 158, 160, 161, 163, 178, 190, 194, 220, 228

Prix, 13, 44, 46, 48, 70, 93, 94, 97, 107, 131, 138, 139, 141, 144, 145, 149, 152, 157, 159, 161, 162, 164, 165, 168, 182, 204, 228

Promesse, 23, 53, 54, 114, 150, 171

Propriété, 29, 54, 101, 107, 150, 170, 171, 172, 177, 219

Q

Quantitative Easing (QE), 35, 36

R

Reagan Ronald, 97, 189, 190

Refrappe, 233, 239

Refrappe Pinay, 225, 228, 229, 230, 241

Refrappe Vreneli, 231, 232

Règlement, 22, 29, 34, 75, 77, 92, 100, 108, 121, 170

Réquisition, 45, 99, 112, 114, 171

Réserve d'or, 191

Réserve fédérale, 14, 24, 26, 31, 35, 36, 46

Retraite, 31, 40, 42, 135, 190, 195

Risque, 19, 113, 114, 151, 167

Roosevelt Franklin, 45, 109, 110

Rueff Jacques, 25, 28, 30

Russie, 31, 34, 242

S

Scellé, 137, 166

Semi-ouvrée, 55

Séries australiennes, 186, 213

Shanghai Gold Exchange (SGE), 32, 58, 64

Silver Eagle, 73, 97, 132, 133, 177, 193, 194, 195, 208, 240

Simmons Matthews, 37

Société d'affinage et apprêts de métaux précieux (SAAMP), 59, 60, 235, 236

Souverain, 23, 34, 75, 76, 77, 83, 87, 95, 175, 183, 186, 217, 218, 242, 243

Stockage, 46, 51, 107, 141, 152, 154, 162, 163, 167, 168, 170

Suisse, 27, 32, 43, 47, 51, 60, 61, 68, 73, 82, 100, 105, 171, 173, 235

T

Titre, 23, 54, 101, 106, 116, 117, 118, 123, 129, 184, 193, 230

Transfert, 29, 40, 101, 104

Triffin Robert, 24, 26, 28, 37, 42, 44, 52

Tungstène, 174, 175, 176, 177

U

URSS, 44, 45, 47

V

Valeur faciale, 72, 74, 76, 78, 80, 90, 96, 131, 155, 183, 193, 197, 199, 200, 201, 204, 208, 213, 216, 220, 233, 234

Valeur nominale, 75, 76, 77, 89, 204, 221

Vente, 14, 27, 48, 49, 61, 71, 102, 105, 106, 110, 111, 117, 119, 133, 135, 138, 140, 141, 145, 152, 154, 161, 163, 193

Vera Valor, 72, 226, 227, 241

Vieillissement, 22, 41, 52

Vingt francs or (20 francs or), 222, 223

W

Wiener Philharmoniker, 86, 99, 186, 206, 207, 208, 239

World Gold Council, 49, 173

Mise en pages : Compo Meca Publishing
64990 Mouguerre

N° éditeur : 4960
N° imprimeur :
Dépôt légal : mars 2015

Imprimé en France

www.ingramcontent.com/pod-product-compliance
Lightning Source LLC
Chambersburg PA
CBHW080547230426
43663CB00015B/2738